LOGIC PROFI GUIDE

KNOW-HOW FÜR BESSERE MUSIKPRODUKTIONEN

MORITZ MAIER

PPVMEDIEN

Verlag, Herausgeber und Autor machen darauf aufmerksam, dass die im vorliegenden Buch genannten Namen, Marken und Produktbezeichnungen in der Regel namens- und markenrechtlichem Schutz unterliegen. Trotz größter Sorgfalt bei der Veröffentlichung können Fehler im Text nicht ausgeschlossen werden. Verlag, Herausgeber und Autor übernehmen deshalb für fehlerhafte Angaben und deren Folgen keine Haftung. Sie sind dennoch dankbar für Verbesserungsvorschläge und Korrekturen.

© 2008
PPVMEDIEN GmbH, Bergkirchen

ISBN 978-3-937841-63-2

Inhaltsverzeichnis

Vorwort

Angefangen hat alles mit Logic 4 auf einem roten iMac der ersten Stunde. Doch bevor es richtig losgehen konnte, war da erstmal eine steile Lernkurve. Die meiste Zeit meines Grundstudiums habe ich deswegen mehr oder weniger vor Logic statt im Hörsaal verbracht. Denn irgendwie war da immer die Hoffnung: „Wenn du da durch bist, wirst du mit einem großartigen Tool zum Komponieren und Aufnehmen belohnt." Und, es hat sich gelohnt.

Seither hat sich Logic um einige Generationen weiterentwickelt und einmal sogar den Besitzer gewechselt. Es sind unzählige neue Features, Effekte und Sounds dazu gekommen, die mich und meinen Workflow immer weitergebracht haben, sodass ich heute fast meinen kompletten Arbeitstag vor Logic verbringe. Egal ob es sich um Filmmusiken, Sounddesign oder Musikproduktionen handelt.

Irgendwie hat es sich dann in den letzten Jahren ergeben, dass mir immer mehr Leute Fragen zu dieser oder jener Funktion in Logic gestellt haben. Gemeinsam entstanden so Workarounds und Lösungen für allerhand Probleme. Als PPVMEDIEN mich dann angefragt hat, ob ich nicht ein Buch über Logic schreiben möchte, musste ich nicht lang überlegen. Ideen für Themen waren bereits genug vorhanden.

Das Ergebnis halten Sie heute in den Händen. Die Idee hinter diesem Buch war, einen Ratgeber zu verfassen, der dem Anwender hilft, tiefer in die vielen Möglichkeiten, die Logic Pro bietet, einzutauchen und neue Erkenntnisse für den eigenen Workflow zu erlangen.

Dabei war von Anfang an klar, dass es eine zusätzliche CD-ROM mit kurzen Videotutorials geben würde, die bestimmte Themen noch mal aufgreifen und bildlich erklären sollen. Genauso wie zahlreiche Logic-Projekte, die die jeweiligen Tipps und Tricks am praktischen Beispiel nachvollziehen lassen.

Ich hoffe, Sie erhalten mit diesem Buch eine Menge wertvoller Anregungen und Tipps zum Umgang mit Logic. Und nun viel Spaß beim Lesen und ausprobieren!

Moritz Maier

1. Durchblick: So verwenden Sie dieses Medienpackage

1.1. Das Buch

Das vorliegende Buch nebst beiliegender CD-ROM versteht sich als Praxisbuch mit wenig Theorie und dafür vielen Tipps und Tricks, Schritt-für-Schritt-Anleitungen und Anregungen für Situationen und Probleme, mit denen man im Studioalltag immer wieder konfrontiert wird. Das Buch ist dabei kein Ersatz für die Bedienungsanleitung: Basiswissen über die Bedienung von Logic wird in diesem Buch vorausgesetzt. Sollten Sie mit der Bedienung von Logic noch nicht vertraut sein, so schauen Sie bitte zunächst in die Logic-Bedienungsanleitung.

Sie haben folgende Möglichkeiten, mit dem Buch zu arbeiten: Entweder Sie arbeiten das ganze Buch von vorne bis hinten durch oder aber Sie picken sich die Stellen heraus, die für Sie am interessantesten sind. Die einzelnen Kapitel bauen übrigens nicht aufeinander auf, sodass Sie jederzeit überall beginnen können. Es gibt aber immer wieder Querverweise zu anderen Kapiteln, etwa wenn ein bestimmtes Thema dort nochmal aufgegriffen wird.

Inhaltlich kümmert sich das Kapitel 3. *Rechner und Workflow optimieren*, zunächst darum, den eigenen Rechner und Logic möglichst optimal einzurichten um dadurch einen reibungslosen Workflow zu garantieren.

Kapitel 4. *Aufnehmen und Arrangieren* widmet sich dann der Aufnahme und der Nachbearbeitung sowohl von Audio-Material als auch von MIDI. Im Audio-Teil wird besprochen, wie man Audio-Aufnahmen editiert, um Fehler bei der Intonation oder dem Timing zu korrigieren.
Im MIDI-Teil werden unter anderem die vielfältigen Möglichkeiten der einzelnen Editoren beleuchtet und die umfangreiche Sammlung an Klangerzeugern vorgestellt.

Kapitel 5. *Mischen und Mastern* widmet sich ganz dem Mischen innerhalb von Logic Pro mit den mitgelieferten Plugins. Dabei wird Schritt für Schritt erklärt, worauf es bei den einzelnen Bearbeitungsschritten (EQ, Kompression Hall usw.) ankommt und welche Plugins sich wofür am besten eignen.

In Kapitel 6. *Videovertonung* gibt es eine kurze Übersicht über die technischen Zusammenhänge bei der Filmvertonung. In Kapitel 7. *Verwaltung* schließlich geht es dann nochmals um ganz pragmatische Dinge wie Backups.

An vielen Stellen im Buch gibt es Extra-Kästen mit folgender Bedeutung:

Erklärt und erläutert zusätzliches Wissen zu einem Thema.

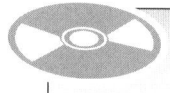

Zu diesem Thema gibt es auch einen Logic-Song auf derbeiliegenden CD-ROM.

Dieses Zeichen bedeutet, dass es zu diesem Thema einen Logic-Song auf der CD-ROM gibt, der das aktuelle Beispiel verdeutlicht. Kopieren Sie den Song auf Ihre Festplatte und öffnen Sie ihn, um das Beispiel nachzuvollziehen.

Zu folgendem Kapitel findet sich ein Videotutorial auf der beiliegenden CD.

Dieses Zeichen weist Sie auf ein entsprechendes Videotutorial auf der beiliegenden CD hin, indem der soeben behandelte Sachverhalt noch einmal anschaulich als Video dargestellt wird.

Fett gesetzte Namen bezeichnen Plugins aus der Logic-Sammlung. *Kursiv* gehaltene Ausdrücke weisen dagegen auf einzelne Parameter, etwa bei einem Plugin, hin.

Pfadangaben, egal ob auf das Betriebssystem bezogen oder innerhalb Logics, werden ebenfalls *kursiv* dargestellt und sind außerdem noch durch Schrägstriche getrennt – etwa in folgender Form:

Optionen / Film / Film öffnen

Bitte beachten Sie, dass dieses Buch und alle darin beschriebenen Tipps und Tricks auf Version 8 von Logic Pro basieren. Nichtsdestotrotz kann man die meisten Kapitel aber auch mit dem „kleinen" Logic Express nachvollziehen, viele Sachen sogar mit älteren Versionen bis hin zu Logic 5 auf dem PC. Den größten Nutzen von diesem Buch haben Sie jedoch mit der Version Logic Pro 8.

1.2. Die CD

Videotutorials:

Zum Betrachten der auf der CD enthaltenen Videotutorials benötigen Sie eine aktuelle Version von Apples QuickTime Player, den Sie unter www.apple.de downloaden können. Auf allen Macs ist QuickTime bereits ab Werk installiert, sollten Sie dennoch Probleme mit dem Betrachten der Videos haben, so müssen Sie QuickTime eventuell per Softwareaktualisierung auf den neuesten Stand bringen.

Am besten lesen Sie sich zunächst einmal das betreffende Kapitel durch und schauen sich dann das Video an.

Mitmach-Songs:
Um die Mitmach-Songs zu öffnen, brauchen Sie mindestens Logic 8.

2. Logic: Überblick der Versionen

Logic Pro wird mittlerweile in einem Paket mit dem Namen „Logic Studio"
angeboten, welches das Programm um nützliche Zusatztools erweitert:

2.1. Übersicht der Programmteile

Logic Pro selbst bleibt dabei der zentrale Arbeitsplatz für Aufnahme, Kom-
position und Mischung. Die anderen Programme sind sozusagen Dienstlei-
ster, die Logic zuarbeiten, beziehungsweise von Logic mit Spezialaufgaben
betreut werden. Im Einzelnen sind das:

Soundtrack Pro versteht sich in erster Linie als Werkzeug für die Film-Ton-
Postproduktion, also dem Anlegen, Schneiden und Abmischen von Geräuschen synchron zum Bild. Darüber hinaus dient es Logic als hoch entwik-
kelter Sample-Editor, der mit seinen Möglichkeiten zur Analyse und Fehler-
korrektur von Audio-Material weit über das hinausgeht, was Ihnen der Logic
Sample-Editor bietet (siehe auch Kapitel 4.3.3. *Soundtrack Pro als externer
Sample-Editor*). Sie können ganz einfach Audiodaten aus Logic heraus an
Soundtrack Pro senden, diese dort bearbeiten und schließlich wieder zurück
importieren.

Main Stage ist ein Live-Rig für Keyboarder oder sonstige Instrumentalisten.
Sie können damit alle Plugins aus Logic, aber auch die von Drittanbietern
einfach und komfortabel auf die Bühne bringen.

WaveBurner dient zum Mastern Ihrer fertig gemischten und exportierten
Songs und zum Aufbereiten und Brennen einer Master-CD fürs Presswerk.

Compressor ist nicht zu verwechseln mit dem Dynamikwerkzeug in Logic,
vielmehr handelt es sich hierbei um einen Helfer, um Video- und Audiodatei-
en in verschiedene Formate zu konvertieren und, wenn nötig, auch zu komprimieren. Sie können damit zum Beispiel einen QuickTime-Film „klein" rechnen oder aber ihren Surround-Bounce aus Logic in das AC3-Format zur Verwendung auf einer DVD umwandeln.

Impulse Response Utility dient zum Erstellen eigener Impulsantworten für den **Space Designer**.

Apple Loops Utility kann aus Ihren eigenen Loops Apple Loops erstellen, die sich dann in Tempo und Tonhöhe einem beliebigen Song anpassen lassen.

Außerdem listet Apple etwas verwirrend noch die folgenden Produkte als Teil von Logic Studio auf: **Studio Instruments**, **Studio Effects** und **Studio Sound Library**. Bei den ersten beiden handelt es sich um die in Logic integrierten Klangerzeuger und Effekte, die Sie in keinem anderen Programm verwenden können (außer teilweise in Soundtrack Pro und WaveBurner). Letzteres stellt die Werkslibary für den Sampler **EXS24** dar.

Logic Express User müssen gegenüber dem oben vorgestellten Paket auf einige Dinge verzichten. So fehlen neben den ganzen Zusatzprogrammen auch einige Plugins, etwa der **Space Designer** oder auch der Synthesizer **ES2**.

Bitte beachten Sie außerdem, dass sich dieses Buch hauptsächlich mit Logic beschäftigt, die anderen Bestandteile des Logic Studio Pakets werden nur, wo es sinnvoll erscheint, am Rand kurz erklärt.

2.2. Von Logic 5 zu 8

Wenn Sie zu den Usern gehören, die nach der Übernahme von Emagic durch Apple im Jahre 2002 auf dem PC mit Logic 5 weitergearbeitet haben und jetzt zurück wechseln, so werden Sie sich schnell wieder zurechtfinden. Zwar sind seither Unmengen an Features dazugekommen, das Prinzip der Bedienung von Logic ist jedoch nach wie vor das gleiche. Der Look wurde aber an Apples „Pro"-Serie angeglichen, die vielleicht größte Umgewöhnung. Planen Sie ein wenig Zeit ein, um sich mit all den Neuigkeiten in Logic vertraut zu machen, bevor Sie weiter lesen.

2.3. Von GarageBand zu Logic 8

Der Wechsel von Apples „Amateur"-Programm GarageBand hin zum Profi-Programm Logic dürfte noch nie so einfach gewesen sein wie heute. Logic 8 hat nämlich als wichtigste Neuerung mehr oder weniger das „All-in-one-Window"-System von GarageBand übernommen, welches sich hier nun „Single-Window-Interface" nennt. Sie finden nun auch in Logic standardmäßig alles in einem großen, übersichtlichen Fenster. Öffnen Sie ihre GarageBand-Projekte ganz einfach über den „Öffnen"-Dialog von Logic und bearbeiten Sie sie hier weiter. Aber Logic Pro kann natürlich viel mehr, nehmen Sie sich Zeit, um all die zusätzlichen Möglichkeiten auszuloten.

3. Rechner und Workflow optimieren

Bevor wir in die Tiefen von Logic eintauchen und Tipps und Tricks zum effizienteren Musik machen und besseren Mischen kennen lernen werden, wollen wir in diesem Kapitel zunächst einmal für einen reibungslosen Workflow sorgen. Es wird darum gehen, den Rechner optimal einzurichten und nötige Helferlein parat zu haben, wenn doch mal was klemmt. Außerdem werden wir sehen, wie man Logic den eigenen Bedürfnissen und dem persönlichen Arbeitsstil anpasst. Das geht vom Erstellen von individuellen Songvorlagen über das Anlegen von Tastaturkurzbefehlen bis hin zum Einbinden von externer Hardware und zusätzlicher Software (via Rewire).

Nehmen Sie sich die Zeit, um ihr System stabil und ergonomisch einzurichten. Sie werden die Zeit, die Sie dafür aufwenden, um ein Vielfaches wieder rein holen, weil alles funktioniert und Sie nicht ständig mit Fehlersuche beschäftigt sind. Dazu gehören auch so vermeintlich langweilige Themen wie ordentliches Benennen und Abspeichern der Projekte oder Backups anlegen (dazu später mehr in Kapitel 7. *Verwaltung*).

Hat man seinen Rechner und sein System erst einmal optimal konfiguriert, kann man sich dann umso besser auf das Wesentliche, nämlich das Musik machen, konzentrieren.

3.1. Optimieren von OS X für Audio

Beginnen wir mit einer guten Nachricht. Apples Betriebssystem OS X, welches ja bekanntlich auf UNIX basiert, ist schon von Haus aus sehr stabil und zuverlässig und muss nicht umständlich und aufwendig optimiert werden. Außerdem hat man den einzigartigen Vorteil, dass man bei der Arbeit mit Logic Hardware, Betriebssystem und Software aus einer Hand bekommt.

Es gibt aber trotzdem einige wenige Tipps, die Sie anwenden können, um ihr System noch sicherer und übersichtlicher zu machen:

3.1.1. Installation

Wenn Sie vorhaben, Ihren Rechner für die Arbeit mit Logic komplett neu einzurichten, sollten Sie von der Möglichkeit Gebrauch machen, OS X bei der
Installation „anzupassen". Wählen Sie den entsprechenden Button während
des Installationsvorgangs im Installer aus. Sie können dann in einem Auswahldialog festlegen, was alles installiert wird. So ist es zum Beispiel unnötig, alle Sprachpakete und Druckertreiber zu installieren. Wählen Sie nur die
Sprachen und Treiber aus, die Sie auch benötigen. Hier können Sie viel Fest-
plattenplatz sparen, indem Sie die nicht benötigten Pakete deaktivieren.

Außerdem sollten Sie sich überlegen, welche der mitgelieferten iLife-Pro-
gramme wie etwa GarageBand, iMovie und iDVD Sie tatsächlich benutzen
werden. Auch diese Programme werden mittlerweile mit Gigabyte-weise
Content installiert, den Sie unter Umständen nie benötigen und der Sie unnötig Platz auf der Festplatte kostet.

Wenn Sie ihren Computer nicht nur als Musikrechner benutzen, empfiehlt es
sich, zumindest einen eigenen Benutzer nur fürs Musizieren anzulegen. Gehen Sie dazu wie folgt vor:

1. Öffnen Sie die *Systemeinstellungen* (zu finden im Dock bzw. im Ordner
   Programme) und klicken Sie auf *Benutzer*.

2. Klicken Sie links unten auf das + und legen Sie einen neuen Benutzer an.
   Nennen Sie diesen User zum Beispiel *Musik*.

3. Bei Anmelde-Optionen
   können Sie noch den
   *schnellen Benutzerwech-
   sel* aktivieren, damit Sie
   zwischen den beiden
   Benutzern ohne viel Aufwand wechseln können.

Legen Sie in den *Systemeinstellungen* einen neuen Musik-Benut-
zer an.

Benutzen Sie den Musik-Account in Zukunft nur zum Musik machen. Alle anderen Dinge wie im Internet surfen, E-Mails schreiben, Chatten, Spiele usw., verrichten Sie in Ihrem bisherigen Account. Das hat zum einen den Vorteil, dass der Musik-Account sehr übersichtlich bleibt und sich nicht ständig durch neue Software verändert, zum anderen werden Sie nicht ständig durch oben genannte Tätigkeiten von der Arbeit abgelenkt.

3.1.2. Systempflege

OS X läuft in der Standard-Installation schon ziemlich stabil, ohne dass man es groß „tunen" müsste. Sie können nach der Installation von OS X und Logic sofort loslegen mit dem Arbeiten.

Sollte es dennoch zu Problemen kommen, kann es hilfreich sein, von Zeit zu Zeit die Zugriffsrechte zu reparieren. Sie finden diese Funktion im Programm *Festplattendienstprogramm* im Ordner *Dienstprogramme*, der sich wiederum im Ordner *Programme* auf Ihrer Festplatte findet. Mit den Zugriffsrechten wird festgelegt, welches Programm oder welcher Nutzer eine bestimmte Datei benutzen darf. Es kann vorkommen, dass nach der Installation eines neuen Programms oder dem Aufspielen eines Updates diese Zuordnungen durcheinander kommen und manche Programme gar nicht mehr oder nur noch fehlerhaft funktionieren.

Führen Sie diese Aktion deshalb auch dann durch, wenn Sie neue Programme installiert haben und diese Probleme verursachen.

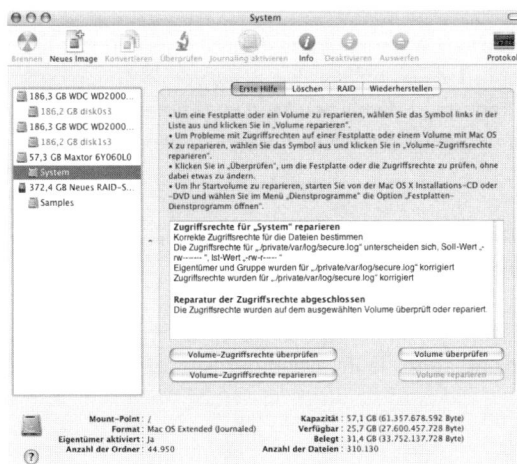

Im *Festplattendienstprogramm* kann man die Zugriffsrechte reparieren.

Außerdem können Sie hier auch die einzelnen Festplatten (Volumes genannt) reparieren. Das kann nötig sein wenn nach der Reparatur der Zugriffsrechte noch immer Probleme auftreten. Um das Startvolume, also die Festplatte, auf der sich ihr System befindet, zu reparieren, müssen Sie ihren Mac von der mitgelieferten System-DVD aus starten. Dazu legen Sie die DVD ein, machen einen Neustart und drücken dabei die Taste C auf dem Keyboard. Sobald das Installations-Programm beginnt, können Sie über das Menü *Dienstprogramme* ebenfalls auf das Festplattendienstprogramm zugreifen und dann die Reparatur des Volumes starten.

Eine weiter Möglichkeit, OS X auf die Sprünge zu helfen, ist es, hin und wieder die sogenannten „Cron Jobs" auszuführen. Cron Jobs stammen wie der gesamte Unterbau von OS X aus der UNIX-Welt und bezeichnen Prozesse, die im Hintergrund ablaufen und das System pflegen, etwa indem Sie nicht mehr benötigte Dateien und Caches löschen. Normalerweise werden diese Vorgänge nachts automatisch vom System durchgeführt.

Wenn Sie aber ihren Mac nicht die ganze Zeit laufen haben, gibt es auch die Möglichkeit, diese Jobs manuell zu starten. Dazu finden Sie im Internet jede Menge Free- und Shareware-Tools, die ihnen dabei helfen. Eine Möglichkeit wäre zum Beispiel das kleine Programm „Anacron" (zu finden etwa über www.versiontracker.com).

Es läuft nach der Installation völlig unsichtbar im Hintergrund und prüft zum Beispiel nach einem Neustart, ob die Cron Jobs erledigt gehören und tut dies dann automatisch.

Ein weiteres nützliches Tool, vor allem, wenn Ihr Mac mal gar nicht mehr richtig starten will, ist das Programm Apple Jack (ebenfalls über www.versiontracker.com zu finden). Einmal installiert kann man damit den Mac im Single-User-Modus starten und einige Reparaturen ausführen, die den Rechner wieder zum Laufen bekommen.

Wie die beiden genannten Programme im Einzelnen funktionieren ist in der jeweiligen Dokumentation genau erklärt.

Zu den oben genannten Maßnahmen sollten Sie aber nur dann greifen, wenn irgendetwas an ihrem Mac nicht „rund" läuft. Wenn der Rechner etwa plötzlich dauernd abstürzt oder unerklärlich langsam wird. Solange alles in Ordnung scheint, ist es das vermutlich auch. Freuen Sie sich und machen Sie Musik. Systemoptimierungsorgien wie sie unter Windows oder auch unter OS 9 noch nötig waren, sind definitiv nicht notwendig.

3.1.3. Plugins

Oft treten Probleme auch im Zusammenspiel mit Plugins von Drittanbietern auf. Deaktivieren Sie in einem solchen Fall alle „verdächtigen" Plugins der Reihe nach über den AU-Manager von Logic, bis das Problem nicht mehr auftritt. Schauen Sie dann nach, ob es eventuell ein Update für den „Problem-Verursacher" gibt.

Wo findet man Plugins?

In OS X werde alle Plugins nur einmal installiert und stehen dann allen Programmen, die das jeweilige Format unterstützen, zur Verfügung. Logic Pro unterstützt dabei nur Drittanbieter-Plugins im Format „Audio Unit".

Es gibt zwei Pfade, an denen diese hinterlegt werden können:

- auf der obersten System-Ebene:
  Ihre Systemplatte / Library / Audio / Plugins / Components
  Hier installierte Plugins stehen für alle Benutzer auf dem Computer zur Verfügung.

- im Benutzerordner:
  Musik / Library / Audio / Plugins / Components
  Hier installierte Plugins stehen nur dem Benutzer *Musik* zu Verfügung.

Alle neu installierten Plugins werden bei einem Neustart von Logic einer sogenannten Validation unterzogen, die testet, ob die neuen Plugins den von Apple vorgegebenen Spezifikationen entsprechen. Wenn nicht, werden die Plugins deaktiviert. Sie können sie dann zwar von Hand in Logic´s AU-Manager freischalten, müssen aber immer damit rechnen, dass diese Plugins Fehler bis hin zu Abstürzen verursachen können.

3.1.4. RAM und Festplatten

Beim Thema RAM sollte man nicht geizen, 1 GB ist inzwischen Pflicht. Nehmen Sie lieber gleich 2 oder noch mehr, wenn Sie vorhaben, viel mit großen Sample-Libraries zu arbeiten.

Bei Festplatten sollte man ebenfalls darauf achten, diese möglichst großzügig zu dimensionieren. Außerdem ist es aus mehreren Gründen sinnvoll, mit mehreren (externen) Platten zu arbeiten. Zum einen ergeben sich durch die Verteilung der Daten auf mehrere Festplatten Performance-Vorteile, zum anderen kann man so seine Songs und Projekte einfach in ein anderes Studio mitnehmen.

Das könnte dann etwa wie folgt aussehen:

• interne Festlatte: Hier befindet sich das Betriebssystem und die Plugins.
• externe Festplatte 1: alle Loops und Samples.
• externe Festplatte 2: alle Logic-Songs und die Audioaufnahmen.
• externe Festplatte 3: Back-up von Festplatte 2.

Auf diese Weise können Sie einfach Festplatte 2 in ein anderes Studio mitnehmen, um dort ihre Songs zu bearbeiten oder zu mischen. Denken Sie daran, gegebenenfalls auch die Festplatte mit den Samples mitzunehmen oder speichern Sie ihre Logic-Songs als Projekte, die auch die Samples beinhalten (siehe dazu auch Kapitel 7. *Verwaltung*).

Dieses Setup hat noch einen Vorteil, sollte Ihre Systemplatte einmal „crashen" oder Sie möchten aus sonst einem Grund das Betriebssystem neu aufspielen, können Sie das jederzeit tun, ohne vorher ihre Daten zu archivieren und hinterher alle Samples neu installieren zu müssen. Wie Sie Logic-spezifische Daten wie Tastaturkurzbefehle und Presets vor einer Neuinstallation archivieren können, steht ebenfalls in Kapitel 7.

3.1.5. Updates

Mit Updates (egal ob am Betriebssystem, bei Logic oder bei bestimmten Plugins) sollte man immer etwas vorsichtig sein. Zwar werden durch Updates oft Probleme behoben und häufig auch neue Features implementiert, nicht selten jedoch verursachen sie aber auch neue Probleme. Wenn Sie zum Beispiel inmitten einer wichtigen Produktion stecken, sollten Sie das Ende dieser Produktion abwarten. Nutzen Sie die Zeit und informieren Sie sich in den einschlägigen Internetforen über das betreffende Update. Erst wenn hier keine Probleme auftauchen, sollten Sie das Update installieren. Ansonsten gilt: „Never change a running System".

Logic-Content und Apple Loops auf externe Platte auslagern.

Wenn Sie Logic Studio mit allen Programmen und allen mitgelieferten Apple Loops und sonstigem Content installieren, so werden weit über 30 GB an Daten auf Ihrer Festplatte gespeichert.

Diese Samples und Loops werden standardmäßig mitsamt den eigentlichen Programmen auf der Systemplatte installiert. Dort haben sie aber, wie weiter oben schon beschrieben, eigentlich nichts zu suchen. Zum einen kosten Sie sehr viel Platz, zum anderen ist es eben aus Performance-Gründen sinnvoll, sie auf eine zusätzliche externe Platte auszulagern.

Um das zu tun, gehen Sie wie folgt vor:

- Der Content, der mit Soundtrack Pro ausgeliefert wird und den größten Teil der Daten ausmacht, kann direkt bei der Installation verschoben werden. Dazu muss man beim Installieren von Logic Studio auf *Angepasste Installation* klicken und kann dann einen eigenen Pfad wählen, an dem die Geräusche und Atmos von Soundtrack Pro gespeichert werden sollen.

- Für die Apple Loops geht das leider nicht. Sie müssen zunächst auf der internen Platte mit installiert werden und danach von Hand verschoben werden. Gehen Sie dazu ins Verzeichnis:

Ihre Systemplatte / Library / Application Support / GarageBand

Hier gibt es einen Ordner namens *Apple Loops*, in dem sich nach der Installation von Logic Studio die Apple Loops aller mitgelieferten Jam Packs in separaten Ordnern befinden. Kopieren Sie diese Ordner auf eine andere Festplatte und löschen Sie sie am ursprünglichen Speicherplatz. Starten Sie dann Logic und öffnen Sie den Loop-Browser.

Ziehen Sie die Ordner, die Sie zuvor auf eine andere Festplatte kopiert haben, auf den Loop-Browser.

Es erscheint folgender Dialog:

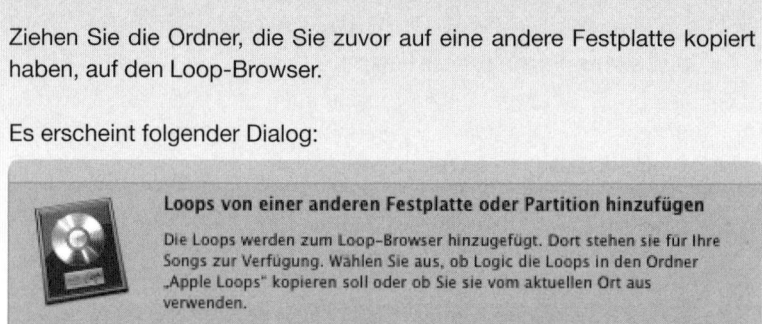

Loops von einer anderen Festplatte oder Partition hinzufügen

Die Loops werden zum Loop-Browser hinzugefügt. Dort stehen sie für Ihre Songs zur Verfügung. Wählen Sie aus, ob Logic die Loops in den Ordner „Apple Loops" kopieren soll oder ob Sie sie vom aktuellen Ort aus verwenden.

(Abbrechen) (Aktueller Ort) (In den Ordner „Loops" kopieren)

Über diesen Dialog können Sie die Apple Loops neu indexieren.

Klicken Sie hier auf *Aktueller Ort*. Die Loops werden nun neu indexiert und stehen Ihnen ab sofort wieder zur Verfügung.

Im Verzeichnis

Ihre Systemplatte / Library / Application Support / GarageBand / Instrument Library / Sampler

finden Sie außerdem noch den Ordner *Sampler Files* mit den zu den Apple-Loop-Instrumenten gehörenden Wav-Files. Diese können Sie ebenfalls auf eine externe Platte kopieren und den ursprünglichen Ordner löschen. Die Samples werden von Logic automatisch gefunden und müssen nicht von Hand neu zugewiesen werden.

3.2. Was sind CoreAudio und CoreMIDI?

CoreAudio und CoreMIDI bezeichnen die zentralen Schnittstellen für Audio und MIDI in OS X. Logic kann mit jeder Soundkarte betrieben werden, die einen CoreAudio-Treiber bereitstellt. Selbiges gilt natürlich auch für MIDI-Interfaces. Ähnlich wie bei Plugins werden diese nur einmal im System installiert und können fortan von jedem Programm verwendet werden (neben Logic zum Beispiel auch von iTunes oder QuickTime). Auch können mehrere Programme gleichzeitig darauf zugreifen.

Verwaltet werden alle Audio- und MIDI-Devices über das Kontrollfeld *Audio-MIDI-Konfiguration* (zu finden im Ordner *Dienstprogramme*). Hier können Sie alle installierten Audio- und MIDI-Interfaces sehen und einstellen.

Als Besonderheit bietet OS X die Möglichkeit, zwei oder mehrere Audio-Interfaces zu einem virtuellen Interface zu vereinen. Ein solches „Aggregated Device" wird dann in Logic wie ein einziges Interface behandelt und Sie können Ein- und Ausgänge aller beteiligten Interfaces gleichzeitig nutzen. Benutzen Sie ein Aggregated Device zum Beispiel dann, wenn Sie mehr Eingänge benötigen, als Ihnen ein einzelnes Interface bietet. Beachten Sie aber bitte, dass die Latenz des „neuen" Interfaces immer vom langsamsten verwendeten Interface bestimmt wird.

Aggregated Device erstellen

Gehen Sie wie folgt vor, um ein Aggregated Device zu erstellen:

1. Sorgen Sie dafür, dass alle Ihre Audio-Interfaces angeschlossen sind und funktionieren.

2. Öffnen Sie das Kontrollfeld Audio-MIDI-Konfiguration.

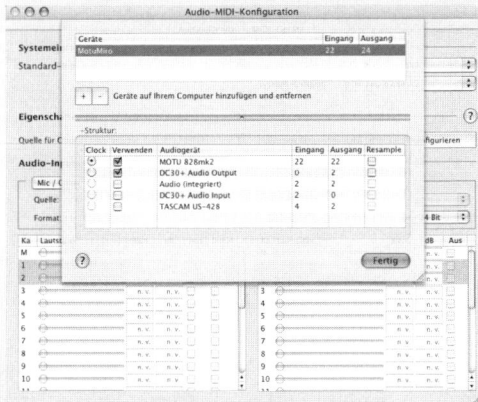

Kontrollfeld Audio-MIDI-Konfiguration mit geöffnetem Editor für Aggregated Device.

3. Über das Menü Audio öffnen Sie den Geräte-Editor.

4. Erzeugen Sie mit dem + ein neues Gerät, benennen Sie es und fügen Sie aus der Liste im unteren Teil die gewünschten Interfaces hinzu.

> 5. Bestimmen Sie eines der Geräte als Master, indem Sie seine Clock auswählen.
>
> 6. Klicken Sie auf fertig.
>
> Sie können das neue Aggregated Device nun in allen Applikationen verwenden.

Ansonsten brauchen Sie sich um das Fenster *Audio-MIDI-Konfiguration* nicht weiter kümmern. Alle für Logic relevanten Parameter (beispielsweise die Höhe der Latenz) werden direkt im Logic-Kontrollfeld *Audio (LogicPro / Einstellungen / Audio)* vorgenommen.

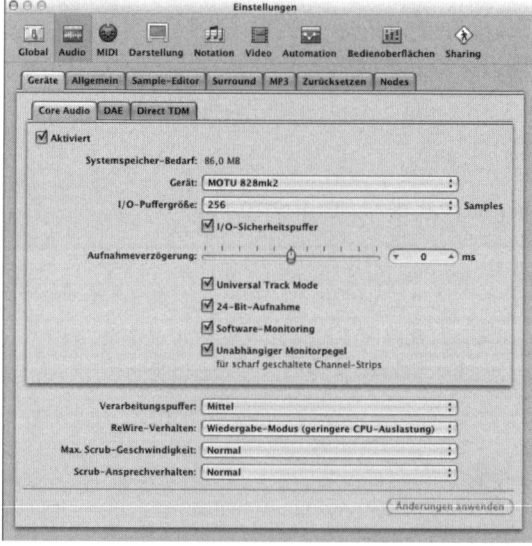

Im *Audio*-Fenster von Logic stellen Sie alle wichtigen Parameter für ihr Audio-Interface ein.

Wichtig sind hier zunächst die Rubriken *Gerät* (hier wählen Sie das Audio-Interface aus, das Sie benutzen möchten) und *I/O-Puffergröße* (Puffergröße entscheidet über die Latenz Ihres Systems und damit über die Verzögerung eines Sounds beim Einspielen). Dazu mehr im nächsten Abschnitt.

3.3. Arbeiten mit Latenzen

3.3.1. Strategien zum Umgang mit und Minimieren von Latenzen

Als Latenz bezeichnet man die Zeit, die ein Signal braucht, um von den A/D-Wandlern des Audio-Interfaces in ein digitales Signal gewandelt, dann durch das virtuelle Logic-Mischpult geroutet und schließlich wieder an den D/A-Wandlern in ein analoges Signal zurück gewandelt zu werden. Je nach Computersystem und verwendeter Hardware, kann diese Zeit zwischen wenigen, fast nicht wahrnehmbaren Millisekunden bis hin zu einer deutlich hörbaren Verzögerung liegen. Speziell, wenn es sich um rhythmisches Material handelt, können einen Latenzen schnell daran hindern, etwas musikalisch sinnvoll einzuspielen. Dazu kommt noch, dass bestimmte Plugins die Latenz zusätzlich erhöhen, weil sie sich zunächst einen kleinen Abschnitt des Signals im Voraus „anschauen" und erst dann verarbeiten.

Latenz ist also erstmal etwas Schlechtes, leider aber auch bei jedem nativen Computersystem prinzipiell immer vorhanden. Man muss sich also überlegen, wie man am besten damit klarkommt, und herausfinden, wo und wann Latenzen besonders störend sind und wie man sie minimieren kann.

Als Grundregel kann man zunächst einmal Folgendes festhalten: Je höher man die Latenz einstellt, desto mehr Plugins kann das System in Echtzeit berechnen, da es durch die höhere Verzögerung einen größeren Puffer hat. Im Umkehrschluss bedeutet das dann wiederum, dass mit weniger Plugins niedrigere Latenzen möglich sind.

Also folgt: Beim Komponieren und Aufnehmen sollte man wenig bis gar keine Plugins benutzen, um die Latenz soweit wie möglich herabsetzen zu können. Eventuell reicht auch ein einfacherer Hall, der keine zusätzliche Latenz verursacht. Später beim Mischen, wo es nicht mehr auf die Latenz ankommt, setzt man die Puffergröße auf den höchstmöglichen Wert, um die maximale Ausbeute an Plugins für die Mischung zur Verfügung zu haben.

3.3.2. Low-Latency-Modus

Logic selbst bietet eine Funktion, die die Latenz automatisch für die aktuell ausgewählte Spur verringert. Diese nennt sich „Low Latency". Man aktiviert sie im Transportfeld links neben dem *Cycle*-Schalter.

Logic's Transportfeld mit aktiviertem Low-Latency-Modus.

Dieser Low-Latency-Modus deaktiviert dabei alle Plugins, die „zusätzliche" Verzögerungen verursachen. Die dabei maximal „erlaubte" Latenz, bevor der Modus überhaupt greift, stellt man in den *Einstellungen* ein unter: *Audio / Allgemein*. Zu den Plugins, die eine zusätzliche Verzögerung erzeugen, gehört etwa der *AD-Limiter* aus Logic, da er sich mittels *Lookahead* das Signal immer ein Stück weit im Voraus anschaut, um besser darauf reagieren zu können. (siehe auch Kapitel 5.3. *Dynamics*).

Betätigt man den Low-Latency-Button, dann werden alle in Frage kommenden Plugins der aktuell ausgewählten Spur für den Moment auf Bypass geschaltet. Und zwar nicht nur die entsprechenden Insert-Effekte, sondern gegebenenfalls auch die Send-Regler die zu einem Hall auf einem Bus führen.

Man erkennt das daran, dass diese Plugins beziehungsweise die Send-Regler orange statt hellblau dargestellt werden, und zwar solange, bis man den Low Latency-Modus ausschaltet oder auf eine andere Spur wechselt.

3.3.3. Ohne Latenz arbeiten

Eine weitere Strategie zum Umgang mit Latenzen ist, diese schlichtweg zu umgehen. Das klingt zwar paradox, ist aber möglich, wenn auch nur für die Aufnahme „echter" Instrumente wie Gitarre, Bass, Stimme oder Schlagzeug. Sorgen Sie einfach für ein Kopfhörer-Monitoring für die aufnehmenden Musiker, welches „vor" dem Wandler ihres Audio-Interfaces, etwa durch ein analoges Mischpult, passiert. Dadurch bekommen die aufnehmenden Musiker direkt und ohne Verzögerung das zu hören, was sie spielen.

Sie können ein solches latenzfreies Monitoring wie gesagt über ein externes Mischpult lösen. Außerdem bieten viele Audio-Interfaces ein sogenanntes „Zero-Latency-Monitoring" an, mit dem über einen eingebauten Mixer die Eingangskanäle des Interfaces latenzfrei abgehört werden können.

Bietet latenzfreies Monitoring: CueMix von MOTU.

Diese Mixer, die meist von einem DSP-Chip im Interface berechnet werden, lassen sich meistens über eine Software komfortabel verwalten. Im Bild oben sieht man etwa die Software CueMix der Firma MOTU, damit kann man alle anliegenden Signale ohne Verzögerung abhören oder auf einen Kopfhörer-Ausgang routen. Selbst das Einbinden eines Hallgerätes für die aufnehmenden Musiker ist mit den meisten Geräten machbar.

Erledigt man das Monitoring wie oben beschrieben außerhalb Logic's, muss man im *Audio*-Fenster die Option *Softwaremonitoring* deaktivieren, da sonst das Signal zweimal zu hören ist. Nämlich erstens das Monitoring-Signal am Mischpult und zweitens das Signal, welches durch Logic hindurch fließt und am Ausgang der Soundkarte zu hören ist.

Der größte Vorteil bei einem latenzfreien Monitorings besteht darin, dass die meisten Instrumentalisten mit wesentlich besserem Timing spielen werden, da sie genau hören was sie spielen. Letztendlich wird das wiederum ihrer Produktion zugute kommen.

3.4. Mehr Leistung aus Ihrem System herausholen

Sie kennen das Problem sicher. Kaum hat man sich einen neuen, leistungs-starken Rechner gekauft, erscheint eine neue Generation Software-Klanger-zeuger, die mehr CPU fordert als die vorangegangene und der ganze Leistungszugewinn durch den neuen Rechner ist schon wieder hinfällig. Gleichzeitig steht der alte Rechner oder das Laptop arbeitslos in der Ecke. Wäre es nicht wünschenswert, wenn man diese Rechner zusätzlich zum Berechnen von Plugins heranziehen könnte?

Logic, beziehungsweise OS X, bieten dazu zwei Möglichkeiten, die wir im Folgenden besprechen werden. Außerdem erfahren Sie in diesem Kapitel, wie und wann Sie Spuren „einfrieren" sollten und wie man ein Apple -Laptop zum hochwertigen Realtime-Analyzer auf- und umrüsten kann.

3.4.1. Nodes

 Zu folgendem Kapitel findet sich das Videotutorial 1 „Nodes" auf der beiliegenden CD.

Logic bietet über das sogenannte „Distributed Audio Processing" die Möglichkeit, Plugins zur Berechnung auf weitere Macs „auszulagern". Dazu muss auf dem zweiten Rechner lediglich das kleine Tool „Node" installiert sein, das man auf der Installations-DVD von Logic findet. Außerdem müssen beide Rechner über ein Netzwerkkabel (am besten ein Gigabyte-Ethernet-Kabel) verbunden sein. Möchten Sie mehrere Node-Rechner vernetzen, so brauchen Sie einen Netzwerk-Hub, der alle Rechner verbindet. Übrigens, wenn Sie Node das erste Mal starten, wundern Sie sich nicht, dass Sie nichts sehen. Node hat keine grafische Oberfläche und auch keinerlei Parameter, an denen man etwas einstellen könnte. Lediglich das Icon im Dock signalisiert einem, das Node läuft.

Zum Einrichten eines Node-Rechners gehen Sie wie folgt vor.

1. Starten Sie das Node-Programm auf ihrem Node-Rechner und Logic auf ihrem Hauptrechner (Host).

2. Öffnen Sie das Nodes-Fenster in Logic (Über *Einstellungen / Audio* und dann auf den Reiter *Nodes* klicken).

3. Aktivieren Sie den Haken bei *Logic Nodes verwenden*. In der Liste darunter sollten alle ihre verfügbaren Node-Rechner auftauchen.

4. Aktivieren Sie die gewünschten Nodes und schließen Sie das Fenster.

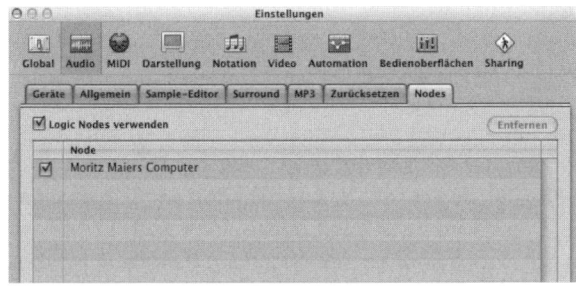

In der Nodes-Liste sehen Sie alle als Nodes verfügbaren Rechner ihres Netzwerkes.

5. Wenn Sie im *Arrange*-Fenster noch keinen Node-Schalter sehen, dann klicken Sie mit gedrückter CRTL-Taste auf eine Spur und wählen Sie *Spur Header konfigurieren*. Aktivieren Sie die entsprechende Option und schließen Sie das Fenster wieder.

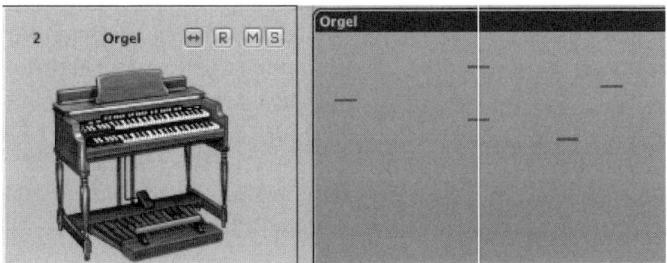

Mit dem Node-Schalter (ganz links) bestimmen Sie, bei welchen Spuren die Plugins ausgelagert werden.

6. Sie können nun individuell für jede Spur bestimmen, ob deren Plug-ins auf einen Node-Rechner ausgelagert werden oder aber weiterhin auf ihrem Hauptrechner berechnet werden.

• Bei mehreren Node-Rechnern übernimmt Logic übrigens selbstständig die Verteilung der Last auf die verschiedenen Rechner, Sie brauchen sich darum nicht zu kümmern.

• Wenn Sie Plugins von Drittanbietern auslagern wollen, müssen diese auch auf dem Node-Rechner installiert und freigeschaltet sein. Das heißt, Sie benötigen gegebenenfalls auch eine zweite Lizenz dieses Plugins.

• Achten Sie stets darauf, dass die Plugins auf beiden Macs die gleiche Version haben. Selbiges gilt auch für die Node-Applikation selbst. Sie müssen daher nach jedem Logic-Update auch das Node-Programm auf allen Node-Rechnern aktualisieren. Die aktuellste Node-Version findet sich immer im Download-Paket des jeweiligen Logic-Updates und trägt auch immer die gleiche Versionsnummer wie Logic.

- Da das Hin- und Herschicken von Daten über das Netzwerk und vor allem das Berechnen der Plugins auf einem zweiten Rechner natürlich auch wieder Zeit kostet, verursacht das Verwenden von Nodes eine zusätzliche Latenz. Diese wird zwar von Logic automatisch kompensiert, trotzdem sollten Sie Nodes eher bei der Mischung benutzen, wo die Latenz keine Rolle spielt (siehe auch Kapitel 3.3. *Arbeiten mit Latenzen*).

- Die Auslastung der einzelnen Node-Rechner wird über einen zusätzlichen Balken pro Node-Rechner im Systemauslastungsfenster dargestellt.

- Um sich das ständige Starten von Node auf den verwendeten Rechnern zu ersparen, können Sie das Programm auch in die Startobjekte aufnehmen, damit es bei jedem Start des jeweiligen Macs automatisch gestartet wird. Ziehen Sie Node dazu zunächst ins Dock, klicken Sie dann mit der rechten Maustaste (oder mit *CTRL + Mausklick*) auf das Node-Icon und setzen Sie einen Haken bei *Bei der Anmeldung öffnen*. Von nun an wird es bei jedem Start automatisch geöffnet.

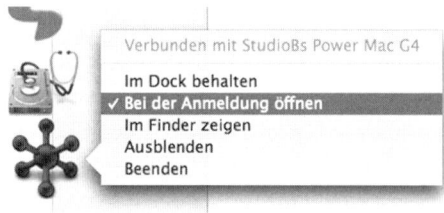

Einmal den Haken setzen und sich nie wieder darum kümmern.

3.4.2. AUNetSend und -NetReceive

Bei diesen beiden Plugins handelt es sich streng genommen gar nicht um Bestandteile von Logic, sondern um zwei mit OS X ausgelieferte Audio-Unit-Plugins, die Apple allen Benutzern von OS X frei Haus mitliefert. Wie die Namen schon vermuten lassen, kann man mit ihrer Hilfe Audiodaten über ein Netzwerk verschicken (AUNetSend) und empfangen (AUNetReceive).

AUNetSend sendet ...

... und AUNetReceive empfängt Audiodaten via Netzwerk.

Theoretisch kann man mithilfe dieser Plugins also beliebig viele Signale aus Logic heraus an andere Rechner senden, dort bearbeiten und wieder zurückschicken. In der Praxis ist aber die oben beschriebene Lösung via Nodes wesentlich komfortabler, da man sich, wenn einmal alles konfiguriert wurde, um nichts mehr kümmern muss. Bei einigen Situationen kann es aber durchaus Sinn machen, auf die beiden Audio-Unit-Plugins zurückzugreifen. Lesen Sie im Folgenden drei denkbare Szenarien.

Realtime-Analyzer auf zweitem Mac

Wenn Sie neben Ihrem Hauptrechner noch ein Laptop oder einen iMac von Apple besitzen, können Sie diesen Rechner beispielsweise mithilfe der Software „Spectre" von Audiofile Engineering zu einem hochwertigen Realtime-Analyzer umwandeln. (Eine Demoversion zum Ausprobieren des folgenden Tipps können Sie über die Webseite des Herstellers: www.audiofile-engineering.com beziehen.)

Auf ihrem Hauptrechner läuft Logic, auf dem Zweitrechner Spectre. Die Verbindung wird ganz einfach über **AUNetSend** und **AUNetReceive** und ein Ethernetkabel, mit dem beide Rechner verbunden werden, hergestellt. Und zwar so:

1. Starten Sie ein beliebiges Logic-Projekt. Im Output-Kanalzug setzen Sie als letztes Plugin eine Instanz von **AUNetSend** ein (wichtig, damit Sie auch alles „sehen" was Sie „hören"). Nennen Sie dieses Plugin zum Beispiel „Logic Output" und wählen Sie ein Audioformat, das übertragen werden soll (am besten 24 Bit unkomprimiert). Somit liegt an diesem Plugin die Summe aus Logic an.

2. Auf ihrem Zweitrechner starten Sie nun das Programm Spectre und wählen als Input die Option Network. Mit dem „+"-Button erzeugen Sie hier ein neues **AUNetReceive**-Plugin, um den Output von Logic zu empfangen. Vergeben Sie auch für dieses Plugin einen aussage-kräftigen Namen (z. B. „Spectre"), um Verwechslungen zu vermeiden.

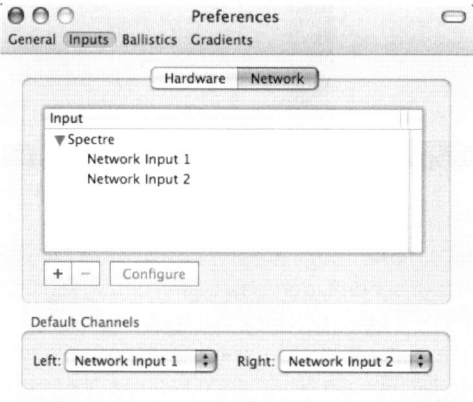

Die Input-Konfiguration bei Spectre.

3. Wählen Sie bei *Default Channels* (siehe Bild oben) Network Input 1 und Network Input 2. Ansonsten benutzt Spectre die On-Board-Soundkarte ihres Rechners.

4. Klicken Sie nun noch auf *Configure*. Hier müsste nun als Option Ihr „Logic Output" aus Schritt 1 auftauchen. Doppelklicken und fertig! Wenn in Logic nun ein Song abläuft, müsste Spectre darauf reagieren und entsprechend etwas anzeigen.

Genaue Hinweise wie Sie Spectre einstellen und bedienen entnehmen Sie bitte der Bedienungsanleitung von Spectre. Wenn Sie keinen zweiten Rechner Ihr Eigen nennen, können Sie oben beschriebenes Szenario auch auf einem Rechner durchführen, auf dem beide Programme parallel laufen. Nach dem gleichen Prinzip wie im Kasten oben können Sie auch vorgehen, um ihren Zweit-Mac als Mastering-Rechner oder Zweit-Abhöre zu benutzen.

Mastering auf zweitem Mac
Leider kann man Plugins, die auf Summen oder Bussen liegen, nicht „freezen" (siehe unten) und auch nicht mittels Nodes auslagern. Sie können aber die Summe aus Logic wie im Kasten oben beschrieben per **AUNetSend** an einen zweiten Rechner schicken. Dort benutzen Sie ein beliebiges Programm, das Audio Units laden kann. (Beispielsweise eine zweite Instanz Logic oder aber

auch ein einfacheres Programm wie das virtuelle Rack Rax.) Greifen Sie dort per **AUNetReceive** das Summensignal aus Logic ab und bearbeiten Sie es auf dem zweiten Rechner mit hochwertigen Mastering-Plugins. Natürlich brauchen Sie dann auch an diesem zweiten Mac eine hochwertige Audiokarte, um den fertig bearbeiteten Song auf ihre Abhöre zu routen. Oder aber Sie schicken das Signal nochmals via **AUNetSend** zurück auf ihren Hauptrechner.

Zweitabhöre

Signale, die mit **AUNetSend** gesendet werden, können im ganzen lokalen Netzwerk (LAN) abgegriffen werden. Also auch im Studio ihres Kollegen eine Tür weiter! Schicken Sie einfach wieder ihre Summe aus Logic per **AUNet-Send** ins Netz und hören Sie ihre Mischung in einem anderen Raum ab (per **AUNetReceive**). Dadurch Sind Sie in der Lage, mal eben schnell eine Mischung auf anderen Boxen abzuhören, ohne erst einen Bounce durchzuführen und diesen auf CD zu brennen.

3.4.3. Freezen

Freezen bedeutet wörtlich übersetzt soviel wie einfrieren und genau das tut es auch. Nach Betätigen des Freeze-Buttons (zu finden im Spur-Header des Arrange-Fensters) wird beim nächsten Starten von Logic die betreffende Spur „eingefroren", was nichts anderes heißt, als das die auf der Spur befindlichen Audio- oder MIDI-Regionen mitsamt Instrument und den verwendeten Inserteffekten in eine neue Audiodatei eingerechnet werden.

Dies geschieht im Hintergrund, ohne dass der Benutzer irgendetwas dazu tun müsste.

Nach dem Einfrieren wird nun dieses neue Audiofile anstelle der bisherigen Regionen abgespielt und die eingesetzten Plugins belasten nicht mehr die CPU des Rechners. So können Sie selbst mit einem älteren System noch eine größere Anzahl an hochwertigen Plugins für ihren Mix benutzen, die der Rechner in Echtzeit eigentlich gar nicht mehr alle abspielen könnte.

Da Sie diese Spuren dann aber natürlich nicht mehr editieren und Sounds verstellen können (Ausnahmen sind Parameter wie Volume, Panorama und Sends) und das Einfrieren auch eine gewisse Zeit dauert, sollten Sie gut überlegen, welche Spuren Sie wann einfrieren, um nicht ständig mit Freezen beschäftigt zu sein. Eine Strategie könnte etwa sein, Spuren immer erst dann einzufrieren, wenn sie fertig bearbeitet sind. Also etwa erst das Schlagzeug abmischen und dann die Spuren freezen, dann den Bass usw. Dadurch haben Sie stets noch CPU-Reserven frei und treffen zum anderen auch ständig Entscheidungen, indem Sie sich sagen: „Diese Spur ist fertig und kann gefreezt werden."

Neben dem Entlasten des Rechners können Sie die Freeze-Funktion aber auch noch zu weiteren hilfreichen Dingen benutzen. Stellen Sie sich etwa einen Song vor, in dem ein Synthesizer eine einzelne Note spielt, die über acht Takte geht (beispielsweise ein Pad, das sich die ganze Zeit verändert).

Wollen Sie nun gegen Ende dieser acht Takte an der Drumspur etwas editieren, so müssen Sie den Song stets von Beginn des Pads an abspielen, um auch beide Sounds (Pad und Drums) zu hören.

Das kostet natürlich viel Zeit und ist nervig. Wenn Sie dagegen die Spur mit dem Pad freezen, dann wird das Pad wie eine Audiospur behandelt und Sie können kurz vor der gewünschten Position (in dem Fall Takt acht) einsteigen und hören trotzdem beide Spuren.

3.5. Erstellen von Templates

In früheren Versionen von Logic nannte sich ein vorgefertigter Song, der alle benutzerspezifischen Einstellungen und (virtuellen) Verkabelungen enthielt, noch Autoload-Song. Mittlerweile wird eine solche Vorlage in der Logic-Terminologie Template genannt. Aber nicht nur der Name, auch das Handling hat sich geändert und verbessert, so kann man nun beliebig viele Vorlagen anlegen und abspeichern. Die Idee hinter den Templates ist dabei folgende:

Jeder User hat bestimmte Aufgaben und Projektanforderungen die immer wiederkehren (Bandaufnahmen, Sprachaufnahmen, Videovertonung usw.), außerdem möchte man bei bestimmten Projekten vielleicht hochwertige externe Geräte miteinbeziehen (Mischung, Mastering) oder per Environment seine Hardware-Synthesizer ansteuern. Logic für all diese Aufgaben anzupassen, ist dank der flexiblen Struktur des Programms kein Problem, kostet aber doch Zeit. Da die genannten Aufgabenstellungen in der Regel immer mal wieder auftauchen, richtet man sie eben nur einmal ein und speichert sich die entsprechenden Einstellungen als Vorlage, um jederzeit darauf zurückgreifen zu können.

Als Anregung wie solch ein Template aussehen könnte, schauen Sie sich zunächst einmal die mitgelieferten Vorlagen von Logic an. Wählen Sie dazu in Logic den Befehl *Neu* (unter *Ablage* oder mit der Tastenkombination *Apfel + N*). Es öffnet sich ein Dialog-Fenster, in dem Sie bereits Vorlagen für die meisten Situationen finden. Eventuell sind für Ihre Arbeitsweise ja schon die passenden dabei?

Wenn nicht, dann legen Sie diese selbst an. Überlegen Sie sich zunächst, welche Aufgaben bei Ihnen regelmäßig anfallen. Notieren Sie hierzu am besten auf einem Blatt Papier die Aufgabenstellung und was Sie dazu typischerweise benötigen. Das können neben einer bestimmten Anzahl an Audio-Instrumenten oder Audiokanälen auch häufig benutze Sounds und Effekte sein oder aber die Einbindung ihrer Hardware. Wenn Sie diese Liste fertig haben, legen Sie für jede Situation einen passenden Logic-Song an und speichern diesen als Template ab. Das geht mit dem Befehl *Als Vorlage sichern* im Menü *Ablage*.

Wenn Sie in Zukunft ein neues Projekt beginnen, können Sie stets auf diesen Vorlagen aufbauen.

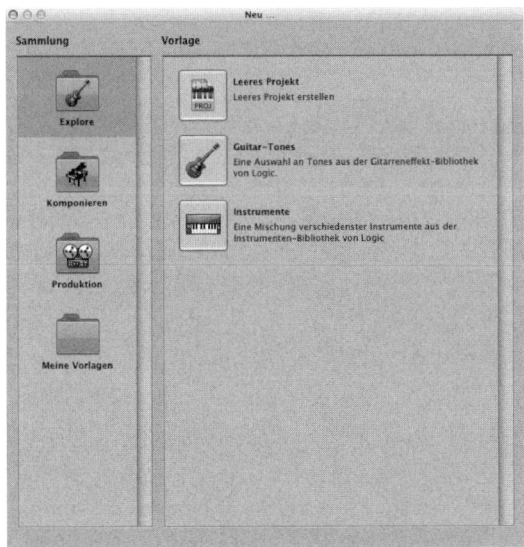

Das Dialogfenster zur Auswahl eines Templates.

Beim Öffnen eines neuen Songs finden Sie dann unter *Meine Vorlagen* die zuvor erstellten Templates und können in Zukunft sofort loslegen, ohne sich erst mit dem Konfigurieren von Logic beschäftigen zu müssen.

3.6. Arbeiten mit Fensteranordnungen

Grundsätzlich gibt es in Logic zwei Ansätze, um mit den vielen Fenstern und Editoren einen vernünftigen Workflow zu erreichen. Die erste Variante beruht auf dem neuen Single-Window-Design, welches mit Logic 8 eingeführt wurde. Es eignet sich hervorragend, wenn Sie mit einem großen Monitor arbeiten und die am meisten benötigten Editoren per Tastaturkürzel öffnen und schließen möchten. Für diese Methode brauchen Sie am besten ein großes Cinema Display ab 20 Zoll oder einen iMac, außerdem ist sie natürlich geeignet, wenn Sie mit einem mobilen Mac arbeiten.

Die zweite Methode kommt vor allem dann zur Anwendung, wenn Sie mit zwei oder mehr Monitoren arbeiten und sich per Fensteranordnung für jede Arbeitssituation innerhalb eines Templates die passende Kombination an Fenstern zurechtlegen möchten. Im folgenden Kapitel erfahren Sie, wie Sie Logic für beide Varianten einrichten und welche Variante für Sie am geeignetsten ist.

3.6.1. Single-Window-Design

Wie Sie im linken Bild auf der folgenden Seite erkennen können, bleibt auch im Single-Window-Design das Arrangierfenster der Dreh- und Angelpunkt des Geschehens bei der Arbeit mit Logic. Hier nimmt man Spuren auf, erzeugt MIDI-Regionen und editiert diese im entsprechenden Editor. Alle nur temporär benötigten Editoren und Fenster „schieben" sich dabei bei Bedarf ins Bild und sind sonst unsichtbar. So erkennt man beispielsweise den gerade geöffneten Pianorollen-Editor zur Editierung von MIDI-Regionen und links im Bild den Channelstrip-Bereich, der stets die aktuell ausgewählte Spur als Channelstrip anzeigt.

Möchten Sie mit diesem Szenario arbeiten, so sollten Sie einen großen Bildschirm benutzen, da sich alle Fenster auf einem Monitor unterbringen lassen müssen. Im Beispiel rechts oben kam etwa ein 22"-Monitor mit normalem Seitenverhältnis zum Einsatz. Hat man hier aber alle Editoren gleichzeitig eingeblendet, kann es schon etwas voll und unübersichtlich werden (siehe Bild nächste Seite). In solch einem Fall ist man besser bedient, mit zwei Monitoren zu arbeiten (siehe weiter hinten).Doch zunächst noch einmal zurück zu unserem Single-Window-Design. Hat man sich entschieden, damit zu arbeiten, sollte man sich zunächst mit den wichtigsten Tastatur-

Logic Pro im Single-Window-Design.

Dieses Screenset wirkt überladen, man hat kaum noch Platz zum Arbeiten.

befehlen zum Ein- und Ausblenden der einzelnen Fenster und Editoren vertraut machen. Am besten schauen Sie dazu im Menüpunkt *Tastatur-kurzbefehle* nach, welches Tastenkürzel für welchen Editor vergeben ist.

Zu finden ist dieses Fenster unter *Logic Pro / Einstellungen / Tastaturkurz-befehle* oder über die entsprechende Tastenkombination *alt-Taste + K*. Hier findet man alle bereits vergebenen Tastaturkurzbefehle und kann diese auch nach den eigenen Vorstellungen verändern und anpassen. (Mehr dazu im Kapitel 3.7. *Effizienter arbeiten mit Tastaturkommandos*.)

In der Standardbelegung ist für die wichtigsten Fenster und Editoren folgende Tastenkombination vergeben:

Für die Fenster unterhalb des Arrange-Fensters, die sich nach „oben" ins Bild schieben:

X -> öffnet und schließt den Mixer.
W -> öffnet und schließt den Sample-Editor.
P -> öffnet und schließt den Pianorollen-Editor.
N -> öffnet und schließt das Notationsfenster.
Y -> öffnet und schließt den Hyper-Editor.

Weitere Kommandos zum Öffnen und Schließen von Fenstern:

I -> öffnet und schließt die Channel-Strip-Ansicht am linken Bildrand.

Hier nimmt man Einstellungen am Kanalzug der aktuell ausgewählten Spur vor, ohne dass man dazu ins Mixer-Fenster wechseln müsste.

B -> öffnet und schließt den Medienbereich im rechten Teil des Bildschirms, der unter anderem das Bin (zum Verwalten von zum Projekt gehörenden Audiodateien), den Apple Loop Browser (zum Suchen und Vorhören von Apple Loops), die Bibliothek (mit allen Channel-Strip-Settings) und die Übersicht (zur Suche von Dateien auf dem ganzen System) enthält.

Wichtig für die tägliche Arbeit sind außerdem noch unter der Rubrik Listen (ebenfalls rechts am Bildschirmrand) die folgenden Fenster beziehungsweise ihre zugehörigen Tastaturkürzel:

E -> öffnet und schließt den Event-Editor.
T -> öffnet und schließt die Tempoliste.

Am oberen Rand befinden sich noch die Globalen Spuren.

G -> öffnet und schließt die Globalen Spuren.

Wenn Sie sich diese wenigen Kürzel vertraut machen, werden Sie bald beginnen „blind" zwischen den gerade benötigten Fenstern zu wechseln. Übrigens, mit der Tab-Taste springen Sie von einem zum nächsten offenen Fenster und zwar immer im Uhrzeigersinn. Denn nur im gerade aktiven Fenster können Sie auch Veränderungen vornehmen.

(Auf die Funktionsweise der einzelnen Fenster und Editoren und auf die Frage, wann man welchen Editor sinnvollerweise benutzen sollte, wird in Kapitel 4.4.1. *Die Editoren* noch detaillierter eingegangen.)

Vorteile des *Single-Window-Design*

• An erster Stelle ganz klar die Tatsache, dass man jederzeit das ganze Projekt im Überblick hat und sich nicht in unzähligen Fenstern verirrt.

• Man sieht und erkennt auf einen Blick Zusammenhänge von Regionen und geöffneten Editoren.

• Das ist auch gerade für Einsteiger interessant, denen Logic bisher immer eine recht hohe Einarbeitungszeit abverlangte.

- Aber auch wer sich voll und ganz auf seine Musik konzentrieren will und eine möglichst schnellen und intuitiven Zugang zu seiner Musik sucht, wird mit dieser Methode sicherlich glücklich.

  Nachteile des Single-Window-Design

- Wie schon angedeutet, macht das Ganze nur auf einem großen Monitor wirklich Spaß.

- Man kann Fenster und Editoren nicht frei auf dem Bildschirm anordnen und kombinieren.

3.6.2. Fensteranordnungen (Screensets)

Hin und wieder kann es vorkommen, dass man sich eine speziell auf die eigenen Bedürfnisse zugeschnittene Oberfläche wünscht, bei der genau die Fenster auf einem Monitor sichtbar sind, die man gerade braucht. Außerdem ist das Single-Window-Design natürlich auf den Betrieb mit einem Monitor ausgerichtet. Arbeitet man mit zwei oder mehr Monitoren, dann wird es schwer, diese zu integrieren. Zudem braucht man in unterschiedlichen Stadien einer Produktion (Aufnahmen, Editierung, Mischung und Automation) unterschiedliche Fenster und Editoren. Für diesen Fall bietet Logic die sogenannten Fensteranordnungen an (früher auch Screensets genannt, beide Begriffe werden im Folgenden synonym verwendet). Damit kann man sich mehrere Kombinationen von Fenstern und Editoren einrichten, abspeichern und bei Bedarf abrufen. In der Praxis sieht das so aus, dass jede Taste auf dem Ziffernblock der Computertastatur einer Fensteranordnung beziehungsweise einer Arbeitssituation entspricht. Auf der *1* etwa ein Setup zur Aufnahme, auf der *2* eines zum Mischen usw.

Insgesamt kann man bis zu 90 solcher Fensteranordnungen abspeichern und bei Bedarf aufrufen, das sollte selbst für aufwendigste Setups genügen. Auf der *1* des Ziffernblocks liegt dabei natürlich immer auch die „Fensteranordnung *1*, auf der *2* die zweite Anordnung von Fenstern und so weiter. Die Fensteranordnungen ab *9* ruft man auf, indem man die *CTRL*-Taste gedrückt hält und die entsprechende Zahl eintippt. Fensteranordnungen, die eine *0* enthalten, gibt es übrigens nicht, da die *0* bereits für die Funktion *Stop* reserviert ist.

Fensteranordnung erstellen:

Natürlich braucht niemand ernsthaft 90 verschiedene Screensets, vier bis fünf sollten im Alltag durchaus genügen. Auch hier sollte man sich zuerst kurz überlegen, welche Fenster man in welcher Kombination häufig benötigt. Eine Fensteranordnung einzurichten, geht dann schnell und unkompliziert:

1. Man ruft zunächst über den Ziffernblock die Seite auf, auf der man etwas einrichten möchte. Typischerweise würde man natürlich mit der „1" beginnen.

2. Nun schließt man zunächst alle Fenster, die sich dort eventuell schon befinden ...

3. ... und richtet sich dann die Fenster so ein, wie man sie benötigt. Ein neues Fenster oder einen Editor öffnet man immer über das Menü *Fenster* in der Leiste oben am Bildschirmrand.

4. Abschließend muss man die erstellte Konfiguration nur noch abspeichern, damit die einmal gewählte Anordnung nicht verloren geht. Das geht über den Befehl *Verriegeln* (Tastaturkürzel *Shift + L*), zu finden im Menü *Fensteranordnung*.

In diesem Menü sieht man auch jederzeit, dargestellt durch eine Zahl, in welchem Screenset man sich aktuell befindet. Außerdem kann man hier natürlich die einmal verriegelte Fensteranordnung auch wieder entriegeln, duplizieren, umbenennen und löschen. Wenn man eine Fensteranordnung dupliziert, wird man gefragt, unter welcher Nummer man die neue, duplizierte Fensteranordnung speichern möchte. Eine verriegelte Fensteranordnung erkennt man an einem Punkt vor der Zahl am oberen Bildschirmrand.

Das Menü für die Fensteranordnungen einmal verriegelt (links) und einmal unverriegelt (rechts).

Mithilfe der Fensteranordnungen kann man sich nun Screensets für jede denkbare Situation schaffen.

Zunächst als Beispiel ein Setup zum Aufnehmen und Editieren von MIDI-Regionen:

 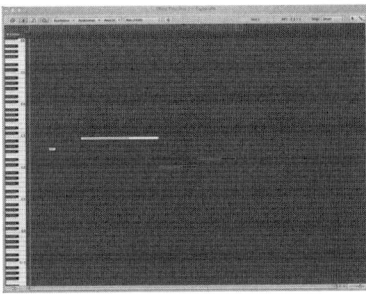

Links wird Monitor 1 mit dem Arrange-Fenster und rechts Monitor 2 mit dem Pianorollen-Editor dargestellt.

Das obige Beispiel zeigt eine Fensteranordnung aus einem Setup mit zwei Bildschirmen. Links hat man eine Übersicht des Arrange-Fensters, in dem man MIDI-Regionen aufnimmt und diese benennt, kopiert und eben arrangiert. Auf dem rechten Monitor dagegen befindet sich der Pianorollen-Editor, in dem man den Inhalt der aktuell im Arrange-Fenster angewählten Region sieht und editieren kann. So spart man sich das ständige Öffnen und Schließen des Pianorollen-Editors. Dieses Setup eignet sich vor allem dann, wenn man viel mit einem speziellen Editor arbeitet. Natürlich kann man statt dem Pianorollen-Editor auch jeden beliebigen anderen Editor wählen oder man legt sich für jeden Editor ein Screenset an.

Im nächsten Screenshot sieht man dagegen ein Setup zum Mischen eines Tracks. Links wird wieder das Arrange dargestellt, während man rechts diesmal den Mixer sieht.

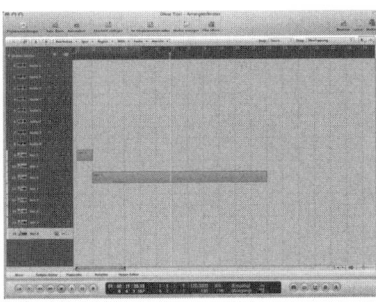 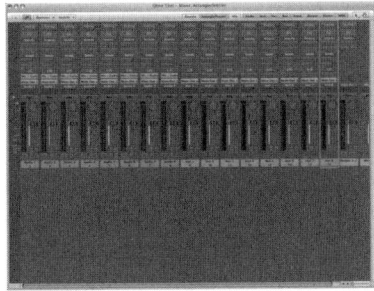

Eine Fensteranordnung, die sich vor allem fürs Mischen eignet.

Mit solch einer Anordnung der Fenster kann man sich komfortabel ans Mischen machen. Während man links im Arrange navigiert und bei Bedarf die

Automation (Tastenkürzel *A*) einblendet, um daran zu arbeiten, wird rechts der Mixer eingeblendet, in dem man Lautstärkeverhältnisse, Panoramaposition und vieles mehr für die einzelnen Spuren einstellt. Möchte man während der Misch-Phase doch noch mal eine MIDI-Region editieren, geht man ganz einfach zum ersten Screenset zurück.

Nach diesem Prinzip kann man sich nun für alle Situationen die passende Oberfläche anlegen und abspeichern. Denkbar wäre zum Beispiel ein Arrange, welches sich über beide Bildschirme erstreckt und der Übersicht in großen Arrangements dient. Oder mehrere Fensteranordnungen mit dem Arrange-Fenster in unterschiedlichen Zoom-Stufen oder mit eingeblendeten Globalen Spuren.

Die einmal angelegten Fensteranordnungen sollte man dann auch mit den entsprechenden Templates abspeichern (siehe auch vorheriges Kapitel).

Übrigens kann man an abgespeicherten Fensteranordnungen natürlich weiterhin Änderungen vornehmen und etwa einzelne Fenster verschieben oder in der Größe ändern. Verlässt man aber das Screenset und kehrt später wieder zurück, so sind alle Änderungen verloren und die Oberfläche sieht wieder so aus, wie man sie abgespeichert hat. Möchte man Änderungen daher dauerhaft sichern, so muss man dazu die Verriegelung aufheben, die Veränderungen vornehmen und dann wieder verriegeln.

Nützliche Helfer: Catch und Link

Die Funktionen *Catch* und *Link* helfen, den Überblick über die aktuelle Auswahl zu behalten. *Catch* wird dabei durch ein laufendes Männchen, *Link* durch ein Kettensymbol dargestellt. Beide Symbole findet man links oben in allen Editorenfenstern.

Links oben erkennt man die Symbole für *Catch* und *Link*.

Ist *Catch* für ein bestimmtes Fenster aktiviert (Männchen leuchtet blau), dann ist dafür gesorgt, dass die Songpositionslinie nie den im jeweiligen Editor sichtbaren Bereich verlässt und man stets die aktuelle Stelle im Song angezeigt bekommt. Standardmäßig ist Logic übrigens so eingestellt, dass *Catch* immer beim Start des Sequenzers automatisch aktiviert wird. Selbst wenn Sie die Funktion deaktivieren sollten, wird Sie beim Betätigen der „Play"-Taste wieder aktiviert. Da es eigentlich immer wünschenswert ist, dass *Catch* aktiviert ist, sollten Sie daran auch nichts ändern. Wenn Sie dies doch wollen, dann gehen sie ins Menü *Logic Pro / Einstellungen / Global* und dann auf den Reiter *Catch*. Hier können Sie *Catch* dauerhaft deaktivieren.

Link hingegen ist dafür zuständig, dass alle Editoren den gleichen Inhalt darstellen. Das kann wichtig sein, wenn man sich eine MIDI-Region gleichzeitig in mehreren Editoren anzeigen lassen und bearbeiten will. Zum Beispiel im Pianorollen-Editor, um Noten zu ändern und gleichzeitig im Hyper-Editor, um Steuerdaten einzuzeichnen.

3.7. Effizienter arbeiten mit Tastatur-kommandos

Ein weiterer Schritt auf dem Weg, Logic schnell und intuitiv zu bedienen, ist die Benutzung der vielen möglichen Tastaturkürzel. Kaum ein Programm bietet so viele Tastaturkommandos wie Logic, die sich zudem noch alle den eigenen Bedürfnissen anpassen lassen. Der größte Vorteil von eigenen Tastaturkurzbefehlen besteht letztendlich darin, dass man mit „seinen" selbst eingerichteten und verinnerlichten Kommandos wesentlich schneller und ergonomischer arbeiten kann, da man nicht ständig mit der Maus in irgendwelchen Untermenüs herum suchen muss. Natürlich wird jeder Anwender den Fokus dabei auf andere Befehle legen, die ihm besonders wichtig sind und die er ständig braucht. Logic bietet einem die Möglichkeit, das Programm weitestgehend den eigenen Bedürfnissen anzupassen.

Dazu werden hunderte von Tastaturkommandos angeboten. Diese alle zu lernen, ist wahrscheinlich unmöglich und auch nicht nötig. Vielmehr kommt es darauf an, aus der Masse diejenigen auszuwählen, die für den eigenen Arbeitsstil eine Erleichterung darstellen.

Neben den Standards (Bedienung des Transportfelds, dem Ein- und Auszoomen im Arrange-Fenster und in den einzelnen Editoren usw.) muss also jeder

Anwender überlegen, welche Funktionen er wie oft benutzt und wo demnach ein Tastaturkommando eine Erleichterung darstellen würde.

Um sich zunächst einmal einen Überblick zu verschaffen, was in Logic alles per Tastenkürzel bedient werden kann, sollte man einen Blick in die Liste der verfügbaren Kommandos werfen. Das entsprechende Fenster öffnet sich, natürlich, mit einem Tastenkürzel und zwar mit der Kombination *alt-Taste + K* (oder aber über *Logic Pro / Einstellungen / Tastaturkurzbefehle*).

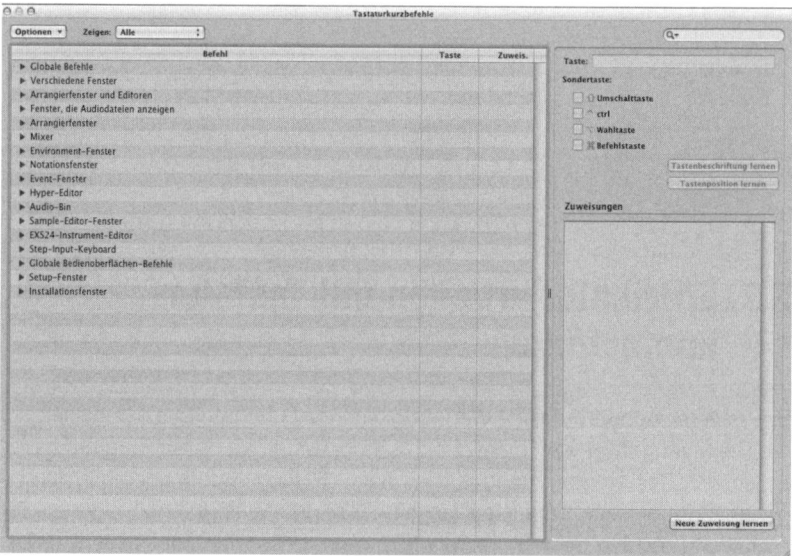

Im Fenster *Tastaturkurzbefehle* erhält man einen Überblick über alle verfügbaren Tastaturkommandos und kann diese verwalten.

In diesem Fenster kann man alle verfügbaren Tastaturkommandos einsehen und die Belegung derselben erfahren. Außerdem gibt es einen Filter, mit dessen Hilfe man nach bestimmten Funktionen oder Begriffen suchen kann, um herauszufinden, ob ein Tastaturkommando dafür vergeben ist und, wenn ja, welches.

Ferner besteht hier die Möglichkeit, die Zuordnung von Kommandos zu bestimmten Tasten anzupassen und etwa bestehende Zuordnungen neu zu bestimmen und alte zu löschen. Wenn man möchte, kann man hier auch die komplette Liste zur besseren Übersicht ausdrucken. Dazu kopiert man die Liste in die Zwischenablage (der entsprechende Befehl findet sich im Menü *Optionen*) und fügt sie anschließend in ein Textverarbeitungsprogramm ein, um sie dort dann auszudrucken. Achtung, es werden nur die Tastaturkommandos kopiert, die auch zu sehen sind. Sprich, wenn Sie zuvor eine Suche nach dem Begriff „Stop" durchgeführt haben, so werden nur diejenigen Befehle kopiert, die den Suchbegriff enthalten.

Die ausgedruckte Liste kann man sich dann neben den Bildschirm zum Nachschlagen bereit legen. Das hat zwei Vorteile: Zum einen ist eine gedruckte Liste besser durchzusehen, zum anderen findet man beim Überfliegen der Liste nach und nach immer wieder Kommandos, von denen man bisher noch gar nichts wusste.

Um selbst einem Befehl ein Tastaturkommando zuzuordnen, gehen Sie wie folgt vor:

1. Öffnen Sie das Fenster *Tastaturkurzbefehle*.

2. Wählen Sie in der Liste links den Befehl aus, den Sie mit einem Tastaturkommando steuern möchten. Benutzen Sie dazu gegebenenfalls die Suche. Bei Befehlen, die schon mit einer Tastenkombination belegt sind, erkennen Sie das in der mittleren Spalte der Tabelle im linken Teil des Fensters.

3. Klicken Sie im rechten oberen Teil des Fensters auf *Tastenbeschriftung lernen* und tippen Sie anschließend die gewünschte Tastenkombination ein. Danach wird in der Liste links neben dem Befehl ihre neue Tastenkombination angezeigt. Möchten Sie eine Tastenkombination benutzen, die schon von einem anderen Befehl verwendet wird, warnt Sie Logic mit einem Hinweis, ob Sie das wirklich tun und die bestehende Zuordnung überschreiben möchten.

Tastaturkommandos mitnehmen

Sie haben viel Zeit in die Anpassung und Optimierung ihrer Tastaturkommandos gelegt und können Logic mittlerweile blind mit der Computertastatur bedienen? Dann wäre es doch nett und hilfreich, auf diesen Workflow auch in anderen Studios zugreifen zu können, etwa wenn Sie oft unterwegs sind und häufig in verschiedenen Studios arbeiten? Vielleicht haben Sie auch einen zweiten mobilen Mac und hätten hier stets den gleichen Stand an Tastaturkommandos wie auf ihrem Studiorechner?

Hier erfahren sie, wie Sie dafür vorgehen müssen:

- Gehen Sie erneut ins Fenster *Tastaturkürzel* und wählen Sie unter *Optionen* ganz einfach den Befehl *Tastaturkurzbefehle exportieren.*

- Sie werden dann aufgefordert, einen Speicherplatz zu bestimmen und einen Namen zu vergeben - fertig.

- Als Ergebnis erhalten Sie ein File mit der Endung *„.logikcs".*

- Dieses wiederum können Sie auf jedem anderen Mac mit installiertem Logic importieren und zwar ebenfalls im Fenster *Tastaturkurzbefehle* unter *Optionen* mit dem Befehl *Tastaturbefehle importieren.*

3.8. Externe Hardware einbinden

In den letzten Jahren hat sich in fast allen Tonstudios weltweit und dabei vor allem im Bereich der Projektstudios ein rasender Wechsel hin zum rein computerbasierten Arbeiten vollzogen. Nicht zuletzt durch die rasante Entwicklung bei Hardware und Software ist die Durchführung einer kompletten Produktion von der Aufnahme über die Mischung bis hin zum finalen Mastering innerhalb einer DAW (Digital Audio Workstation) wie Logic kein Problem mehr.

Trotzdem wollen nicht alle User komplett auf ihre lieb gewonnene Sammlung an Hardware verzichten. Manch einer muss vielleicht auch noch in der Lage sein, alte Projekte öffnen zu können und kann schon deshalb gar nicht auf bestimmte Geräte verzichten. Von den klanglichen Vorzügen edler, analoger Hardware ganz zu schweigen. Im folgenden Kapitel soll es deshalb darum gehen, Hardware so in Logic zu integrieren, dass auch hier ein effizientes Arbeiten gegeben ist.

Bei der Einbindung von Hardware in den Signalfluss von Logic gibt es zwei Arten von Geräten zu unterscheiden: zum einen Klangerzeuger wie Synthesizer, Sampler oder Drum-Maschinen und zum anderen Effektgeräte wie Kompressoren, Equalizer und Hallgeräte. Wie man dabei jeweils am besten vorgeht und warum auch hier die Latenz eine Rolle spielen kann, erfahren Sie auf den folgenden Seiten.

3.8.1. Klangerzeuger

Hardware-Klangerzeuger kann man in Logic über das Plugin **External Instrument** ähnlich komfortabel wie einen Software-Klangerzeuger einbinden, mit Effekt-Plugins versehen und automatisieren. Dazu sind folgende Schritte notwendig:

1. Als ersten Schritt sollte man für jedes externe Gerät im Logic-Environ-ment ein MIDI-Instrument anlegen. Dies geschieht über das Menü *Neu* im Environment-Layer *MIDI-Instrumente* (zu Konzept und Bedienung des Environments mehr in Kapitel 3.11. *Das Logic-Environment*).

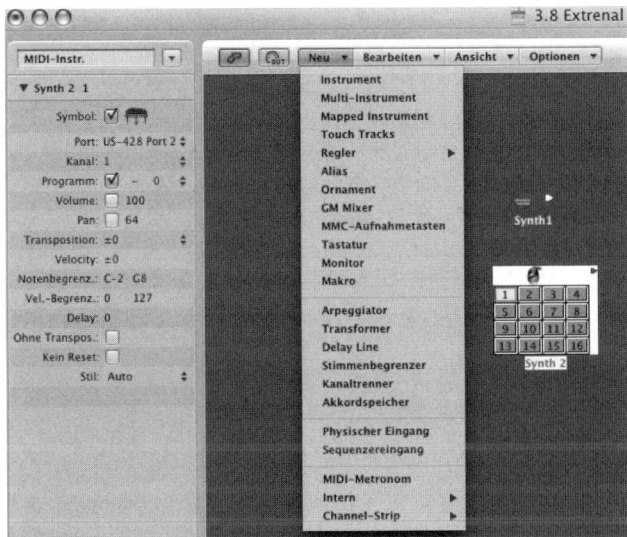

Das Fenster zeigt den Layer *MIDI-Instrument* im Environment mit zwei bereits erzeugten MIDI-Instrumenten.

Wie Sie im Bild oben bereits sehen können, unterscheidet Logic zwi-schen „normalen" MIDI-Instrumeten (hier Synth 1 genannt) und soge-nannten Multi-Instrumenten (Synth 2).

• Benutzen Sie ein „normales" Instrument, wenn Sie auf einem exter-nen Klangerzeuger nur einen Sound ansprechen wollen.

• Ist ihr externer Klangerzeuger aber in der Lage, mehrere Sounds gleichzeitig zu erzeugen (multitimbral), dann wählen Sie ein Multi-In-strument, mit dessen Hilfe Sie bis zu 16 MIDI-Kanäle an ein externes Gerät adressieren können.

2. Benennen Sie die erzeugten Instrumente aussagekräftig (am besten mit dem jeweiligen Namen des Gerätes) und weisen Sie jedem Instrument einen MIDI-Port ihres MIDI-Interfaces zu.

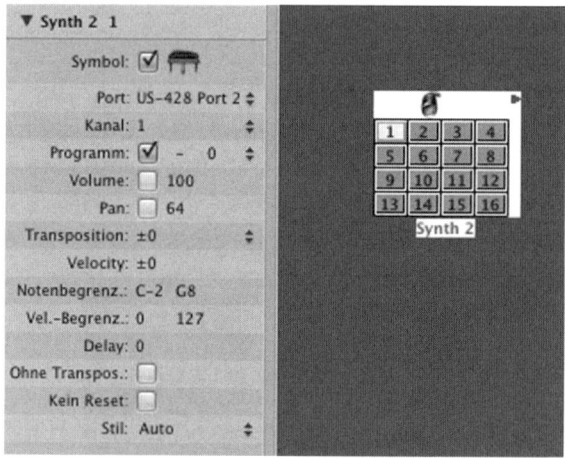

Im Bild sieht man ein Multi-Instrument „Synth 2", welches dem MIDI-Port 2 eines Tascam US 428 zugewiesen ist.

Achten Sie darauf jeden Port nur einmal zu vergeben, um kein MIDI-Datenchaos zu verursachen.

3. Verbinden Sie die MIDI-Out-Buchsen ihres MIDI-Interfaces mit den MIDI-Eingängen ihrer Klangerzeuger gemäß den oben getroffenen Verteilungen.

4. Verbinden Sie nun die Audio-Ausgänge ihrer Synthesizer und Sampler mit den Audio-Eingängen ihrer Soundkarte. Greifen Sie soweit möglich auf digitale Verbindungen zurück, um unnötige Klangverluste durch zusätzlich Wandlungen zu vermeiden. Achten Sie bei digitalen Verbindungen außerdem darauf, dass stets nur ein Gerät als Master und alle anderen als Slave fungieren, um digitale Artefakte zu vermeiden. Bei analogen Verkabelungen müssen Sie außerdem auf eine richtige Pegelanpassung achten. Oft kann man die Eingänge der Audio-Interfaces zwischen -10 dB (Comsumer-Geräte) und +4 dB (Profi-Geräte) umschalten. Schauen Sie nach, was Ihre Klangerzeuger für einen Pegel ausgeben und passen Sie die Eingänge gegebenenfalls an, um auch hier den optimalen Pegel und damit auch den bestmöglichen Sound zu erreichen.

5. Erzeugen Sie für jedes externe Gerät ein Audio-Instrument im Logic Arrange-Fenster und laden Sie jeweils das Plugin **External Instrument**. Im Plugin **External Instrument** wählen Sie bei *MIDI Destination* das MIDI-Instrument, dass Sie für diesen Klangerzeuger in Schritt 1 angelegt haben. Als *Input* wählen Sie die Audio-Eingänge ihres Audio-Interfaces, mit denen Sie das entsprechende Gerät in Schritt 4 verkabelt haben.

Das External Instrument in Logic zum Einbinden von Hardware-Klangerzeugern.

Nun können Sie alle angeschlossenen Geräte bequem mit ihrem Masterkeyboard spielen und MIDI-Regionen aufnehmen sobald Sie die entsprechende Spur im Arrange-Fenster angewählt haben.

Die einmal verkabelten Hardware-Klangerzeuger verhalten sich ab nun fast wie ihre Software-Pendants. Man muss aber beachten, dass man Songs, in denen **External Instruments** verwendet werden, nur noch in Echtzeit bouncen kann. Die Option *Offline* funktioniert zwar noch, enthält aber logischerweise keine Tracks mit **External Instruments**.

Workaround zur MIDI-Verkabelung:

Wenn Ihnen die oben beschriebene Vorgehensweise des Anlegens von Multi-Instrumenten (Schritt 1. und 2.) zu aufwendig erscheint, folgt hier ein kleiner Workaround, mit dem Sie den Vorgang beschleunigen können. Sie brauchen dazu das Environment nicht einmal zu öffnen.
Erzeugen Sie stattdessen eine neue Spur vom Typ *externes MIDI* und setzen Sie den Haken bei *Bibliothek*.

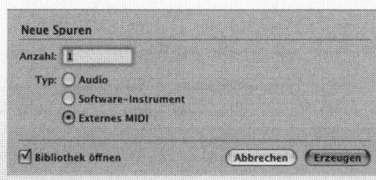

Auswahldialog zum Erzeugen von Spuren.

Im rechten Teil des Bildschirms sehen Sie nun alle verfügbaren MIDI-Interfaces.

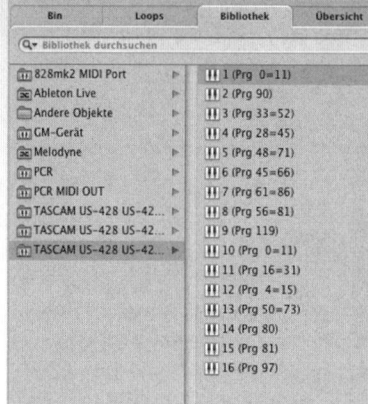

Die Auflistung aller MIDI-Ports.

Wählen Sie nun jedes der angezeigten Interfaces einmal kurz als Ziel aus (welchen MIDI-Kanal Sie wählen, ist dabei egal), dadurch wird im Environment jeweils ein passend benanntes *Multi-Instrument* erzeugt. Löschen Sie die Spur *externes MIDI* wieder und öffnen Sie eine Instanz von **External Instruments**. Im Pop-up-Menü für *MIDI-Destination* stehen nun alle verfügbaren MIDI-Interfaces bereit.

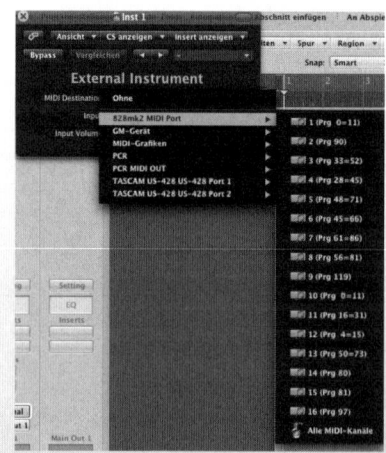

Das Plugin External Instrument.

3.8.2. Latenzausgleich

Da das Einbinden der externen Geräte Zeit benötigt und die Spuren deshalb verzögert erklingen würden, ist es nötig, diese Verzögerung ausgleichen. Logic bietet hierfür einen automatischen Latenzausgleich, damit alle Spuren zuverlässig und synchron laufen. Stellen Sie sicher, dass dieser auch aktiviert ist. Und zwar unter: *Einstellungen / Audio / Allgemein*. Die Funktion muss auf *alles* stehen.

Der Latenzausgleich hilft dabei, bereits aufgenommene Spuren synchron abzuspielen, das hilft aber nicht beim Einspielen. Um die Verzögerungen auch hier zu umgehen, können Sie folgendes machen:

1. Wenn Ihr Audio-Interface die Möglichkeit bietet, die an den Eingängen anliegenden Signale latenzfrei auf den Ausgang zu routen, dann nehmen Sie im entsprechenden Kontrollfeld ihres Audio-Interfaces die nötigen Einstellungen vor und deaktivieren Sie das Plugin **External Instrument** für diese Spur, solange Sie damit etwas einspielen.

2. Ihr Klangerzeuger wird dadurch latenzfrei auf die Ausgänge der Soundkarte geroutet, sodass Sie ohne Verzögerung einspielen können.

3. Sind Sie mit dem Einspielen fertig, dann deaktivieren Sie das Routing im Mixer der Soundkarte wieder und aktivieren dafür das Plugin External Instrument erneut (siehe hierzu auch Kapitel 3.3.3. *Ohne Latenzen arbeiten*).

3.8.3. Effekte

Möchten Sie ihre Effekte bereits bei der Aufnahme von Signalen mit aufzeichnen (was beispielsweise bei Kompressoren oder EQ´s gewünscht sein kann), dann sollten Sie dafür sorgen, dem Musiker ein latenzfreies Monitoring anzubieten wie im Kapitel 3.3. *Arbeiten mit Latenzen* ausführlich beschrieben.

Wenn Sie die Effekte jedoch erst bei der Mischung einsetzen möchten, dann verwenden Sie dazu ganz einfach das **i/o-Plugin** und setzen es wie ein ganz normales Plugin an die gewünschte Stelle im Signalfluss.

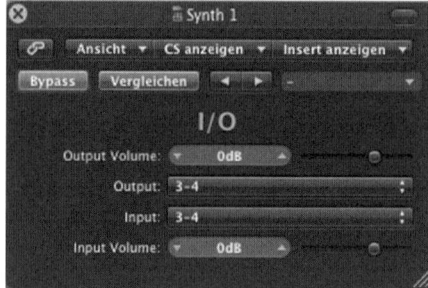

Das **i/o-Plugin** dient zum Einbinden von Hardware-Effekten.

Zum Einbinden Ihrer externen Effekte über das **i/o-Plugin** gehen Sie wie folgt vor:

1. Verbinden Sie die Ausgänge ihres Audio-Interfaces mit den Eingängen der Effekte.

2. Verbinden Sie die Ausgänge der Effekte mit den Eingängen des Audio-Interfaces.

3. Öffnen Sie ein **i/o-Plugin** und wählen Sie die gewünschten Ein- und Ausgänge, an denen Ihre Effekte anliegen.

Das Signal durchläuft nun auch die externen Effekte und wird von diesen verarbeitet. Achten Sie auch hier darauf, dass die Pegel stimmen und bevorzugen Sie soweit möglich digitale Verbindungen. Und natürlich muss auch hier der Latenzausgleich aktiviert sein.

3.9. Einbinden von Hardware-Controllern

Ein großer Nachteil beim Arbeiten mit reinen Computerlösungen im Tonstudio ist die fehlende Haptik. Gerade wer einmal mit „richtigen" Mischpulten gearbeitet hat, wird oft die Möglichkeit vermissen, mal eben schnell und intuitiv diesen oder jenen Knopf oder Fader zu verstellen. Stattdessen ist man auf die zuweilen etwas nervige Arbeit mit der Maus angewiesen. Auch kann man am Bildschirm immer nur einen Parameter zur gleichen Zeit bedienen und nicht mit beiden Händen an verschiedenen Knöpfen drehen.

Um diesen Missstand zu beheben, gibt es auf dem Markt mittlerweile eine Vielzahl von MIDI-Controllern, mit denen Logic von Haus aus schon zusammen arbeitet (z. B. Mackie Control). Andere Geräte liefern einen Treiber mit nach dessen Installation Logic mit dem Gerät kommunizieren kann.

Damit können Sie dann je nach Gerät eine Vielzahl von Parametern in Logic steuern. Vor allem bei der Transportsteuerung, beim Mischen im Logic-Mixer oder aber zum Aufrufen verschiedener Fensteranordnungen greift man gerne auf diese Helfer zurück.

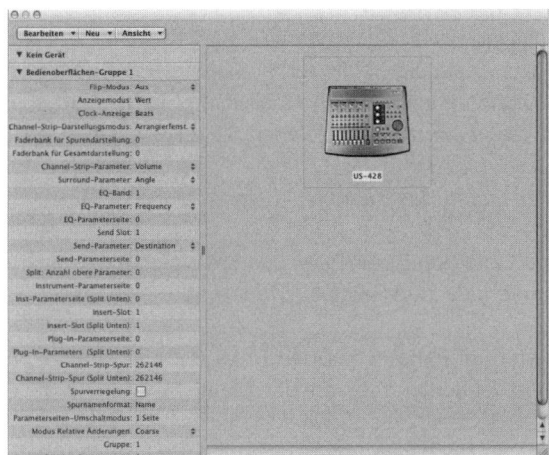

Das Fenster *Bedienober-fläche* listet alle erkannten und erfolgreich installierten Controller auf.

Im Fenster *Bedienoberfläche* (Foto oben) sehen Sie alle erfolgreich angeschlossenen und von Logic erkannten Geräte. Sie können diese hier auch verwalten. Haben Sie zum Beispiel mehrere Controller mit Fadern (etwa eine Mackie Control und eine Mackie Control XT), dann entscheidet die optische Anordnung in diesem Fenster auch die Zuordnung der „echten" Fader zu den virtuellen im Logic-Mixer. Sprich, das linke Gerät würde die ersten acht Fader des Logic-Mixers steuern und das rechte die zweiten acht Fader.

Wird ihr Gerät von Logic automatisch erkannt, müssen Sie nichts weiter tun, als das Gerät anzuschließen und gegebenenfalls noch einen Treiber zu installieren. Danach können Sie sofort loslegen.

Wenn Ihr Gerät aber nicht von Logic unterstützt wird und auch keinen entsprechenden Treiber mitliefert, müssen Sie selbst Hand anlegen und alle Fader und Potis, die MIDI-Controller-Daten ausgeben zur Steuerung von Logic einrichten. Das könnte etwa ein MIDI-Keyboard sein, welches zusätzlich zu den Tasten noch über frei belegbare Fader und Potis verfügt, mit denen Sie dann den Mixer oder die Transportsteuerung von Logic ansprechen. Außerdem können Sie sich Templates zur Bedienung der Plugins in Logic anlegen, um komfortabel an Sounds zu schrauben.

Dreh- und Angelpunkt für solche Zuweisungen sind die Fenster *Tastaturkurzbefehle* (siehe auch Kapitel 3.7. *Effizienter arbeiten mit Tastaturkommandos*) und *Controller-Zuweisung*.

3.9.1. Zuweisung von Tastaturbefehlen

Möchten Sie lediglich einige Tastaturbefehle zur Steuerung von Logic wie *Wiedergabe*, *Stop* oder *Aufnahme* vergeben, so realisieren Sie dies am einfachsten mit dem Fenster *Tastaturkurzbefehle*. Gehen Sie dazu wie folgt vor:

1. Öffnen Sie das Fenster *Tastaturkurzbefehle* (Tastenkürzel *alt + k*).

2. Wählen Sie links in der Liste den Befehl aus, den Sie einem externen Controller zuweisen möchten, zum Beispiel *Wiedergabe*.

3. Klicken Sie rechts unten im Fenster auf den Kasten *Zuweisungen*, sodass dieser aktiviert ist (erkennbar an der blauen Umrandung) und betätigen Sie den Button *Neue Zuweisung lernen*. Im Fenster erscheint nun die Meldung Noch *kein Befehl eingegangen*.

Im ersten Bild wartet Logic noch auf eine Zuweisung, im zweiten Bild ist diese bereits erfolgt.

4. Drücken Sie nun an ihrem MIDI-Controller den Taster, den Sie mit der Funktion *Wiedergabe* belegen möchten. Im Fenster erscheint die gewählte Zuordnung (siehe Bild unten) und Sie können von nun an die Wiedergabe von Logic von ihrem Keyboard aus starten.

5. Wiederholen Sie die Schritte zwei bis vier für alle weiteren Logic-Befehle, die Sie von Ihrem externen Gerät aus steuern möchten.

3.9.2. Controller-Zuweisungen

Für umfangreichere Zuweisung von Controllern etwa auf das Mischpult von Logic (Fader zur Steuerung der Lautstärke, Potis für Panorama usw.), greift man auf die Controller-Zuweisungen zurück. Das Prinzip ist dabei ähnlich wie weiter oben bei der Zuweisung von Tastaturbefehlen beschrieben. Nur haben Sie hier auch Zugriff auf alle Parameter, die nicht als Befehl vorliegen. Das wären zum Beispiel alle Fader und Regler des Mixers, aber auch Environment-Objekte.

Der wesentliche Unterschied im Vorgang besteht darin, dass Sie Logic durch Anklicken und Bewegen des gewünschten Parameters erst signalisieren müssen, was Sie zuordnen möchten. Gehen Sie dazu wie folgt vor:

1. Öffnen Sie das Fenster *Controller-Zuweisungen* (Tastenkürzel *Apfel + K*)

2. Klicken Sie rechts unten auf *Lernmodus*.

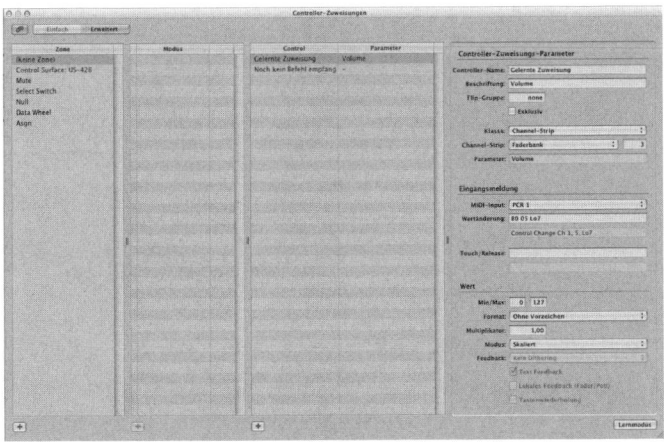

Im Fenster *Controller-Zuweisungen* weisen Sie externe MIDI-Controller den von Ihnen gewünschten Funktionen zu.

3. Bewegen Sie mit der Maus kurz den Parameter, den Sie einrichten möchten (z. B. den Volume-Fader eines Kanals).

4. Bewegen Sie anschließend einen Fader an ihrem Keyboard.

Die Zuweisung ist damit bereits abgeschlossen und Sie können von nun an mit ihrem Fader am Keyboard den Fader in Logic steuern. Das können Sie nun mit beliebig vielen Parametern wiederholen. Achten Sie dabei aber stets auf sinnvolle Zuordnungen. Fader eignen sich natürlich hervorragend für Lautstärkeänderungen während Potis beispielsweise eher für Panoramaänderungen geeignet sind.

Erstellen von Templates für die Logic-Plugins

Zu folgendem Tipp findet sich das Videotutorial 2 „Erstellen von Templates für Plugins" auf der beiliegenden CD.

Sie können die *Controller–Zuweisungen* natürlich nicht nur zur Steuerung von Logic benutzen, sondern auch dafür, die Plugins (sowohl Instrumente als auch Effekte) zu bedienen.
Gehen Sie dazu wie folgt vor:

1. Öffnen Sie das Fenster *Controller-Zuweisungen* in der erweiterten Darstellung (wie auch im letzten Abschnitt weiter oben zu sehen).

2. In der Spalte *Zone* erzeugen Sie mit dem kleinen *Plus* links unten eine neue *Zone* und benennen diese mit dem Namen des Plugins, das Sie bearbeiten möchten, etwa dem Logic **Compressor**.

3. In der dritten Spalte (*Control u. Parameter*) erzeugen Sie auch einen neuen Eintrag.

4. Schalten Sie rechts unten im Fenster den *Lernmodus* ein.

5. Klicken Sie auf einen Parameter des Plugins, den Sie zuweisen wollen, zum Beispiel den *Attack*-Regler des **Compressors**. Logic weiß nun, welchen Parameter Sie belegen möchten und wartet darauf, welchen Hardware-Regler Sie diesem zuweisen.

6. Bewegen Sie kurz den Regler den Sie der gewählten Funktion (hier dem *Attack*-Regler) zuweisen möchten. Logic erkennt den Regler und merkt ihn sich.

7. Wiederholen Sie die Schritte 3 bis 6 mit so vielen Parametern, wie Sie möchten beziehungsweise ihr MIDI-Controller hergibt.

Wenn Sie viele Effekte oder Instrumente gleichen Typs (mehrere Kompressoren oder Synthesizer) einrichten, gewöhnen Sie sich an, den gleichen Parameter immer auf denselben Poti ihres Controllers zu legen. Dadurch können Sie irgendwann viel intuitiver und direkter in einen Klang eingreifen, da Sie nicht erst überlegen müssen, wo sich welcher Parameter befindet.

Überhaupt besteht einer der größten Vorteile beim Anlegen solcher Templates darin, dass Sie nicht mehr überlegen müssen, wie weit Sie den Cutoff nun aufdrehen, sondern einfach so lange an einem Knopf regeln, bis Ihnen der Sound gefällt. Beim Einstellen mit der Maus erwischt man sich nämlich nicht selten dabei Sounds so einzustellen, wie man denkt, dass man sie einstellen sollte. Über die Steuerung mit Potis und Fadern werden Sie ihre Einstellungen im besten Fall wieder intuitiver vornehmen und zu Klängen gelangen, die Sie sonst vielleicht nicht erreicht hätten. Außerdem ist es nun wieder problemlos möglich, zwei Parameter gleichzeitig zu bedienen (etwa Cutoff und Resonance bei einem Filter).

3.10. Globale Spuren

Logic besitzt mit den Globalen Spuren eine praktische und hilfreiche Anzeige für Events und Einstellungen, die nicht nur für einzelne Regionen oder Spuren, sondern für das ganze Projekt gelten. Dazu zählen etwa Tempo- und Tonartänderungen, die Darstellung von Video im Arrange-Fenster oder die Möglichkeit, das Tempo von Logic an „frei", das heißt ohne Klick, eingespielte Passagen anzugleichen.

Im folgenden Kapitel werden all diese Funktionen kurz vorgestellt. Funktionen, die sich nicht von selbst erklären, werden dann noch in späteren Kapiteln vertieft.

Globale Spuren können im Arrange und in den meisten Editoren über das kleine Dreieck links oben eingeblendet werden. Das Tastenkürzel zum Ein- und Ausblenden der Globalen Spuren lautet G.

Mit dem kleinen Dreieck blenden Sie die *Globalen Spuren* ein und aus.

Über den Menüpunkt Ansicht können Sie außerdem bestimmen, welche Globalen Spuren Sie angezeigt bekommen möchten (*Globale Spuren konfigurieren* oder per Tastenkombination *alt + G*).

3.10.1. Marker

Setzen Sie mithilfe dieser Spur beispielsweise Marker für Intro, Strophe, Refrain usw., um schnell innerhalb Ihres Projektes navigieren zu können und jederzeit die Übersicht zu bewahren. Die meisten MIDI-Controller bieten auch Funktionen zum direkten Ansteuern von Markern (oft werden diese auch als Locatoren bezeichnet).

Sie können Marker übrigens fast wie MIDI-Regionen behandeln, also diese in der Länge ziehen, schneiden oder löschen. Und man kann Marker mithilfe der Farbpalette (Tastenkürzel *alt + C*) auch einfärben, um eine noch bessere Übersicht zu bekommen.

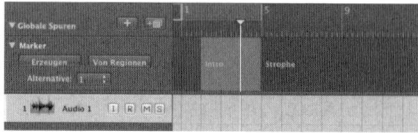

Hier wurden die Marker nach den Songabschnitten benannt und eingefärbt.

Außerdem bietet Ihnen die Marker-Spur die Möglichkeit Marker anhand von Regionen zu definieren. Markieren Sie hierzu einfach eine beliebige MIDI-

oder Audioregion und betätigen Sie den Button *Von Regionen*. Logic erzeugt dann Marker am Anfang und Ende der Region.

3.10.2. Tempospur

In der Tempospur können Sie Tempoverläufe grafisch betrachten, dabei neue Tempoänderungen anlegen und diese editieren.

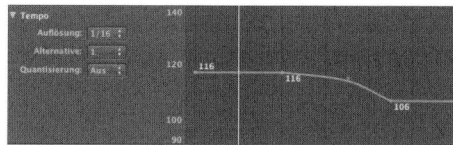

Der grafische Verlauf des Tempos wird in der Tempospur angezeigt.

Events und Verläufe in der Tempospur können Sie ebenfalls mit den Werkzeugen der Werkzeugpalette bearbeiten. Mit dem Automationswerkzeug etwa kann man fließende Tempoverläufe, wie im Bild oben zu sehen, erreichen. Weiter bietet die Tempospur die Möglichkeit, mehrere Tempovarianten anzulegen und diese zu vergleichen. Klicken Sie dazu einfach auf eine Zahl (z. B. die 2) im Menü *Alternative* und ändern Sie das Tempo nach Belieben. Sie können nun einfach mit einem Klick zwischen ihrem bisherigen Tempo (unter der Zahl 1) und dem neuen Tempo (unter der Zahl 2) umschalten und vergleichen.

3.10.3. Beat-Zuweisungsspur

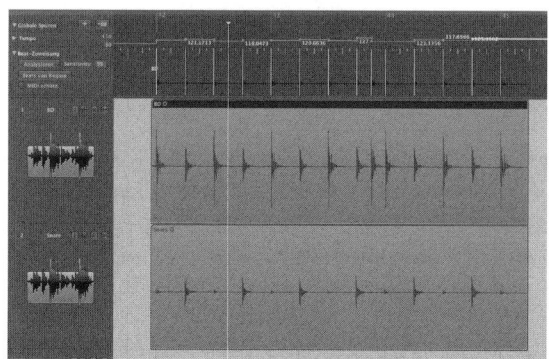

Über *Beat-Zuweisung* kann Logic sich dem Tempo einer Datei anpassen.

Die Beat-Zuweisungsspur versetzt Sie in die Lage, das Tempo von Logic an Audiomaterial anzupassen, welches frei, also ohne Klick, eingespielt wurde. Das Ausgangsmaterial wird dadurch nicht verändert, Logic passt sich lediglich dem Tempo der Aufnahme an und „folgt" ihm gewissermaßen. Das ist nützlich, wenn man zu bestehenden Aufnahmen die ohne Klick eingespielt wurden oder von denen man das Tempo nicht kennt, weiter Spuren hinzufügen möchte. Sehr hilfreich ist das natürlich auch für Remixe.

Wie diese Funktion im Einzelnen funktioniert, wird im Kapitel 4.3.5. *Klick nachträglich hinzufügen: Funktion „Beats anpassen"* im Detail erklärt und beschrieben.

3.10.4. Taktart/Tonart

Hier können Sie, wie der Name schon vermuten lässt, Takt- und Tonartwechsel erzeugen. Die Spur ist dazu zweigeteilt. Wie im Bild unten zu sehen ist, wird:

- oben durch einen Klick mit dem Stiftwerkzeug ein Taktartwechsel erzeugt.

- Im unteren Bereich erzeugt man auf die gleiche Weise einen Tonartwechsel.

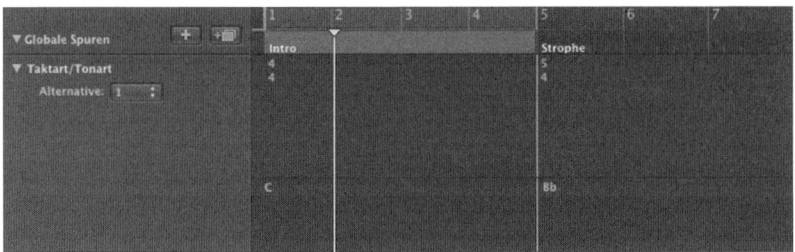

In dieser Globalen Spur werden Taktart- und Tonartwechsel angezeigt und editiert.

Ein Wechsel der Taktart (etwa von einem 4/4- zu einem 5/4-Takt) wirkt sich dabei auch auf die Darstellung in den Editoren aus (das Darstellungsraster ändert sich entsprechend), nicht jedoch auf die Wiedergabe von Regionen im Arrange-Fenster. Diese werden genauso wie zuvor wiedergegeben.

Der Wechsel einer Tonart wirkt sich ebenfalls lediglich auf die Darstellung aus. Im Notations-Fenster werden im Notenbild die entsprechenden Vorzeichen hinzugefügt. Noten, die davon betroffen wären, werden aber wiederum mit einem Auflösungszeichen versehen. Die Wiedergabe bleibt also unverändert.

3.10.5. Akkordspur und Transpositionsspur

Akkordspur und Transpositionsspur sind zwar eigenständige Globale Spuren in Logic, da sie aber inhaltlich stark miteinander verbunden sind, werden sie hier in einem Abschnitt behandelt.

Die Akkordspur kann zum Beispiel eine MIDI-Region analysieren und daraus die Akkorde ableiten und in der Spur darstellen. Das wirkt sich dann sogleich auf die Transpositionsspur aus, sprich, diese folgt der Akkordspur. Man kann also mithilfe der Transpositionsspur einen kompletten Song oder einen Teil davon in der Tonhöhe verändern. Natürlich werden dabei aber nur MIDI-Regionen und Apple-Loops transponiert, nicht aber eventuell vorhandene Audioaufnahmen.

Wenn Sie verhindern möchten, dass bestimmte Spuren mit transponiert werden (z. B. Schlagzeugspuren), so können Sie dies mit dem Button *Ohne Transposition* in der Parameter-Box der jeweiligen Spur verhindern.

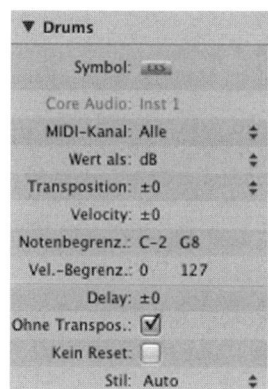

Der Haken bei *Ohne Transposition* verhindert, dass z. B. Drumspuren mit transponiert werden.

Auf den folgenden beiden Bildern erkennt man gut, wie beide Spuren zusammenarbeiten.

Bild 1 zeigt noch die ursprüngliche MIDI-Region mit einem durchgehenden C-Dur-Akkord über zwei Takte.

In Bild 2 wurde der Song bereits an der Taktposition 2 um zwei Halbtöne nach oben transponiert. Dadurch wurde auf der Akkordspur auf diese Zählzeit ein neuer Akkord (D-Dur) eingefügt und auch die Darstellung im Pianorollen-Editor hat sich geändert.

MIDI-Region vorher.

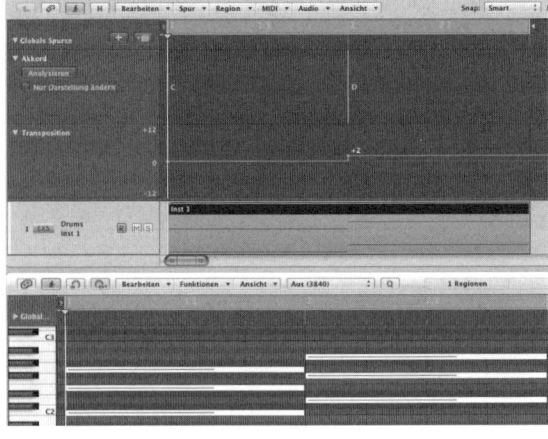

MIDI-Region hinterher.

Leadsheets erstellen

Die Akkorde, die Logic aus einer MIDI-Region erkennt, kann man im Notations-Editor ins Notenbild einfügen. Dazu analysiert man zunächst eine MIDI-Region und wechselt anschließend in den Notations-Editor. Über den Befehl *Akkorde von globaler Spur einfügen* (zu finden im Menü *Funktionen*) werden die Akkorde oberhalb des Notensystems angezeigt. Das bietet sich zum Beispiel zum schnellen Erstellen von Leadsheets an.

3.10.6. Videospur

Wie man Videos in Logic importiert, welche Formate sich am besten eignen und wie man einen Film mit Logic vertont, wird in Kapitel 6. *Videovertonung* noch genauer beschrieben. Hier nur ein kurzer Überblick, was diese Spur bietet.

Mithilfe der Videospur kann man sich in Logic importierte QuickTime-Filme im Arrange-Fenster in kleiner Auflösung anzeigen lassen. Die Videospur zeigt dabei je nach Zoomstufe des Arrange-Fensters mehr oder weniger Details an. An Einstellmöglichkeiten gibt es nur zwei Funktionen, die sich fast selbst erklären:

- *Film öffnen*: Darüber kann man einen Film in Logic importieren. Wenn man den Film als Fenster darstellen lässt und irgendwann schließt, öffnet dieser Button automatisch den zuletzt geöffneten Film.

- *Cuts erkennen*: sucht nach Szenenwechsel und ähnlich markanten Stellen im Film und versieht diese mit einem Marker.

3.11. Das Logic-Environment

Das Environment von Logic ist eine Darstellung aller MIDI-Ein- und -Ausgänge. Außerdem können hier auch alle MIDI-Daten mit sogenannten Objekten in Echtzeit verändert werden. Ein Beispiel für ein Objekt wäre etwa der Arpeggiator (siehe auch Kapitel 4.4.2. *MIDI-Aufnahmen editieren*). Andere Beispiele für Environment-Objekte sind die Multi-Instrumente aus Kapitel 3.8. *Einbinden von externer Hardware* oder der Kanaltrenner aus Kapitel 4.5.3. *EXS24, der Sampler*.

Das Environment kann mithilfe von weiteren Objekten wie Reglern und Schaltern auch zu kompletten Editoren für die Programmierung externer Synthesizer dienen. Alle Objekte kann man nämlich beliebig miteinander kombinieren, indem man sie mit virtuellen Kabeln verbindet. Selbst Stepsequenzer oder Drum-Machines, die dann wiederum externe oder interne Klangerzeuger ansteuern, sind so möglich.

Organisiert ist das Environment (aufrufbar über die Kombination *Apfel + 8* oder über das Menü *Fenster*) in sogenannten *Layern*. Standard-Layer sind etwa:

• globale Objekte (Objekte in diesem Layer werden in allen Layern dargestellt).

• alle Objekte (hier werden in Listenform alle im Environment erstellten Objekte dargestellt).

• MIDI-Instrumente (enthält zum Beispiel die Multi-Instrumente aus Kapitel 3.8.).

• Mixer (hier finden sich alle Audio-Objekte aus dem Mixer von Logic).

All diese Layer sind aber nur eine andere Ansicht des gleichen Environments und dienen nur der besseren Übersichtlichkeit.

Auch einige Audio-Objekte aus früheren Versionen von Logic (Input-Objekte, Busse), die im Mixer und im Arrange-Fenster nicht mehr vorhanden sind, kann man hier noch erzeugen und verwenden. Dadurch ist gewährleistet, dass man auch alte Songs noch öffnen kann. Wirklich notwendig sind diese Objekte aber nicht mehr, da sie durch andere Funktionen ersetzt wurden (flexible Aux-Objekte oder Input-Monitoring).

Das ganze System des Environments stammt aus einer Zeit, in der man vorwiegend mit externen MIDI-Klangerzeugern arbeitete und diese sinnvoll ansteuern und editieren musste.

In heutigen Versionen von Logic wird das Environment hauptsächlich noch aus Kompatibilitätsgründen weitergeführt, es hat seit Jahren keine Erneuerungen erfahren und ist für die meisten Anwender schlicht überflüssig. Es arbeitet im Hintergrund und wer nicht möchte, kann in Logic eine komplette Produktion von Anfang bis Ende bestreiten, ohne je einen Blick ins Environment zu werfen. Deshalb und auch, weil das Environment eine sehr komplexe Angelegenheit sein kann (allein die Vorstellung aller im Environment verfügbaren Objekte würde den Rahmen diese Buches bei Weitem sprengen), wird es hier nur am Rande behandelt.

Allen denjenigen, die sich tiefer mit der Materie beschäftigen möchten, sei ein Blick ins sehr gut dokumentierte Handbuch von Logic Pro empfohlen. Dort werden alle Objekte und ihre Anwendungsgebiete ausführlich beschrieben.

Einige praktische Beispiele für die Anwendung des Environments finden sich auch von Zeit zu Zeit in diesem Buch:

- Multi-Instrumente, Kapitel 3.8. *Externe Hardware einbinden*

- Arpeggiator, Kapitel 4.4.2. *MIDI-Aufnahmen editieren*

- Kanaltrenner, Kapitel 4.5.3. *EXS24 , der Sampler*

Brauch ich das?

Für wen also ist das Environment wichtig und wer kann getrost die Finger davon lassen?

Das Environment ist wichtig für alle diejenigen, die:

- viele externe Klangerzeuger besitzen und diese via Environment-Objekte editieren möchten.

- auf alte Audio-Objekte aus Logic 7 nicht verzichten möchten (Input-Objekte, Busse).

- experimentell veranlagt sind und gerne neue Verschaltungen ausprobieren möchten.

Das Environment ist unnötig, für alle diejenigen, die lediglich:

- in Logic aufnehmen möchten.

- ihre Aufnahmen editieren möchten.

- in Logic mischen wollen.

3.12. Rewire

Rewire bezeichnet einen Standard der schwedischen Firma Propellerheads (u. a. bekannt für das virtuelle Sudiorack Reason) der dafür sorgt, dass zwei oder mehr Audioprogramme parallel auf einem Rechner betrieben werden können und dabei stets synchron zueinander laufen und auch Audio- und MIDI-Daten austauschen können.

Bei der Verwendung von Rewire gibt es stets einen Master und einen oder mehrere Slaves. Das Programm, welches als erstes gestartet wird, ist dabei automatisch der Master. Alle später gestarteten Programme werden von diesem Master als Slaves erkannt und folgen ihm synchron. Das umfasst neben der Transportsteuerung auch das Tempo und sogar etwaige Tempoänderungen. Logic kann nur als Rewire-Master fungieren und muss folglich immer zuerst gestartet werden. Mit der Rewire-Funktion kann man Logic ganz einfach um weitere Spezialprogramme erweitern.

Beispiele dafür sind unter anderem:

• Propellerheads Reason als virtuelles Rack und Soundlieferant.

• Melodyne von der Firma Celemony für Intonations- und Timingkorrekturen.

• Ableton Live für Audiosequenzing.

Gehen Sie wie folgt vor, um Logic mit einem Rewire-Slave zu verbinden:

1. Starten sie zunächst Logic und öffnen Ihr Projekt oder legen es neu an.

2. Im Mixer erzeugen Sie dann soviel Aux-Objekte wie Sie Spuren von Rewire-Slaves in Logic routen möchten. Sie können entweder nur die Summe der Rewire-Slaves in Logic leiten oder aber Einzelspuren, um diese im Logic-Mixer zu bearbeiten und zu mischen.

3. Als Inputs für die erstellten Aux-Objekte wählen Sie die Outputs des zweiten Programms, das Sie als Slave laufen lassen wollen. Diese Outputs der anderen Programme tauchen zwar jetzt schon auf, funktionieren aber natürlich erst, wenn das zweite Programm läuft.

4. Starten Sie das zweite Programm als Rewire-Slave. (Bei den meisten rewirefähigen Programmen werden Sie beim Start gefragt, ob Sie es als eigenständiges Programm oder im Rewire-Modus starten möchten.)

5. Routen Sie in Ihrem Rewire-Slave die einzelnen Spuren auf die in Logic gewählten Ausgänge.

Die gewählten Signale liegen nun im Logic-Mixer an und können hier abgemischt werden. Außerdem folgt das zweite Rewire-Programm auf die Transportsteuerung in Logic. Möchten Sie aus Logic heraus ein Instrument eines

Rewire-Slaves spielen (etwa einen Synthesizer aus Ableton Live), dann müssen Sie dazu Folgendes machen:

1. Starten Sie Logic und richten den Rewire-Slave (in diesem Fall Ableton Live) wie oben beschrieben ein. Erzeugen Sie in Live die virtuellen Instrumente, die Sie aus Logic heraus spielen und aufzeichnen möchten.

2. Erzeugen Sie in Logic eine neue Spur vom Typ *externes MIDI*.

3. Öffnen Sie die Bibliothek. Hier finden Sie neben ihren MIDI-Interfaces auch die einzelnen Rewire-Programme. Wählen Sie den Ordner des gewünschten Programms aus. Darin sollten Sie nun alle in Ableton Live erzeugten Instrumente vorfinden und auswählen könne

Im Bild oben sieht man eine Logic-Spur vom Typ *externes MIDI* sowie die geöffnete Bibliothek mit dem Ableton-Live-Ordner und darin als auswählbares Instrument den zuvor erstellten *„Live Synth"*.

4. Erzeugen Sie nun noch die nötigen Aux-Objekte, um das Audiosignal aus Live in den Logic-Mixer routen zu können.

Nun können Sie die Ableton-Instrumente aus Logic heraus spielen, im Logic-Arrange die MIDI-Regionen aufzeichnen, editieren und automatisieren und schließlich im Logic-Mixer abmischen.

Beachten Sie, dass Logic zwei Rewire-Betriebsmodi bietet:

• *Live-Modus*: geeignet zum live spielen wie im Szenario oben. Hier hat man eine geringe Latenz, dafür aber eine höhere Systembelastung.

• *Wiedergabe-Modus*: Der zweite Modus belastet den Rechner weniger, erzeugt dafür aber höhere Latenzen. Ideal zum Mischen von Projekten.

Sie können in Logic im Fenster *Audio* zwischen beiden Varianten umschalten, je nachdem, ob Sie ein Rewire-Instrument spielen möchten oder abmischen.

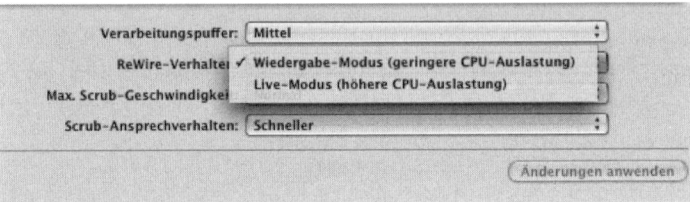

Im Bild sieht man die beiden Rewire-Modi, zwischen denen man je nach Bedarf wechseln kann.

4. Aufnehmen und Arrangieren

Nachdem es im vorangegangenen Kapitel um die Erstellung eines möglichst reibungslosen und optimalen Workflows ging, wird sich das nun folgende Kapitel dem eigentlichen Musik machen widmen. Es ist hierzu in zwei größere Unterkapitel eingeteilt.

Im ersten Teil wird es um die Aufnahme und Nachbearbeitung von Audiomaterial, gehen während sich der zweite Teil dem Einspielen und Editieren von MIDI-Regionen widmen wird.

In beiden Teilen werden jeweils die dazu nötigen Tools vorgestellt und erläutert. Im Audio-Teil wird es auch eine kleine Einführung in die Mikrofonierung von Instrumenten geben, während im MIDI-Teil die umfangreiche Sammlung von virtuellen Instrumenten in Logic und ihre Anwendung behandelt werden wird. Alle Effekte, die nicht in diesem Kapitel Erwähnung finden, und das werden die meisten sein, werden dann in Kapitel 5 behandelt, wenn es ums Mischen geht.

Im Audio-Teil wird es auch darum gehen, wie man sich am besten auf eine Aufnahme-Session vorbereitet, um möglichst hochwertige Aufnahmen zu erreichen. Aber auch darum, wie man Aufnahmen, die nicht optimal verlaufen sind, nachträglich noch optimieren kann. Stichworte sind hier Intonationskorrektur bei Sängern oder Timingkorrekturen bei anderen Instrumenten.

Auch im MIDI-Teil wird es darum gehen, bestehende Aufnahmen nachträglich zu editieren und sie mittels der vielen Editoren in Logic zu quantisieren und zu transformieren.

Viele Tipps sind mit Schritt-für-Schritt-Anleitungen und Videotutorials versehen, die das Gelesene bildlich darstellen sollen. Außerdem gibt es auf der beiliegenden CD Logic-Projekte, anhand derer man die einzelnen Tipps direkt in der Praxis nachvollziehen kann.

4.1. Audioaufnahme

Bei der Aufnahme von Audiomaterial (egal, ob man eine komplette Band aufnimmt oder nur einzelne Instrumentalisten) sollte man stets darauf achten, bereits bei der Aufnahme selbst ein möglichst gut klingendes Signal zu erreichen.

Alles, was man hinterher mit Plugins versucht zu retten und zu optimieren, kann immer nur ein Kompromiss sein. Verwenden Sie deshalb also eine möglichst hochwertige Signalkette und achten Sie auf eine gute Performance der Musiker.

Gut klingen heißt dabei zunächst einmal, ein sauberes Signal zu erzielen, das nicht übersteuert ist, nicht rauscht und möglichst wenige Nebengeräusche enthält. Ob Sie dabei einen Röhrenpreamp benutzen, der das Signal bereits bei der Aufnahme färbt, oder lieber ein transparentes Signal ohne Färbung bevorzugen, bleibt Ihnen überlassen.

Neben der technischen Seite eines Toningenieurs gibt es bei Aufnahmen auch immer noch einen psychologischen Aspekt. Musiker (gerade, wenn Sie nicht mit abgeklärten Profis arbeiten) sind oft nervös, wenn Sie plötzlich hinter der Glasscheibe eines Studios stehen. Sorgen Sie deshalb dafür, dass eine angenehme und entspannte Atmosphäre herrscht. Am besten dadurch, dass Sie selbst ruhig und konzentriert ihren Job tun und nicht aufgeregt und nervös damit beschäftigt sind, irgendwo ein kaputtes Kabel zu suchen.

Nachfolgend deshalb ein paar Tipps, wie man einer Aufnahmesession ruhig und entspannt entgegen blicken kann.

4.1.1. Vorbereitung der Aufnahme

Erfolgreiche Aufnahmesessions zeichnen sich unter anderem dadurch aus, dass technisch alles reibungslos funktioniert. Klingt banal, ist aber so. Nehmen Sie sich deshalb am besten VOR jeder Session und BEVOR die Musiker eintreffen ein wenig Zeit und checken Sie kurz ihr Studio durch.

- Läuft der Song in Logic ohne Probleme?
  Wenn nein, dann deaktivieren Sie Plugins, die Probleme machen. Freezen Sie Spuren, um mehr Rechenleistung frei zu haben.

- Sind Spuren für alle aufzunehmenden Instrumente angelegt?
Wenn nein, legen Sie sie jetzt an und benennen Sie sie aussagekräftig. Später, wenn die Musiker da sind, kann es hektisch werden und im Eifer des Gefechts wird schnell mal was falsch benannt. Prüfen Sie auch, ob der Aufnahmepfad richtig gesetzt ist und die Aufnahmen im richtigen Ordner landen.

- Ist genug Platz auf der Festplatte?
Dimensionieren Sie den Platz großzügig und sorgen Sie dafür, dass immer einige Gigabyte an Platz vorhanden sind. Für größere Projekte kann es auch sinnvoll sein, extra für dieses Projekt eine neue externe Festplatte anzuschaffen. Die Festplatte kann dann hinterher auch als Backup funktionieren.

- Funktionieren alle Kabel?
Der Klassiker! Extrem nervig für den Kunden, der teure Studiozeit gebucht hat und dann dem Studiobesitzer dabei zuschauen muss, wie dieser nach dem einen Kabel sucht, das kaputt ist.

- Sind Noten für alle Musiker vorhanden?
Sie können Ihre Entwürfe ganz einfach im Notationsfenster von Logic bearbeiten und ausdrucken. Achten Sie darauf, für transponierende Instrumente die Noten entsprechend anzupassen. In Pop- und Rockmusik werden die einzelnen Stimmen oft nicht ausnotiert. Erstellen Sie aber zumindest einfache Leadsheets, die Akkorde, Tonart, Taktart und eventuell noch den Text enthalten. Das erleichtert während der Aufnahme die Kommunikation zwischen Ihnen und den Musikern.

- Legen Sie sich Papier und Stift bereit, um bereits während der Aufnahmen die besten Takes zu notieren. Das erleichtert Ihnen hinterher die Arbeit beim Editieren, da Sie nicht zwingend alle Takes durch hören müssen, sondern schon mal ein oder zwei Favoriten haben.

- Funktionieren Kopfhörer und Talkback für die Musiker?
Kein Musiker fühlt sich wohl, wenn sein Kopfhörermix verzerrt ist oder nur eine Seite geht.

Wenn Sie all diese Punkte ruhig mit Ja beantworten können, dann sollten Sie jetzt eine Kanne Kaffee aufsetzen ...

Angenehme Atmosphäre schaffen

Es wurde weiter oben bereits angedeutet: Musiker bringen, wie übrigens alle Menschen, ihre besten Leistungen dann, wenn sie sich wohl fühlen. Richtig geraten, deswegen sollten Sie auch schon mal Kaffee kochen. Natürlich darf es auch Tee, Wasser oder was auch immer sein.

Wichtig ist, den Musikern was anzubieten, sie willkommen zu heißen und ihnen das Gefühl zu geben, dass sie hier gut aufgehoben sind. Planen Sie ruhig ein paar Minuten dafür ein, zusammen einen Kaffee zu trinken und sich dabei schon mal ein wenig über die kommenden Aufnahmen zu unterhalten.

Finden Sie heraus, welcher Musiker zu welcher Tageszeit am besten drauf ist. Gerade Sänger können nicht zu jeder Tageszeit ihren vollen Stimmumfang abrufen.

Übrigens, ein gut funktionierendes Studio (siehe letztes Kapitel) mit einem Toningenieur, der seine Sache im Griff hat und genau weiß, was er tut, trägt auch zu einer entspannten Atmosphäre bei.

4.1.2. Pilotspuren erstellen

Pilotspuren oder auch Guidespuren genannt, sollen den aufnehmenden Musikern als Guide oder eben als Pilot, also zur Orientierung beim Aufnehmen, dienen. Die einfachste Version wäre ein Klick, der lediglich hilft, das Tempo zu halten. Am aufwendigsten ist ein bereits fertiges Playback, bei dem nur noch der betreffende Musiker (etwa der Sänger) fehlt und nun seinen Part aufnimmt.

Arbeiten Sie mit einer Band und beginnen die Aufnahmen ganz von vorn, dann bietet sich eine Pilotspur bestehend aus Klick, einem Harmonie-Instrument (Gitarre oder Klavier) und Gesang an.

Damit hat man eine rhythmische Referenz durch den Klick, während Gitarre und Stimme für den harmonischen Bezug und Orientierung innerhalb des Songs sorgen.

Achten Sie bereits bei der Erstellung der Pilotspuren darauf, dass diese möglichst exakt gespielt sind und gut klingen. Hat man man nämlich eine rhythmisch unsaubere Gitarrenspur als Pilotspur, werden sich auch die folgenden Instrumente davon negativ im Timing beeinflussen lassen. Ein Sänger, der bei der Pilotspur die Hälfte der Töne nicht trifft oder nicht textsicher ist, wird niemanden zu Höchstleistungen anspornen.

Investieren Sie deshalb ruhig etwas Zeit in die Erstellung der Pilotspuren. Im besten Fall können Sie Teile davon später vielleicht sogar übernehmen. Oder Sie benutzen die Pilotpuren, um neue Mikrofone oder Preamps auszuprobieren.

Sind die Pilotspuren fertig aufgenommen, kann man in Logic für alle Songteile (Intro, Strophe, Refrain) Marker setzen und diese entsprechend benennen und einfärben. Auch das hilft bei der Orientierung und der Kommunikation mit der Band. Gerade dann, wenn Sie als Toningenieur die Songs im Gegensatz zur Band nicht auswendig kennen.

Groove statt Klick

Oft haben Musiker Probleme damit, zu einem starren, leblosen Klick zu spielen. Sie fühlen sich unwohl und rufen dann nicht ihre beste Leistung ab. In diesem Fall können Sie versuchen, den Klick durch einen Groove zu ersetzen. Das kann zum Beispiel ein fertiger Drum- oder Percussion-Loop aus den mitgelieferten Apple Jam Packs sein. Meist klingen solche Loops etwas organischer und grooviger als ein sturer Klick und ermöglichen somit unter Umständen eine bessere Performance des Musikers.

Bis auf begründete Ausnahmen sollten Sie Aufnahmen im Pop- und Rockbereich immer mit einem Klick durchführen. Zum einen können Sie so sicher sein, dass sich alle Musiker auf die gleiche zeitliche Referenz, nämlich den Klick, beziehen. Zum andern haben Sie es wesentlich leichter, wenn Sie später an den Aufnahmen etwas editieren möchten oder MIDI-Regionen hinzufügen wollen.

Hat etwa ein Musiker einen Refrain schlecht gespielt, können Sie einfach einen anderen Refrain an diese Stelle kopieren. Wenn Sie ohne Klick aufgenommen haben, wird solch ein Unterfangen sehr schwierig bis unmöglich. Auch das Hinzufügen von Loops gestaltet sich wesentlich einfacher mit einem Klick.

Ohne Klick aufzunehmen, macht aber etwa dann Sinn, wenn die ganze Band zusammen live aufnimmt und dynamisch mit dem Tempo spielt. In solch einem Fall sollten Sie aber nach den Aufnahmen einen Klick hinzufügen, damit temposynchrone Effekte wie Delays beim Mischen möglich sind.

Wie Sie nachträglich einen Klick einfügen, steht in Kapitel 4.3.5. *Klick nachträglich hinzufügen: Funktion „Beats anpassen".*

Lassen Sie Musiker zu bereits bestehenden Playbacks einspielen, dann sollten Sie bereits vorab eine grobe Mischung erstellen, damit sich der Musiker gut vorstellen kann, wie der Song später einmal klingen soll.

Der optimale Pegel

Versuchen Sie stets, Ihre Wandler bei der Aufnahme möglichst weit aussteuern, um einen optimalen Sound zu erreichen. Bei schlecht ausgesteuerten Spuren werden die aufgenommen Signale von weniger Bits dargestellt, das bedeutet, Sie verschenken Qualität in der Auflösung ihrer Audiosignale.

Achten Sie dabei aber natürlich auch darauf, keine Übersteuerungen zu riskieren, da die digitale Welt im Gegensatz zur analogen bekanntlich keinerlei Headroom bereithält.

Die Musiker sollten beim Soundcheck die lauteste Stelle des Stücks spielen. Stellen Sie dann den Pegel so ein, dass Sie noch 4 - 5 dB Reserve haben.

Wenn es sich um sehr dynamisches Material (z. B. ein Schlagzeug) handelt, können Sie auch einen Limiter oder einen dezent eingestellten Kompressor bei der Aufnahme verwenden, um Pegelspitzen abzufangen.

Lassen Sie sich aber beim Einpegeln nicht von der Pegelanzeige in den Logic-Kanalzügen verwirren. Diese sind nämlich so eingestellt, dass die obere Hälfte der Skala für die letzten 6 dB von -6 bis 0 dB reserviert ist, um ein exaktes Einpegeln zu ermöglichen. Die andere Hälfte der Skala ist für den ganzen Bereich darunter verantwortlich. Sprich, wenn der Pegel bei der Hälfte der Skala ist, sind Sie schon fast auf der sicheren Seite.

Bei allen technischen Finessen beim Einpegeln sollten Sie nie vergessen, die Musiker nicht allzu lange mit solchen Dingen zu nerven. Eine nicht optimal gepegelte Aufnahme, bei der der Musiker aber toll gespielt hat, ist allemal mehr wert als der umgekehrte Fall.

Daher sollten Sie auch beim Einpegeln bereits alles mitschneiden. Oft spielen Musiker beim Soundcheck unbeschwerter als bei der späteren Aufnahme, da es noch um nichts geht. Diesen psychologischen Trick können Sie sich zunutze machen, indem Sie von Anfang an alles mitschneiden.

4.1.3. Signalkette

Guten Aufnahmen liegt neben einer überzeugenden musikalischen Performance in den meisten Fällen vor allem eine hochwertige Signalkette zugrunde. Versuchen Sie deshalb, möglichst in allen Teilen Ihrer Aufnahmekette hochwertige Geräte und Kabel zu benutzen. Es bringt dabei allerdings nichts, ein sehr teures Mikrofon der Edelklasse über ein defektes Kabel mit einem minderwertigen Preamp zu verbinden. Achten Sie auf Ausgeglichenheit!

Weniger ist auch hier oft mehr: EIN gutes Mikrofon mit EINEM zuverlässigen Kabel über EINEN vernünftigen Preamp. Mehr braucht man eigentlich nicht, um hochwertige Aufnahmen herzustellen.

Wenn Sie nur einzelne Signale wie Stimme oder Gitarre aufnehmen, wird ein einziger hochwertiger Preamp daher meist sinnvoller sein als ein mittelmäßiges Pult mit 16 Preamps für den gleichen Preis.

Weitere externe Geräte wie Kompressor und/oder EQ sollte man nur dann hinzuziehen, wenn sie den oben genannten Geräten qualitativ zumindest ebenbürtig sind. Ansonsten erzielt man mit guten Plugins oft bessere Ergebnisse zu einem Bruchteil des Preises.

Außerdem sollte man sich bewusst machen, dass die Signalkette lange vor dem Mikrofon anfängt. Einem halligen Raum mit nackten Betonwänden kann auch das beste Mikrofon der Welt vermutlich wenig Charme abgewinnen. Genauso wenig wird es verstimmte Gitarren oder alte abgenutzte Saiten kaschieren können. Und auch hinterher beim Editieren werden Sie mit solchen Signalen wenig Freude haben.

Schauen Sie also so früh wie möglich in der Signalkette nach Optimierungs-
möglichkeiten. Dämpfen Sie den Raum mit Teppich und Decken. Weisen Sie
den Gitarristen auf verstimmte Instrumente und alte Saiten hin. Das bringt oft
mehr, als ein neues, teures Mikrofon zu kaufen.

Machen Sie es sich zum Grundsatz, immer möglichst früh in die Signalkette
einzugreifen, wenn Sie mit dem Sound unzufrieden sind. Experimentieren Sie
mit der Position des Mikrofons. Bitten Sie den Gitarristen, andere Pick-ups
oder gleich eine andere Gitarre auszuprobieren, die besser zum Song passt.

Stellen Sie sicher, dass alle Instrumente in Lagen spielen, in denen Sie auch
gut klingen und die Instrumentalisten sich wohl fühlen. Wenn der Sänger
den höchsten Ton immer nur ganz knapp und unter Anstrengungen erreicht,
sollten Sie eventuell darüber nachdenken, den ganzen Song nach unten zu
transponieren. Solche Maßnahmen werden vermutlich immer bessere Ender-
gebnisse liefern, als wenn man versucht, hinterher anzusetzen und zu korrigieren.

Was man auch nachträglich noch machen kann, um missratene Aufnahmen
zu „retten", steht in Kapitel: 4.3. *Audionachbearbeitung*.

4.1.4. Kopfhörermix

Ein guter Kopfhörermix, bei dem der Musiker sich selbst und das bereits bestehende Playback oder die Pilotspur in einem ausgeglichenen Verhältnis
hört, ist wichtig für eine gute Performance. Nur wer sich unter dem Kopfhörer
wohl fühlt, wird seine beste Leistung abrufen können.

Gehen Sie auf die Wünsche des Musikers ein und aktivieren Sie nur die Spuren, die er hören will, der Rest wird gemutet.

Im besten Falle richten Sie wie in Kapitel 3.3. *Arbeiten mit Latenzen* beschrieben ein latenzfreies Monitoring ein, damit die Musiker sich in Echtzeit hören
können und nicht durch Latenzen behindert sind.
Wenn das nicht möglich ist, dann versuchen Sie in Logic eine möglichst
niedrige Latenz einzustellen. Mit 128 Samples sollten die meisten Musiker
zurechtkommen, besser noch sind 64 Samples, wenn ihr Rechner das hergibt. Deaktivieren Sie notfalls Plugins, die nicht unbedingt gebraucht werden
oder freezen Sie Spuren ein, um den Rechner zu entlasten.

Wenn man den Kopfhörerweg per Softwaremonitoring innerhalb von Logic realisiert, hat man neben dem Manko der Latenz aber auch ein paar Vorteile. So kann man bereits beim Aufnehmen ein hochwertiges Hallpreset aus dem **Space Designer** verwenden, um dem Sänger ein wenig Hall auf die Stimme zu geben. Die meisten Musiker und Sänger im Besonderen fühlen sich wohler, wenn Sie sich nicht ganz trocken, sondern mit etwas Hall hören.

Außerdem kann man mit mehreren Sends unabhängige Kopfhörermixe für jeden Musiker erstellen. Dazu schickt man beispielsweise Send 10 auf einen Aux-Kanalzug im Logic-Mixer, der Aux-Kanalzug wiederum schickt seinen Output an einen physikalischen Ausgang der Soundkarte, die mit dem Kopfhörer-Verstärker verbunden ist.

4.2. Tipps zur Aufnahme verschiedener Instrumente

Nachdem alle Vorbereitungen getroffen sind, kann es nun an die eigentlichen Aufnahmen gehen. Vorher muss man aber noch die Mikrofone auswählen und aufstellen. Nehmen Sie sich Zeit dafür, das richtige Mikrofon für jedes Instrument zu finden und dieses zu positionieren. Welches Mikrofon man wo aufstellt, ist zum einen Erfahrungssache, zum anderen aber auch eine geschmackliche Frage. In diesem Kapitel finden Sie einige allgemeine Anregung für verschiedene Instrumente. Von denen ausgehend können Sie dann weiter experimentieren.

Um den richtigen Standpunkt für ein Mikrofon zu finden, bitten Sie den Musiker, das aufzunehmende Stück zu spielen. Suchen Sie, während er spielt den Punkt im Raum, an denen Ihnen der Klang des Instruments am besten gefällt. Platzieren Sie dort das Mikrofon und überprüfen Sie den Klang im Kopfhörer oder auf Ihrer Anlage. Wenn Ihnen der Klang noch nicht hundertprozentig gefällt, dann variieren Sie etwas mit der Position des Mikrofons, schalten Sie probeweise auf eine andere Richtcharakteristik oder tauschen Sie das Mikrofon gegen ein anderes aus.

Nachfolgend nun ein paar Anregungen zur Aufnahme verschiedener Instrumente.

4.2.1. Schlagzeug

Ein Schlagzeug zu mikrofonieren und das ganze Drumkit dann zum Klingen zu bringen, gilt nicht zu Unrecht als eine der schwersten Aufgaben für einen Toningenieur im Pop- und Rock-Bereich. Versuchen Sie immer, soviel Trommeln und Becken wie möglich einzeln abzunehmen, dann haben Sie später beim Mischen die größtmögliche Auswahl an Optionen. Weglassen können Sie einzelne Spuren noch immer, wenn Sie sie nicht brauchen.

Für die Auswahl der Mikrofone gibt es verschiedene Ansätze, ebenso wie für die Platzierung derselben. Grob kann man aber festhalten:

• Alle Trommeln (Bassdrum, Toms und Snare) werden meist mit dynamischen Mikrofonen abgenommen.

• Für Becken, Hihat, Overheads und den Raum nimmt man dagegen meist hochauflösende Kondensator-Mikrofone, die die feinen Höhen der Becken auch adäquat aufzeichnen können.

• Experimentieren Sie auch mit der Position des Drumkits im Raum. Gerade bei Schlagzeugaufnahmen hat der Raum wesentlichen Einfluss auf den Klang der Aufnahme.

• Wenn ihr Raum gut klingt, dann sollten Sie unbedingt in zwei bis drei Metern Entfernung vom Schlagzeug noch zwei Raummikrofone aufstellen. Diese eignen sich später bei der Mischung sehr gut, um einen großen und druckvollen Schlagzeugsound zu erreichen. Klingt der Raum nicht so gut, sollten Sie auf Raummikrofone verzichten und möglichst direkt mikrofonieren. Den Raumeindruck können Sie dann später mit Hall erzeugen.

• Auch Schlagzeuge kann man übrigens stimmen! Bitten Sie den Schlagzeuger, sein Drumkit auf den Grundton des Songs zu stimmen. Dadurch passt sich das Schlagzeug noch besser in den Gesamtklang ein. Gerade im Tiefbass-Bereich wirkt das Zusammenspiel von Bassdrum und Bass plötzlich viel aufgeräumter und druckvoller. (Höher klingende Toms und die Snare kann man auch auf die Quinte der Grundtonart stimmen.)

4.2.2. Bass

Einen E-Bass nimmt man entweder per Mikrofon vor dem Amp ab oder aber, was weitaus häufiger geschieht, man spielt ihn direkt ins Pult beziehungsweise in das Audio-Interface. Auch beim Bass braucht man ähnlich wie bei der Gitarre einen hochohmigen Instrumenten-Eingang oder eine DI-Box. Auch der Weg über einen hochwertigen Mikrofonpreamp kann lohnend sein, sofern dieser einen Instrumenten-Eingang aufweist.

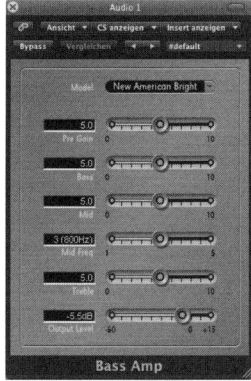

Die Bass-Amp-Simulation Bass Amp aus Logic

Beim Einspielen oder auch später beim Bearbeiten kann man den Klang wunderbar mit dem Logic-Plugin **Bass Amp** formen, welches ähnlich dem **Guitar Amp Pro** verschiedene Bassverstärker simuliert.

4.2.3. Gitarre

Bevor Sie überhaupt mit der Aufnahme einer Gitarre (egal, ob elektrisch oder akustisch) beginnen, stellen Sie sicher, dass sich halbwegs neue Saiten auf dem Instrument befinden. Alte Saiten klingen mit der Zeit immer dumpfer und lebloser, neue Saiten dagegen wesentlich frischer und brillanter. Am besten eignen sich Saiten, die am Vortag aufgezogen wurden und schon etwas eingespielt sind.

Es gibt zwei Arten, E-Gitarren aufzunehmen: entweder über einen echten Gitarrenverstärker, der mit Mikrofonen abgenommen wird, oder über die Simulation eines Verstärkers wie **Guitar Amp Pro** aus Logic.

E-Gitarre mit Amp und Mikrofon

Als typische Mikrofone für das Gitarren-Recording gelten dynamische Mikrofone wie etwa das Shure SM 57 oder das Sennheiser MD 421. Richten Sie das Mikrofon nicht direkt auf die Mitte des Lautsprechers, sondern etwas versetzt in Richtung Rand. Mit dem Winkel zwischen Mikrofon und Lautsprecher bestimmen Sie den Klang. Steht das Mikro im Rechten Winkel zum Amp, klingt der Sound hart und aggressiv, mit einem leichten Winkel wird der Sound weicher und voller. Mit der Postion sollten Sie etwas herum spielen, wenige Zentimeter können hier schon einen großen Unterschied machen.

Eine gute Alternative gerade bei cleanen Gitarrensounds sind auch Großmembran-Mikrofone. Probieren Sie, das Mikrofon mit etwas Abstand zum Verstärker (ca. 30 cm) aufzustellen, damit der Klang sich entfalten kann und räumlicher wirkt. Reizvoll kann auch die Kombination dieser beiden Methoden sein. Achten Sie aber darauf, dass sich durch die Verwendung von zwei Mikros keine Kammfiltereffekte ergeben.

E-Gitarre mit Guitar Amp Pro

Sie können Gitarren aber auch ganz einfach mit der Logic-internen Gitarrenverstärkersimulation **Guitar Amp Pro** einspielen. Dieses Plugin simuliert unterschiedlichste klassische Gitarrenverstärker sowie die zur Abnahme verwendeten Mikrofone und ihre Position.

• Erzeugen Sie in Logic eine Audiospur und laden Sie das Plugin **Guitar Amp Pro**.

• Verbinden Sie Ihre Gitarre über ein Klinkenkabel mit ihrem Audio-Interface. Verwenden Sie dabei einen hochohmigen Eingang, der für Gitarren und Bässe gedacht ist (meist heißen diese Eingänge Hi-Z oder ähnlich).

• Stellen Sie in Logic eine möglichst geringe Latenz ein, um ein angenehmes Spielgefühl zu erreichen und aktivieren Sie den Record-Button Ihres Audiokanals. Sie können nun Ihre Gitarre über Guitar Amp Pro spielen und den Sound nach Belieben verändern.

In der linken Hälfte des Plugins können Sie zwischen zwei Positionen für das Mikrofon (*Centered* und *Off-Center*), rechts zwischen zwei Mikrofon-Typen wählen (*Condenser* und *Dynamic*). Mit diesen beiden Parametern kann man schon ganz gut simulieren, was weiter oben zur Positionierung echter Mikrofone steht.

Eignet sich hervorragend zur Aufnahmen von E-Gitarren direkt in den Rechner: Guitar Amp Pro.

In der *Centered*-Position klingt der *Guitar Amp* rauer und aggressiver als in der Position *Off-Centered*. Vergleichen Sie auch die Klangcharakteristik der beiden Mikrofone und experimentieren Sie mit den unterschiedlichen Verstärkertypen und Boxen.

Die Vorteile mit Software zu arbeiten, liegen klar auf der Hand: Man braucht keine Mikros, es wird nicht laut und man kann schnell und bequem Sounds verschiedener Amps kombinieren.

Und wenn Sie mit dem **Guitar Amp Pro** ihre einzelnen Spuren ausgearbeitet und arrangiert haben, besteht immer noch die Möglichkeit, mit „echten" Amps weiter zu arbeiten.

Re-Amping

Re-Amping bezeichnet eine Methode, bei der man zunächst ein Gitarrensignal direkt, das heißt nicht über einen Amp, aufnimmt - etwa mit einem Plugin wie oben beschrieben. Nach der Aufnahme deaktiviert man dieses Plugin, schickt anschließend das „nackte" Signal auf einen echten Gitarrenverstärker und nimmt diesen per Mikrofon wieder auf. Dadurch kann man sich beim Einspielen voll auf das Spielen und hinterher beim Einstellen des Sounds voll auf den Klang konzentrieren.

Wenn Sie den **Guitar Amp Pro** deaktivieren, also auf Bypass setzen, haben Sie ein solches Signal. Schicken Sie das unbearbeitete Signal auf einen Ausgang ihrer Soundkarte und von da an Ihren Gitarrenverstärker. Per Mikrofon nehmen Sie das Ganze dann wieder auf. Achten Sie aber darauf, dass ihr aufgenommenes Signal bereits Line-Pegel hat, Sie müssen dieses absenken, um den Amp nicht völlig zu überfahren.

Überlegen Sie sich, welche Effekte Sie direkt mit aufzeichnen möchten. Verzerrung und Wah-Wah etwa sollte man unbedingt mit aufzeichnen, genauso einen charakteristischen Federhall. Andere Effekte wie z. B. Delay kann man eventuell in der Mischung besser editieren und einstellen.

Akustikgitarre

Akustikgitarren, egal ob mit Nylon- oder mit Stahlsaiten, klingen meist am besten mit Kleinmembran-Kondensatormikrofonen. Das Mikrofon wird dabei auf den Punkt rechts oberhalb des Schalllochs gerichtet. Auch hier muss man natürlich experimentieren, um den besten Klang zu finden.

4.2.4. Stereomikrofonie

Die hier vorgestellten Stereomikrofonierungsarten: AB, XY und MS eignen sich immer dann, wenn ein Klangkörper räumlich dargestellt werden soll. Neben einzelnen Instrumenten wie einem Flügel, kann man damit auch ganze Ensembles wie etwa Streicher oder auch einen Chor sehr gut einfangen und abbilden. Welche Variante man im Einzelfall benutzt, ist wiederum Geschmackssache.

AB

Beim AB-Verfahren werden zwei Mikrofone (meist mit Kugelcharakteristik) im Abstand von ca. 17 cm (Klein-AB) beziehungsweise 1 - 1,5 m (Groß-AB) parallel aufgebaut und auf die Schallquelle ausgerichtet.

Das AB-Verfahren funktioniert über Laufzeitdifferenzen. Signale, die von links kommen, sind in diesem Mikro zwar nur minimal lauter als im rechten, kommen aber deutlich früher dort an. Man ortet das Signal daher von links kommend.

XY

Im Gegensatz zum AB-Verfahren funktioniert das XY-Verfahren über Intensität, sprich Lautstärke. Dazu werden zwei Mikros im 90° -Winkel zueinander angeordnet. Die Kapseln müssen sich möglichst an der gleichen Stelle befinden, weshalb man die Mikrofone meist übereinander liegend anordnet. Verwendet werden zwei Nierenmikrofone. Das XY-Verfahren ist voll monokompatibel.

MS

MS steht nicht etwa für Mono-Stereo sondern für Mitte-Seite. Es kommen zwei verschiedene Mikrofone zum Einsatz: Für das Mittensignal ein Nierenmikrofon und für das Seitensignal ein Mikrofon mit Acht-Charakteristik.
Das Mittenmikrofon wird direkt auf die Schallquelle gerichtet, während das Seitenmikrofon mit seiner Acht-Charakteristik um 90 Grad versetzt direkt darüber aufgebaut wird.

Das Seitensignal und damit die Stereobreite werden gebildet, indem man das Seitenmikrofon mit der Acht-Charakteristik zweimal am Logic-Mischpult anlegt, einmal nach links im Panorama pannt (linke Seite des Stereobildes) und einmal (mit gedrehter Phase) nach rechts (rechte Seite des Stereobildes). Die Phase können Sie entweder mit dem Plugin **Gain** oder über die Funktion *Invertieren* im Sample-Editor drehen.

Das Mittensignal kann nun stufenlos in seiner Stereobreite verbreitert werden, indem man die beiden anderen Signale dazu mischt.

Das MS-Verfahren gehört ebenfalls zu den Intensitäts-Verfahren und ist voll monokompatibel, da sich die beiden in der Phase verdrehten Seitensignale beim zusammen mischen ja auslöschen würden.

4.2.5. Orgel, E-Piano

E-Pianos erhalten ihren typischen Klang unter anderem dadurch, dass man sie über einen Gitarrenverstärker spielt und diesen per Mikrofon abnimmt. Dazu gehören auch typische Gitarreneffekte wie Flanger, Phaser oder Wah-Wah. Benutzen Sie also ruhig einmal den Verstärker ihres Gitarristen, um ein E-Piano aufzunehmen. Wenn Ihnen der Aufwand zu groß ist, einen echten Amp zu benutzen, dann nehmen Sie nur Ihr E-Piano per DI-Box auf und formen den Klang mit dem **Guitar Amp Pro** und weiteren Effekten aus Logic.

Der Pitchshifter eignet sich sehr gut für psychedelische E-Pianosounds.

Orgeln in der Pop- und Rockmusik werden häufig über ein sogenanntes Leslie gespielt. Dieses wiederum nimmt man mit mehreren Mikrofonen ab. Zunächst braucht man zwei Mikrofone für den rotierenden Hochtöner (meist dynamische wie bei einem Gitarrenverstärker). Die Mikrofone werden dazu im 90°-Winkel zueinander angeordnet und auf den Hochtöner gerichtet. Später im Mix pannt man diese beiden Signale nach rechts und links, um einen breiten Stereoeffekt zu erzielen. Zusätzlich nimmt man mit einem dritten Mikrofon immer auch noch den Basslautsprecher auf.

Ein virtuelles Leslie,
das Logic Rotor Cabinet.

4.2.6. Stimme

Der Gesang ist in einem Pop-Song zusammen mit dem Groove das wohl wichtigste Element. Er vermittelt (sowohl über Text als auch über die Interpretation) wie kein anderes Instrument die Stimmungslage und die Emotionen innerhalb der Musik. Deshalb sollte man sich die größte Mühe geben, diese Stimmungen und Emotionen in bestmöglicher Art und Weise einzufangen.

Großmembran-Mikrofone sind hier dank ihrer feinen Auflösung und hohen Detailtreue gefragt.

Da unterschiedliche Mikrofone unterschiedliche Charaktere aufweisen, sollte man durchaus bei jedem Sänger probieren, welches Mikrofon zu seiner Stimme am besten passt. Auch ein hochwertiger Mikrofonpreamp kann hier den entscheidenden Unterschied ausmachen.

Bei rockigen Stimmen, die sehr rau und „röhrig" daherkommen, kann es reizvoll sein, mit dynamischen Mikrofonen wie dem Shure SM 57 oder 58 zu experimentieren. Obwohl man diese Live-"Arbeitstiere" nicht unbedingt im Studio vermuten würde, können sie gerade in Zusammenhang mit einem hochwertigen Röhren-Preamp zu erstaunlichen Ergebnissen führen, die man diesen Mikrofonen gar nicht zugetraut hätte.

4.2.7. Bläser

Blechbläser, die hart und aggressiv klingen sollen (etwa für Funk-Riffs), nimmt man am besten mit dynamischen Mikrofonen ab (z. B. Electrovoice RE 20).

Soll es „weicher" klingen (zum Beispiel für Jazzaufnahmen), eignen sich eher Großmembran-Mikrofone, die man mit etwas Abstand (40 - 50 cm) vom Instrument platziert.

4.2.8. Percussion

Percussionspuren (egal ob Shaker, Schellenkranz oder Cowbell) sind oft das Salz in der Suppe beziehungsweise im Song und verleihen diesem noch eine gewisse Würze.

Beachten Sie bei der Aufnahme, dass viele Percussioninstrumente, wie etwa ein Schellenkranz, sehr hohen Luftdruck beim Spielen erzeugen, der vom menschlichen Ohr oft nicht gehört wird, jedoch vom Mikrofon durchaus eingefangen wird und auf der Aufnahme sehr unschön klingt. Sie können das mit einem sehr hoch eingestellten Low-Cut (ca. 2 KHz) verhindern und die Störanteile im Signal gar nicht erst mit aufzeichnen. Als Mikrofon eignen sich meist Kleinmembran-Kondensatormikrofone am besten.

4.2.9. Synthesizer

Auch ihre Hardware-Synthesizer können Sie natürlich in Logic aufnehmen. Am besten, wenn das Arrangement fertig ist, und Sie mit dem Mischen beginnen wollen. Nehmen Sie dann alle Synthesizer-Spuren als Audiodateien auf und fügen Sie sie dem Arrange hinzu. Dann kommen Sie wieder in den Genuss, ihre Songs offline bouncen zu können. Außerdem sind die Sounds archiviert, falls Sie den Synthesizer einmal verkaufen sollten.

Wenn möglich, sollten Sie die Überspielungen digital vornehmen, um Klangverluste durch die Wandlungen zu vermeiden. Ist das nicht möglich (etwa bei analogen Geräten), sollten Sie wie bei allen Aufnahmen darauf achten, einen möglichst hohen Pegel zu erzielen, damit Sie keine Klangeinbußen haben. Lassen Sie Effekte wie Chorus und Hall im Zweifelsfall weg oder zeichnen Sie zwei Varianten auf (einmal mit und einmal ohne Effekte). Dadurch haben Sie mehr Freiheiten bei der Mischung in Logic.

4.3. Audionachbearbeitung

Trotz aller Vorsicht und Aufmerksamkeit während der Recording-Phase, kann es immer wieder vorkommen, dass man hinterher doch noch Fehler in den Aufnahmen findet und diese natürlich korrigieren möchte. Das kann vom simplen zusammen schneiden der besten Takes über Intonationskorrekturen beim Gesang bis hin zu Timing-Korrekturen oder dem Austauschen einzelner Drumsounds gehen. Wie man all diese Dinge mit den Logic-Hilfsmitteln umsetzt, darum soll es im folgenden Kapitel gehen.

4.3.1. Timingkorrektur von Audioaufnahmen

Eine der häufigsten Gründe zum Nachbearbeiten sind Timing-Ungenauigkeiten beim Einspielen.

Schauen Sie zunächst nach, ob die Spur komplett um einen bestimmten zeitlichen Betrag verschoben ist und der Musiker zum Beispiel konstant um einen bestimmten Wert zu früh oder zu spät spielt. Das kommt oft vor, wenn Musiker verzögert mit Latenz einspielen müssen.

Am besten hört man dazu die entsprechende Spur solo ab und aktiviert dazu den Klick. Wirkt der Klick treibend, so ist die Spur zu früh und muss nach hinten geschoben werden. Bremst der Klick dagegen, ist die Aufnahme zu spät und muss nach vorne verschoben werden.

Beginnen Sie beim Verschieben zunächst mit relativ großen Werten (etwa 100 Millisekunden) um den Effekt deutlich zu hören und nähern Sie sich dann in Schritten von 10 Millisekunden dem Ziel an, bis es passt.

Optisch können Sie das alles am besten kontrollieren, indem Sie im Arrange sehr weit hineinzoomen und die Wellenform der Aufnahme mit den Taktstrichen im Arrange-Fenster vergleichen. Die letzte Instanz muss aber immer Ihr Gehör sein.

Neben der oben beschriebenen „manuellen" Methode gibt es aber auch einige Plugins und Algorithmen, die Ihnen diese Arbeit ganz oder teilweise abnehmen.

 Zu folgendem Kapitel findet sich das Videotutorial 3 „Enhance Timing" auf der beiliegenden CD.

Enhance Timing

Enhance Timing ist ein simpel aufgebautes Plugin, das in Echtzeit arbeitet und oft zu verblüffenden Ergebnissen führen kann. Es analysiert das einkommende Audiomaterial auf Transienten und versucht, diese dann auf den eingestellten rhythmischen Wert zu verschieben (zu quantisieren).

Dient der rhythmischen Korrektur von Audiomaterial in Echtzeit: Enhance Timing.

Anwendung von **Enhance Timing**

1. Öffnen Sie eine Instanz von **Enhance Timing** in einem Audiokanal. (**Enhance Timing** muss immer im ersten Slot eines Kanals liegen, damit es funktioniert.)

2. Hören Sie sich das Signal zunächst einmal an und entscheiden Sie, welches rhythmische Muster die Aufnahme hat. Stellen Sie den *Note-Grid*-Regler dann dementsprechend auf Achtel oder Sechzehntel ein. (Bei triolisch gespielten Achteln stellen Sie das Plugin auf Zwölftel.)

3. Anschließend stellen Sie den *Intensity*-Regler ein. Probieren Sie es zunächst mit 100 % und hören Sie, ob das Plugin wie gewünscht funktioniert. Wenn hörbare Artefakte auftreten, so verringern Sie *Intensity* so lange, bis Sie einen zufriedenstellenden Kompromiss zwischen gutem Klang und rhythmischer Korrektur gefunden haben.

Natürlich kann **Enhance Timing** keine Wunder bei völlig missratenen Aufnahmen bewirken. Auch eignet sich nicht jedes Material zur Bearbeitung. Aber gerade bei rhythmisch halbwegs richtigen Aufnahmen, die lediglich leichte Temposchwankungen aufweisen, kann das Plugin eine große Hilfe sein. Material, das sich gut eignet, sind beispielsweise Percussionaufnahmen oder rhythmische Figuren mit klar erkennbaren Transienten auf Bass und Gitarre.

Oft kommt man zu besseren Ergebnissen, wenn man das zu korrigierende Signal zunächst manuell (siehe oben) so gut wie möglich gerade rückt. Je weniger der Algorithmus rechnen und verschieben muss, desto besser klingt er.

Bei Schlagzeugaufnahmen können sich unschöne Artefakte ergeben, wenn man das Plugin auf mehrere Einzelspuren anwendet, da dabei jede Spur ein wenig anders korrigiert wird. Am Ende kann das dann so klingen, als hätte man das ganze Schlagzeug mit einem Flanger bearbeitet. Möchte man dennoch das ganze Schlagzeug mit **Enhance Timing** bearbeiten, dann sollte man die Einzelspuren zunächst klanglich bearbeiten und abmischen und dann als Stereodatei exportieren. Diese Stereodatei wiederum kann man dann mit **Enhance Timing** bearbeiten.

Audio quantisieren

Während die oben beschriebene Funktion zur Korrektur von Timingschwankungen via **Enhance Timing** nicht-destruktiv arbeitet, das Ausgangsmaterial also nicht verändert wird, rechnet die Funktion **Audio Quantize** das Ergebnis der Korrektur in das betreffende Audiofile hinein, ändert dieses also dauerhaft. Man sollte deshalb vor der Bearbeitung eines Files immer eine Sicherungskopie erstellen.

Die Funktion **Audio Quantize** findet man im Menü *Factory* im Sample-Editor. Das Prinzip hinter **Audio Quantize** ist dem von **Enhance Timing** ganz ähnlich, nur dass das Ergebnis des Algorithmus eben eingerechnet und die Datei entsprechend „gedehnt" und „gestaucht" wird.

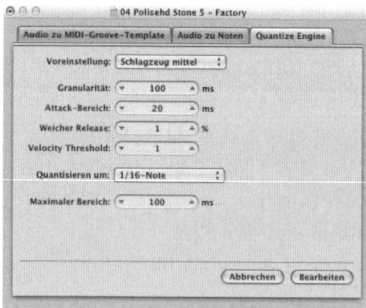

Das Edit-Fenster für die Funktion Audio Quantize.

Audio Quantize eignet sich ebenfalls am besten für rhythmisches Material mit klar erkennbaren Transienten wie Drums, Percussion oder auch monofone Gitarren- und Bassspuren.

Um **Audio Quantize** anzuwenden, gehen Sie wie folgt vor:

1. Öffnen Sie die zu bearbeitende Datei im Arrange-Fenster mit einem Doppelklick im Sample-Editor (oder wahlweise mit dem Tastenkürzel *W*).

2. Als erstes sollten Sie nun eine Sicherungskopie der Datei erzeugen. Das geht im Sample-Editor mit dem Befehl *Sicherungskopie erstellen* im Menü *Audiodatei*. Dadurch wird am Speicherort der Datei eine Kopie mit dem Zusatz *.dup* (für Duplikat) erstellt.

3. Öffnen Sie nun im Menü *Factory* das Fenster **Quantize Engine**.

4. Hier gibt es als ersten Parameter zunächst die Funktion *Voreinstellung*, die über ein Pop-up-Menü einige Presets für verschiedene Situationen wie etwa Schlagzeug schnell, mittel und langsam bereithält. Beginnen Sie mit diesen Presets und passen Sie sie an Ihr Material an. Unterhalb der Wellenform im Sample-Editor können Sie erkennen, wie sich ihre Bearbeitung auswirken wird. Drücken Sie dann *Bearbeiten*. Logic rechnet nun die Ergebnisse in eine neue Datei und ersetzt die alte im Arrange-Fenster.

Hören Sie sich das Ergebnis an. Wenn es noch nicht ihren Vorstellungen entspricht, gehen Sie zurück zu ihrer Sicherungskopie (ebenfalls über das Menü *Audiodatei / Zurück zur Sicherungskopie*), modifizieren Sie dann die Parameter im Fenster **Quantize Engine** und lassen Logic erneut rechnen.

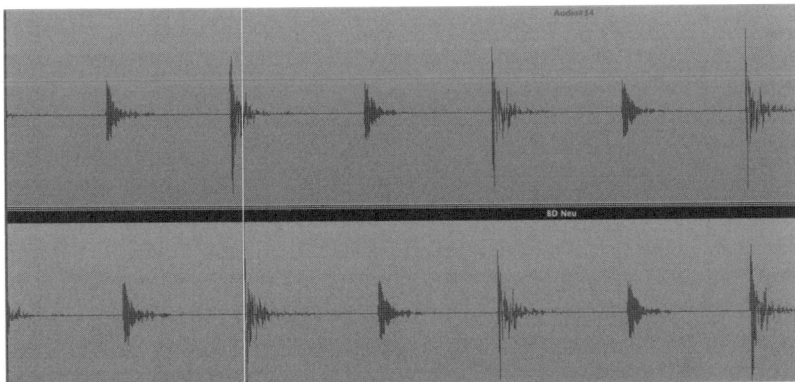

Im Bild ist gut zu erkennen, wie Audio Quantize die Drumspur gerade gerückt hat.

Im Bild oben sieht man einmal die Originalspur (oben) und die mit **Audio Quantize** bearbeitete (unten). Man kann im unteren Teil deutlich die Korrektur erkennen, zum Beispiel an der Stelle an der gerade die *Songpositionslinie* steht. Im oberen Bild kommt der Schlag noch deutlich zu früh, im unteren dagegen wurde er fest auf die richtige Zählzeit verschoben.

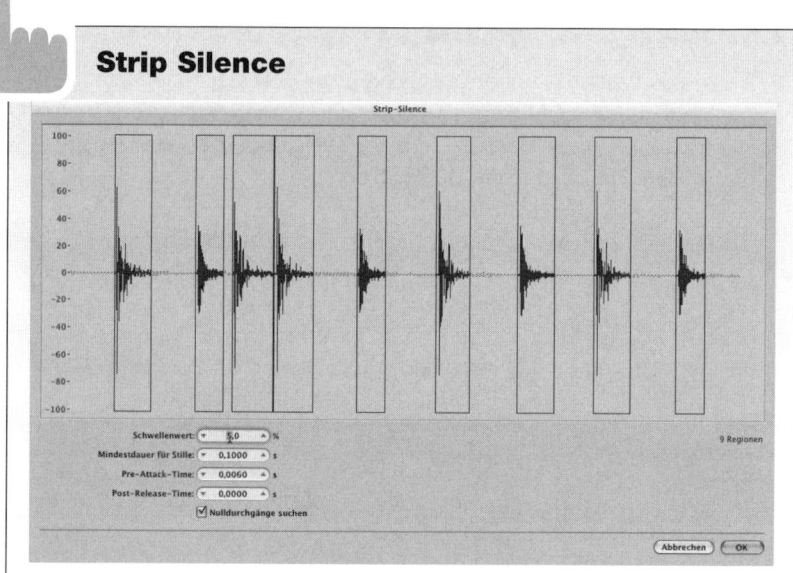

Strip Silence

Mit Strip Silence kann man Audiospuren nach Events aufteilen.

Bearbeitet man mehrere Spuren einer Schlagzeugaufnahme mit der oben beschriebenen Methode, kann es ähnlich wie bei der Verwendung von **Enhance Timing** zu hörbaren und störenden Artefakten kommen. Da es bei einem Schlagzeug auf allen Spuren mehr oder weniger starke Übersprechungen von den anderen Trommeln und Becken gibt, entsteht, wenn diese nur geringfügig unterschiedlich quantisiert werden, im Zusammenspiel aller Spuren ein wüstes Durcheinander.

Um das Ergebnis zu verbessern, kann man deshalb die einzelnen Spuren zuvor mit der Funktion **Strip Silence** von Übersprechungen anderer Trommeln säubern. **Strip Silence** analysiert eine Spur und teilt Sie dann in einzelne Regionen. Für jedes gefundene Event (in diesem Fall Bassdrum- oder Snareschläge), wird eine neue Region im Arrange erzeugt.

Über einen Schwellwert (Threshold) legt man einen Wert fest, unterhalb dessen das Signal als Stille interpretiert wird. Die Region wird dann in entsprechend viele neue Regionen aufgeteilt.

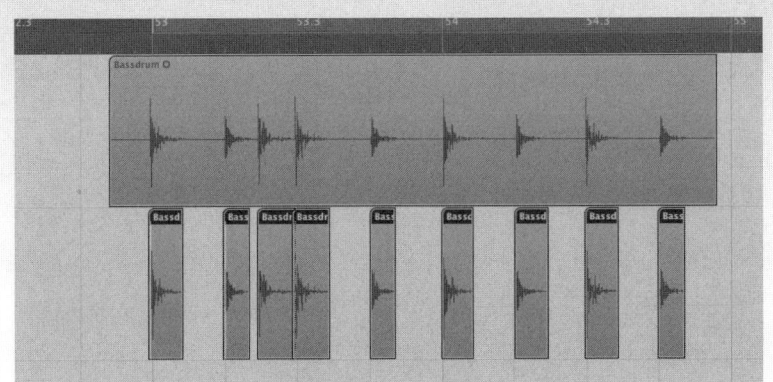

Hier kann man gut die Wirkungsweise von Strip Silence erkennen.

Im Bild oben sehen sie zunächst die Original-Audioregion und darunter die von Strip Silence in einzelne Regionen zerteilte Aufnahme. Jede Region enthält in diesem Fall einen Bassdrum- oder Snareschlag. Entfernen Sie die Regionen, die Sie nicht brauchen (bei der Bassdrumspur die Snareschläge und umgekehrt) und fügen Sie die übrigen Regionen mit dem Klebe-Werkzeug zu einer neuen Region zusammen, die Sie dann wiederum mit Audio Quantize bearbeiten können.

Strip Silence eignet sich aber auch, um zum Beispiel bei Gesangaufnahmen Pausen zu entfernen.

Ob man zur Timingkorrektur **Enhance Timing** wählt oder aber **Audio Quantize** benutzt, ist zum einen eine Frage des persönlichen Arbeitsstils, zum anderen muss man manchmal auch von Fall zu Fall schauen, welches Tool in einer bestimmten Situation die besseren Ergebnisse liefert und sich dafür entscheiden.

Schneiden
Handelt es sich bei den Timing-Problemen lediglich um einige wenige Stellen, kann man die Korrekturen auch ganz einfach von Hand durchführen, indem man die betreffende Region schneidet und auf die richtige Position schiebt. Dazu benutzt man entweder das Scheren-Werkzeug oder aber die Funktion *An Abspielposition teilen* (Tastenkürzel *ß*).

Orientieren kann man sich beim Verschieben am Taktlineal im Logic-Arrange-Fenster. Außerdem kontrolliert man das Ergebnis natürlich immer auch mit dem Gehör.

Auch hierzu ein kleines Beispiel:

Eine Gitarrenaufnahme kommt an einer Stelle im Song, an der sie auf die Zählzeit 3 spielen sollte, deutlich zu spät. Der Rest der Aufnahme ist aber rhythmisch in Ordnung oder weist nur minimale und akzeptable Abweichungen auf.
In solch einem Fall kann man diese falsch platzierte Note einfach ausschneiden
und von Hand zurechtrücken.

Auf dem Bild unten etwa kann man deutlich sehen, dass die Gitarre statt auf der
3 erst auf der 3+ spielt und folglich 1/8-Note zu spät kommt.

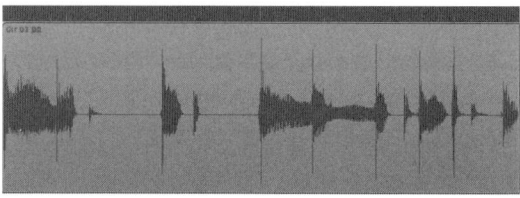

Noch ist die Gitarre zu spät.

Da der Rest der Aufnahme richtig ist, wäre es in diesem Fall natürlich unsinnig,
die ganze Spur mit dem Plugin **Enhance Timing** wie oben beschrieben oder mit
Audio Quantize zu bearbeiten und unnötig Artefakte zu riskieren. Stattdessen
schneidet man die Aufnahme kurz vor und hinter dem Ton, der falsch sitzt, um
eine neue Region, die lediglich den einen, falschen Ton enthält, zu erzeugen.

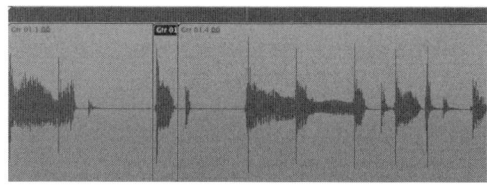

Eine neue Region wurde erzeugt.

Diese Region schiebt man nun einfach auf der Timeline nach hinten, bis es
rhythmisch passt.

Allerdings sieht man im Bild unten nun eine Lücke, die durch das Verschieben entstanden ist.

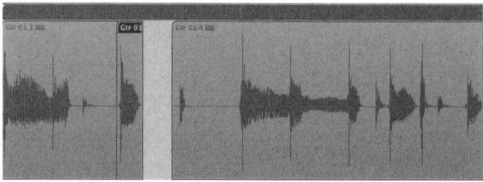

Nun sitzt die Gitarre an der richtigen Stelle.

Um diesem Problem beizukommen, kann man die verschobene Region per **Time and Pitch Machine** in der Länge dehnen, damit Sie die Lücke wieder füllt und damit der Ton auch lang genug ausklingt.

Dazu geht man wie folgt vor:

1. Man erzeugt zunächst aus der herausgeschnittenen und verschobe-
   nen Region eine eigenständige Audiodatei. Das geschieht mit dem
   Befehl *In neue Audiodatei umwandeln* oder der Tastenkombination
   alt + Apfel + F.

2. Danach zieht man die Region bei gedrückter alt-Taste in die Länge,
   bis die Lücke geschlossen ist. Sobald man die Maus los lässt, erscheint folgende Frage:

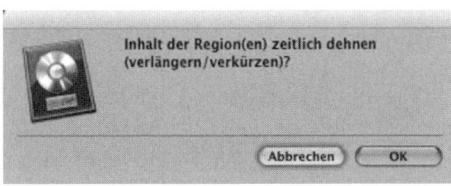

Bejahen Sie diesen Dialog.

Logic will wissen, ob man wirklich beabsichtigt, die Region in ihrer Länge zu strecken. Natürlich bejaht man diese Frage. Danach kommt noch eine weitere Frage, ob man denn tatsächlich die Region per **Time and Pitch** verändern möchte, auch dies bejaht man. Nun rechnet Logic die Region in die richtige Länge und die Lücke ist geschlossen.

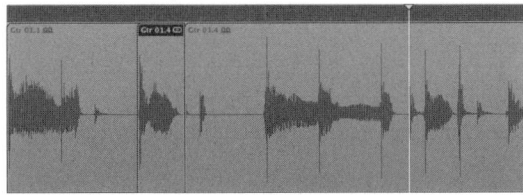

Die Lücke wurde
geschlossen.

3. Wenn nötig, kann man die einzelnen Regionen noch per Crossfades
   verbinden, um Knackser an den Schnittstellen zu unterbinden.

Das Gleiche funktioniert natürlich auch mit zu früh gespielten Noten, diese müssen dann entsprechend nach hinten verschoben und zeitlich ge-
staucht werden, was nach dem gleichen Prinzip wie oben beschrieben
funktioniert.

4.3.2. Tonhöhenkorrektur

Sind alle Aufnahmen rhythmisch korrigiert, muss man überprüfen, inwiefern dies auch für die Intonation gilt. Neben Stimmen sind vor allem Blasinstrumente auf ihre korrekte Intonation hin zu kontrollieren. Aber auch Bass und Gitarre können oftmals ein wenig daneben liegen und benötigen eine Korrektur. Auch zur Korrektur von schief gesungenen Tönen gibt es in Logic Mittel und Wege. Ähnlich wie bei der Timing-Korrektur ist dies zum einen in Echtzeit mit einem Plugin möglich (**Pitch Correction**) und zum anderen wiederum destruktiv im Sample-Editor mit der **Time and Pitch Machine**.

Ebenso wie die Timing-Korrektur ist auch das Bearbeiten von Tonhöhen ein heikles Thema, bei dem man aufpassen muss nicht mehr Schaden anzurichten als man beseitigt. Gerade wenn es um den Hauptgesang geht, muss man mit allergrößter Vorsicht hantieren. Kein anderes Instrument ist dem menschlichen Ohr so vertraut wie die Stimme, nirgends hört man so schnell störende Artefakte durch eine Bearbeitung.

Seien Sie also vorsichtig, wenn Sie Ihren Hauptgesang bearbeiten. Im Zweifelsfall ist ein leicht schief gesungener Ton, der viel Charme hat, wünschenswerter als ein perfekter Ton, der aber künstlich klingt. Und nicht alles muss korrigiert werden. Gerade bei der Stimme ist es wichtig, dass diese stets auch eine gewisse Natürlichkeit und Echtheit behält und nicht zu stark verfremdet wird.

Ganz anders dagegen bei Backing- oder Chorstimmen. Diese haben eine klare Funktion: den Hauptgesang zu unterstützen und dem Song mehr Fülle zu verleihen. Achten Sie bei diesen Spuren peinlich genau darauf, dass sowohl beim Timing als auch bei der Intonation alles stimmt.

Chorstimmen stehen zudem nicht so im Focus, hier darf man bei der Korrektur ruhig etwas beherzter zulangen als bei der Hauptstimme, da Sie im Mix nicht so präsent sein werden.

Wie oben schon erwähnt, haben nicht nur Stimmen mit der korrekten Tonhöhe zu kämpfen. Auch viele Bläser schwanken oft in ihrer Intonation. Manchmal ist dies reizvoll und gewünscht, meist aber doch einfach nur störend. Kontrollieren Sie also auch diese Instrumente auf ihre Stimmung und korrigieren Sie sie, wenn nötig. Viele andere monofone Instrumente wie Bass oder auch manche Gitarren lassen sich nachträglich ebenfalls gut in Stimmung bringen. Aber auch hier gilt: Lieber vorher einmal öfter nachstimmen erspart einem viel Arbeit hinterher.

Pitch Correction

Pitch Correction ist ein Plugin zur Intonationskorrektur in Echtzeit. Es analysiert das hereinkommende Signal und korrigiert dies entsprechend einer vorgegebenen Tonleiter. Man kann also bestimmen, welche Töne in einem Stück überhaupt vorkommen dürfen. Das anliegende Signal wird analysiert und alle „falschen" Noten werden dann auf diese Tonleiter hin verschoben (gepitcht).

Anwendung von **Pitch Correction**:

• Fügen Sie Pitch Correction als Inserteffekt auf der Audiospur ein, die Sie bearbeiten möchten.

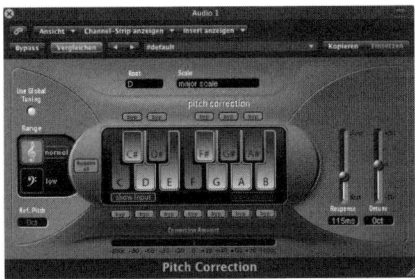

Pitch Correction zur
Intonationskorrektur.

• Stellen Sie zunächst im oberen Teil des Plugins die Tonart ihres Songs ein, hier im Beispiel etwa D-Dur. Dazu muss man verwirrender Weise zunächst im rechten Feld die Art der Tonleiter (Dur, harmonisch oder Moll, melodisch) einstellen (dort, wo auf dem Bild *major scale* steht) und dann erst links die Tonart selbst bestimmen (hier D).

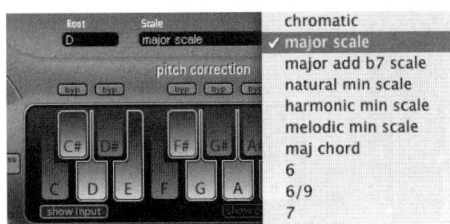

Die Auswahl von Skala und
Tonart findet hier statt.

Wenn Sie unsicher sind, in welcher Tonart ihr Song steht, wählen Sie zunächst einfach *chromatic* als Skala. Dann werden alle zwölf Töne des Notensystems als mögliche Ziele einer Korrektur verwendet.

Um das Plugin nun dem Material anzupassen, kann man auf zwei Wegen die Auswahl der Töne beschränken.

- Die eine Möglichkeit besteht darin, Töne zu definieren, die gar nicht korrigiert werden. Im Bild unten wurde dazu der Ton E mittels eines kleinen Tasters unterhalb der Klaviatur auf Bypass gesetzt. Jedes Mal, wenn nun im Signal ein E vorkommt, wird dieses unbearbeitet gelassen und nicht korrigiert. Hat der Sänger zum Beispiel nur einen Ton (etwa das C) nicht richtig getroffen, so können Sie alle anderen Töne bypassen und nur das „falsche" C wird korrigiert. Dadurch wird das Plugin nur dann aktiv, wenn es wirklich vonnöten ist.

Hintergrund: Ein Sänger wird nie alle Töne zu 100 % richtig treffen und oft um wenige Cent danebenliegen. Das ist aber nicht weiter tragisch und macht auch den Reiz einer Gesangsaufnahme aus. Wenn nun aber ständig alle Töne korrigiert werden, kann es unter Umständen schnell etwas unnatürlich und künstlich klingen.

Hier legt man fest welche Töne überhaupt korrigiert werden sollen...

- Die andere Möglichkeit der Vorauswahl besteht darin, bestimmte Töne als Ziele auszuschließen. Im Bild unten wurde durch Drücken der Taste F eben dieser Ton als Ziel einer Korrektur ausgeschlossen.

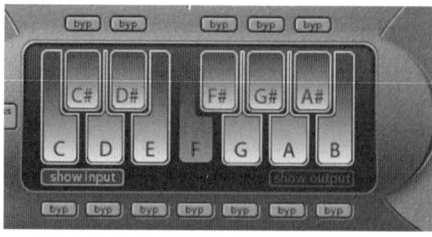

... während man hier festlegt welche Töne von der Korrektur ausgeschlossen werden.

Das heißt, ein Ton, der im Bereich um F herum liegt, wird je nach Frequenz entweder zum F# hoch oder aber zum E runter gepitcht, nie aber auf das F selber. Steht der Song etwa in E-Dur und der Sänger „eiert" ständig zwischen E und F, kann man das über diesen Weg gut in den Griff bekommen. Alle Töne in diesem Bereich werden dann nie auf den „falschen" Ton F gepitcht, sondern entweder auf E oder auf F#, die im Gegensatz zum F beide in der E-Dur-Tonleiter vorkommen.

Unterhalb der Klaviatur sieht man die Stärke der Korrektur als Ausschlag auf einer Skala von -100 bis +100 Cent (100 Cent entsprechen einem Halbton). Korrekturen von 20 bis 30 Cent sind meist problemlos möglich. Werte darüber können schnell unnatürlich klingen. Lassen Sie aber stets Ihr Gehör entscheiden - wenn etwas gut klingt, ist es auch OK, ganz egal, wie viel Cent korrigiert wurden.

Zwei weitere Tasten beziehungsweise Regler sind noch wichtig, um das Plugin richtig einzustellen. Ganz links haben Sie mittels zweier Buttons die Wahl zwischen *low* und *normal*. Hier geht es darum, den Frequenzbereich des Signals schon grob vorher zu bestimmen. Üblicherweise würde man deshalb für tiefe Stimmen *low* und für höhere Stimmen *normal* wählen. Ganz rechts dagegen kann man mit *Response* bestimmen, wie schnell der Algorithmus anspricht. Ganz oft stören nämlich nur lang ausgehaltene Töne, da sie vom Sänger nicht sauber gehalten wurden, während die Ansätze und die kurzen Töne richtig sind. Erhöhen Sie in einem solchen Fall *Response* auf einen Wert, der die Ansätze von langen Tönen und kurze Töne durchlässt und nur lang ausgehaltene Passagen korrigiert.

Übrigens, wenn Sie *Response* auf einen extrem kurzen Wert stellen und eine hohe Frauenstimme damit bearbeiten, erklingt umgehend ein wohl bekannter Sound: der sogenannte „Cher-Effekt" (aus ihrem Song „Believe"). Durch die kurze *Response*-Zeit erfolgt die Korrektur sehr schnell und die Töne „glitchen" bei der Korrektur in den Zielton hinein und verschmieren dabei. Also schnell ausprobieren und noch schneller wieder deaktivieren. Das will nun wirklich niemand mehr hören!
Außerdem sei noch auf die Parameter *Use Global Pitch* und *Ref. Pitch* hingewiesen. *Use Global Pitch* sorgt dafür, dass die Stimmung von *Pitch Correction* der von Logic entspricht. Wenn man dies deaktiviert, kann man wiederum mit *Ref. Pitch* die Stimmung für dieses Plugin „verstimmen", um ein Signal um einen festen Betrag zu korrigieren. Man kann damit aber lediglich im Bereich von +/- 50 Cent arbeiten. Für richtige Tranpositionen dient eher das Plugin **Pitch Shifter**.

Pitch Shifter

Im Gegensatz zu **Pitch Correction** dient **Pitch Shifter** wie gesagt nicht zur Korrektur von Aufnahmen, sondern vielmehr zur Transposition eines Signals um einen fest eingestellten Wert. Im Bild unten sieht man das einfach aufgebaute Plugin.

Für einfache Aufgaben geeignet:
der Pitchshifter.

Anwendung von **Pitch Shifter**:

- Zunächst wählt man das Signal, das zu transponieren ist (die Auswahl ist auf Schlagzeug, Sprache und Gesang beschränkt).

- Dann stellt man den gewünschten Wert ein (zunächst grob in Halbton-schritten und dann feiner in Cents) und regelt über *Mix* das Verhältnis von unbearbeitetem und bearbeitetem Signal.

Erwarten Sie aber keine Wunderdinge von diesem Plugin. Kleine Transpositionen von bis zu vier Halbtönen können noch annehmbar klingen, danach wird es schnell unnatürlich und klingt wahlweise nach Mickey Mouse (Transposition nach oben) oder Darth Vader (Transposition nach unten). Schuld daran sind die Formanten der menschlichen Stimme, also jene Frequenzen, die maßgeblich für den Charakter einer Stimme verantwortlich sind. Da diese einfach mit verschoben werden, klingt das Ergebnis unnatürlich und verliert seinen bisherigen Charakter.

Benutzen Sie den Pitch Shifter daher eher für experimentelle Zwecke, wenn es nicht um Natürlichkeit, sondern um einen interessanten Effektsound geht. Oder aber, um eine zusätzliche Chorstimme auszuprobieren, die dann später noch von einem richtigen Sänger gesungen wird.

Vocal Transformer
Vocal Transformer erlaubt die unabhängige Bearbeitung von Formanten und Tonhöhe.

Man kann also, ohne die Tonhöhe zu beeinflussen, die Formanten erhöhen. Das Ergebnis klingt dann so, als ob der Sänger kleiner wäre beziehungsweise weniger Körpervolumen hätte.

Erzeugt unter anderem Roboterstimmen:
Vocal Transformern.

Anwendung von Vocal Transformer:

• Mit **Vocal Transformer** können Sie umgekehrt natürlich auch die Tonhöhe verändern, ohne dass sich wie beim **Pitch Shifter** die Formanten mit verschieben. Dann wird das Ergebnis so klingen, als ob der Sänger die Phrase in einer höheren Lage gesungen hätte. Es wird aber immer noch nach diesem einen Sänger klingen, da die Formanten ja erhalten geblieben sind.

• Natürlich kann auch dieses Plugin keine Wunder bewirken, einen Versuch ist es aber allemal wert. Und wenn Sie mit den Ergebnissen gar nicht zufrieden sind, dann können Sie den Vocal Transformer auch als Effekt missbrauchen ...

Roboterstimmen

Wie bereits angedeutet, kann man den Vocal Transformer auch wunderbar als Special FX einsetzen, etwa um Roboterstimmen zu generieren.

Gehen Sie dazu wie folgt vor:

• Laden Sie den **Vocal Transformer** auf eine Stimme und drücken Sie dann den *Robotize*-Button. Schon erklingt eine blecherne Roboterstimme, wie man sie aus Computerspielen und Science-Fiction-Filmen kennt.

- Außerdem können Sie jetzt mithilfe der nun aktivierten *Tracking*-Regler die Roboterstimme weiter beeinflussen. Bleibt der Regler auf *0*, so wird der Gesang monoton auf einer Tonhöhe abgespielt. Bei *1* bleibt die Melodie erhalten, *2* dagegen verdoppelt die Intervalle innerhalb der Melodie, während *-1* diese halbiert.

  Leider bezieht Logic bei der Stellung *0* den Grundton der Melodie immer aus dem *Pitch*-Drehknopf links im Bild. Egal, was Sie also rein geben, der *Vocal Transformer* singt es standardmäßig immer auf dem Ton A. Davon ausgehend müssen Sie Ihren Roboter also erstmal stimmen. Wenn Sie also einen Roboter in C wollen, dann müssen Sie den Regler *Pitch* auf + 3 Halbtöne stellen.

  Bei Tracking-Werten, die von *0* abweichen, stimmen die Töne allerdings und Sie müssen nichts einstellen.

Bei allen drei nun vorgestellten Plugins zur Bearbeitung von Stimmen sollten Sie stets nur soviel wie nötig korrigieren. Lieber ein leicht schiefer Ton als ungewollte Artefakte, die sofort nach Plastik klingen. Verändern die Plugins bei Stellen, die eigentlich ok sind, den Klang zu sehr, dann sollten Sie nur die wirklich notwendigen Stellen korrigieren lassen. Dazu bieten sich zwei Methoden an.

Methode 1
Schneiden Sie mit dem Scheren-Werkzeug die Passagen heraus, die Sie korrigieren möchten und kopieren Sie sie auf eine neue Spur. Auf dieser neuen Spur wird nun das entsprechende Plugin eingefügt und die Stimme bearbeitet. Die restlichen Parts der Stimme auf der ursprünglichen Spur bleiben unberührt. Achten Sie darauf, die neu entstandenen Regionen ein- und auszufaden.

Außerdem sollten Sie darauf achten, dass beide Spuren die gleiche Lautstärke und die gleiche Panoramaposition aufweisen. Am besten bilden Sie dazu eine Gruppe, die beiden Spuren umfasst. Außerdem können Sie beide Spuren auf einen gemeinsamen Aux-Kanal routen und dort weitere Effekte wie EQ und Kompressor hinzufügen. So brauchen Sie die entsprechenden Plugins nur jeweils einmal aufrufen und editieren.

Methode 2

Automatisieren Sie ganz einfach den Bypass-Button von **Pitch Correction** und Co. Dadurch werden ebenfalls nur die Stellen bearbeitet, die es nötig haben. Alle anderen bleiben unberührt. Allerdings kann man nicht an jeder beliebigen Stelle auf Bypass schalten, da dies stets mit einer kleinen Verzögerung verbunden ist. Suchen Sie zum Bypassen also Stellen, in denen der Gesang Pausen hat, zum Beispiel während eines Instrumental-Teils. (Die Automation wird in Kapitel 5.7. *Automation* genau beschrieben.)

Wenn Sie keine Stellen zum Bypassen des Plugins finden, dann verwenden Sie die erste Methode. Wenn lediglich einige wenige Silben korrigiert werden sollen, dann können Sie diese auch mit der **Time and Pitch Machine** bearbeiten.

Time and Pitch Machine

Während man das Dehnen und Stauchen von Audiodateien teilweise direkt im Arrange-Fenster erledigen kann (siehe weiter oben), muss man zum Pitchen von ganzen Passagen oder einzelnen Tönen zwingend in den Sample-Editor wechseln. Im folgenden Beispiel wird Schritt für Schritt erklärt, wie man einzelne Silben einer Gesangspassage mit dem Sample-Editor in die richtige Stimmung bringen kann.

Entweder dann, wenn einzelne Töne vom Sänger falsch eingesungen wurden oder aber auch, wenn man vorhandene Vocal-Samples aus einer Sample-CD an eigene Projekte anpassen möchte.
Denken Sie daran, dass die **Time and Pitch Machine** destruktiv arbeitet. Erstellen Sie also zunächst wieder eine Sicherungskopie.

Anwendung von **Time and Pitch**:

1. Als Erstes sollte man den Song entsprechend vorbereiten: Laden Sie Logic's Stimmgerät - den **Tuner** - in den Insert ihres Masterkanals. Sorgen Sie dafür, dass Sie ein Software-Instrument geladen haben, um eine Tonhöhen-Referenz zu haben, anhand derer Sie entscheiden können, was falsch ist und was stimmt. Am besten eignet sich dazu ein guter Piano-Sound aus der Logic Werkslibary (Yamaha Grand oder Steinway Piano).

Der Tuner aus Logic zum Ablesen der Tonhöhe.

2. Schneiden Sie im Arrange möglichst exakt die Stelle oder Silbe aus, die Sie pitchen möchten und öffnen Sie diese im Sample-Editor.

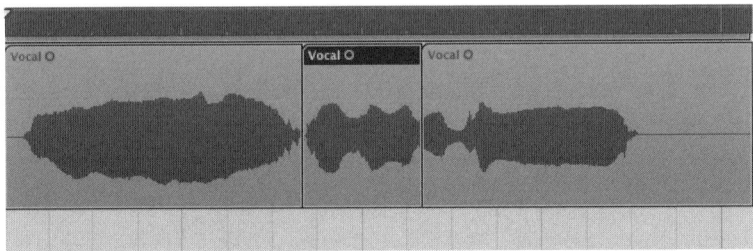

Die mittlere, markierte Silbe soll bearbeitet werden.

3. Im Sample-Editor erstellen Sie bitte als Erstes eine Sicherungskopie der ausgewählten Silbe (Menü *Audiodatei / Sicherungskopie erstellen*). Änderungen mit der **Time and Pitch Machine** sind destruktiv, werden also in das Material eingerechnet.

4. Spielen Sie die Silbe ab und schauen Sie sich auf dem **Tuner** an, welcher Ton gesungen wird. Dadurch wissen Sie, um wie viel Sie die Stimme nach oben oder unten korrigieren müssen

5. Öffnen Sie im Menü *Factory* die **Time and Pitch Machine**.

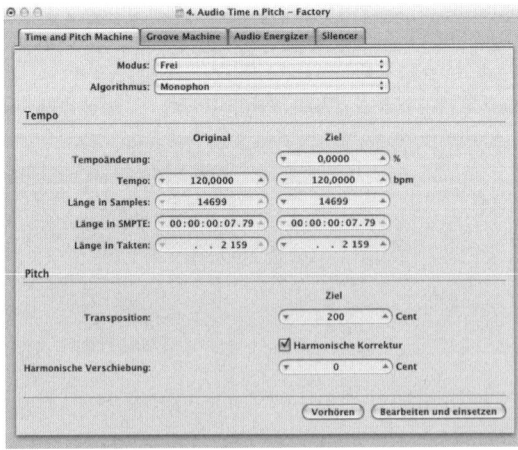

Die Time and
Pich Machine.

In diesem Beispiel soll eine einzelne Silbe aus einem Vocal-Sample an das Playback angepasst werden. Dazu ist es nötig, die ausgewählte Silbe um zwei Halbtöne nach oben zu transponieren. Der Parameter *Transposition* steht dazu auf +200 Cent, was wiederum zwei Halbtönen entspricht.

Der zweite Parameter in diesem Abschnitt *Harmonische Verschiebung* entspricht in etwa dem Regler *Formant* aus dem oben vorgestellten **Vocal Transformer**. Hier ist sie natürlich aktiviert, damit die Formanten erhalten bleiben und sich der Charakter der Stimme trotz Transposition nicht ändert.

Als Modus (ganz oben im Bild) hat man die Wahl zwischen *Klassisch* und *Frei*.

Klassisch fungiert hierbei wie ein analoges Tonband. Erhöht man die Geschwindigkeit, erhöht sich auch der Ton und umgekehrt.

Bei *Frei* hingegen wird dieser Effekt verhindert und man kann Geschwindigkeit und Tonhöhe unabhängig voneinander verwenden. Natürlich ist das im gegebenen Fall die richtig Wahl, da die Stimme ja lediglich höher, keinesfalls aber schneller werden soll.

Zur Bearbeitung stehen über ein Pop-up-Menü verschiedene Algorithmen zur Verfügung. Hier wurde *Monophon* verwendet.

Der ganze mittlere Bereich ist eigentlich nur interessant, wenn es um Tempoänderungen geht. Im vorliegenden Fall muss man hier nichts einstellen.

Wenn alles eingestellt ist, lässt man die **Time and Pitch Machine** rechnen und hört sich hinterher das Ergebnis zunächst alleine, dann auch im Zusammenhang mit dem restlichen Arrange an. Auch mit dem Piano kann man das Ergebnis schnell überprüfen.

6. Sind Sie mit dem Ergebnis noch nicht zufrieden, sollten Sie als Erstes per *Undo* im Sample-Editor zur Sicherungskopie zurückkehren und den ganzen Prozess mit veränderten Einstellungen wiederholen, bis das Ergebnis passt. Führen Sie nie zwei destruktive Bearbeitungsschritte hintereinander aus, da darunter die Qualität leidet! Kehren Sie zwischendurch immer erst wieder zur Sicherungskopie zurück.

7. Sind Sie schließlich zufrieden, sollten Sie die einzelnen Regionen im Arrange-Fenster noch per Crossfades verbinden, um unschöne Knackser an den Übergängen zu vermeiden.

Noch ein abschließender Tipp: Versuchen Sie immer, möglichst kleine Schritt zu transponieren. Wenn Sie zum Beispiel von einem Ton F2 zu einem C wollen, sollten Sie lieber -5 Halbtöne auf das tiefere C2 transponieren als zum sieben Halbtöne höher gelegenen C3. Je kleiner der Schritt, desto eher die Chance, ohne hörbare Artefakte auszukommen.

4.3.3. Soundtrack Pro als externer Audioeditor

Soundtrack Pro ist, wie schon zu Beginn diesen Buches erwähnt, ein eigenständiges Programm und Bestandteil des Logic-Studio-Pakets. Es wurde vornehmlich für die Ton-zu-Bild-Bearbeitung in der Film-Ton-Postproduktion entworfen. Und genau da hat es auch seine Stärken: beim Schneiden, Editieren und Anlegen von Tönen und Geräuschen synchron zu einem Video.

Darüber hinaus bietet Soundtrack Pro aber auch noch einen sehr leistungsstarken Sample-Editor, der dem Logic eigenen Sample-Editor in vielen Belangen überlegen ist. So kann man im Sample-Editor von SoundtrackPro etwa destruktiv Effekte einrechnen und mit wenig Aufwand Störanteile in einem Signal wie Knackser, Brummen, Verzerrungen oder Rauschen entfernen.

Es gibt also triftige Gründe, bei der Bearbeitung von Audiomaterial Logic einmal zu verlassen und einzelne Dateien extern zu bearbeiten. Aufgrund der engen Verzahnung der einzelnen Programmteile von Logic Studio ist dabei ein einfacher Workflow für den Export einer Datei aus Logic heraus zu SoundtrackPro, die Bearbeitung dort und den Re-Import in Logic gegeben.

Austausch von Audiodateien zwischen Logic und Soundtrack Pro

Zu folgendem Kapitel findet sich das Videotutorial 4 „Austausch zwischen Logic und Soundtrack Pro" auf der beiliegenden CD.

Um Audiodateien zwischen Logic und Soundtrack Pro auszutauschen, gehen Sie wie folgt vor:

1. Selektieren Sie im Logic-Arrange-Fenster diejenige Audioregion, die Sie in Soundtrack Pro bearbeiten möchten, und wählen Sie das Kommando In Soundtrack Pro öffnen (Unter Optionen / Audio oder per Tastaturkommando Shift + W).

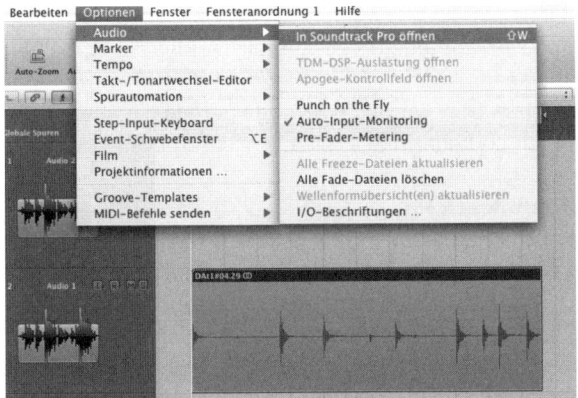

Hierüber werden
Regionen aus
Logic in Sound-
track Pro geöffnet.

Durch diesen Befehl wird das Programm Soundtrack Pro geöffnet und die ausgewählte Datei darin angezeigt. Eine so geöffnete Datei gilt übrigens als eigenständiges Projekt innerhalb von Soundtrack Pro und wird in der sogenannten Projektansicht *Datei-Editor* angezeigt. Im Gegensatz dazu werden in einem mehrspurigen Projekt in Soundtrack Pro die einzelnen Dateien im Datei-Editor unterhalb der Timeline angezeigt und bilden für sich kein eigenständiges Projekt.

2. Sie können nun die Datei in Soundtrack Pro mit den zur Verfügung stehenden Mitteln bearbeiten. Entfernen Sie etwa Rauschen, Knacksen oder Brummen (wie das im Einzelnen funktioniert, steht weiter unten).

3. Haben Sie beim Bearbeiten Ihrer Datei Plugins benutzt, müssen Sie diese zunächst in Aktionen umrechnen. Das geschieht über den Befehl *Rendern für Aktion* im Menü *Prozess*. Eine Aktion wird in Soundtrack Pro jeder Arbeitsschritt genannt, der auf eine Audiodatei angewandt wird. Nach dem Umrechnen finden Sie für jedes Plugin eine neue Aktion in der Aktionen-Liste links unten im Bild. In der Effektliste dagegen tauchen die Plugins dann nicht mehr auf. Die Echtzeit-Berechnung durch Plugins wurde durch entsprechende Aktionen ersetzt, die Sie nun löschen, deaktivieren oder in der Reihenfolge vertauschen können.

4. Über den Befehl *Alle Aktionen reduzieren* (im Menü *Optionen*) werden wiederum alle Aktionen in eine neue Audiodatei eingerechnet.

5. Abschließend müssen Sie in Soundtrack Pro noch einmal den Befehl *Sichern* im Menü *Ablage* ausführen, um alle Änderung in die Datei einzurechnen. Danach können Sie Soundtrack Pro beenden und in Logic zurückkehren. Dort wurde im Arrange bereits die alte, unbearbeitete Datei durch die neue, in Soundtrack Pro bearbeitete ersetzt.

Korrekturen in Soundtrack Pro

Am interessantesten an Soundtrack Pro ist sicher die Möglichkeit, Audiomaterial auf Fehler wie Übersteuerungen, Knackser oder Rauschen und Brummen hin zu untersuchen und automatisch reparieren zu lassen. Das geschieht nicht etwa mit Plugins, sondern vielmehr wird für jede notwendige Korrektur eine sogenannte Aktion vorgeschlagen. Man kann dann entscheiden, ob man alle Korrekturen vornehmen möchte oder individuell jede vorgeschlagene Änderung zunächst kontrollieren möchte, um Sie dann einzeln von Hand auszuführen. Alle durchgeführten Korrekturen werden als einzelne Aktion in einer Liste gespeichert und können jederzeit rückgängig gemacht werden.

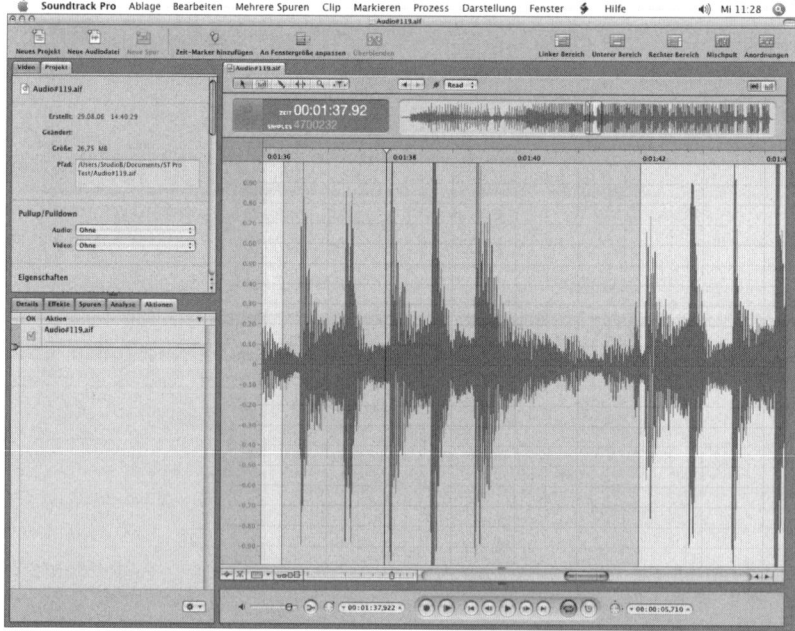

Soundtrack Pro in der Projektansicht.

Öffnen Sie zunächst aus Logic heraus die Datei, die Sie bearbeiten möchten in Soundtrack Pro. Die Audiodatei wird in der Projektansicht *Datei-Editor* geöffnet.

Links unten finden Sie das Feld *Analyse* mit der Möglichkeit, die Audiodatei auf folgende Fehler hin zu untersuchen:

Klicken/Knacken:
Entfernt kurze Störsignale, wie Sie zum Beispiel in alten Aufnahmen von Vinyl-Platten oder Tonbändern auftreten können. Klicken Sie auf das kleine Dreieck, um mittels eines Schiebereglers einen Schwellwert für die Erkennung von Klicks und Knacksern einzustellen.

Brummen:
Brummen entsteht meist durch Stromleitungen und liegt entweder bei 50 oder 60 Hertz. Kommt oft bei Tonaufnahmen am Filmset vor und sollte bei Studioaufnahmen eigentlich keine Rolle spielen.

DC-Versatz:
Bedeutet, dass der Nullpegel einer Audiodatei nicht zentriert ist, dadurch kann es zur Einschränkung des Dynamikbereichs kommen. Sollte auf jeden Fall immer entfernt werden, wenn vorhanden.

Phasen:
Kann, wie der Name schon vermuten lässt, Phasenprobleme beheben. Phasenprobleme machen sich oft durch einen Flanger-artigen Klang bemerkbar.

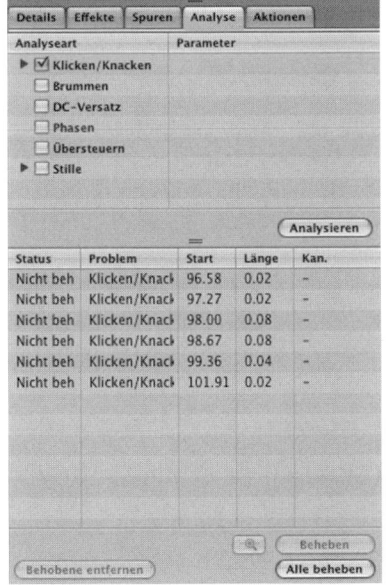

Übersteuern:
Kann helfen, Verzerrungen im Signal zu glätten und zu entschärfen. Versprechen Sie sich keine Wunderdinge, aber einzelne Signalspitzen, die übers Ziel hinausgeschossen sind, kriegt man damit gut in den Griff.

Stille:
Mit Stille können Sie Stellen in der Datei suchen lassen, an denen die Amplitude auf 0 fällt. Mit einem Schwellwert lässt sich dieser Wert auch erhöhen. Außerdem kann man die Länge eingeben, ab wann eine Stelle als Stille gilt.

Die von Soundtrack Pro gefundenen Fehler in einer Liste.

Machen Sie ein Häkchen bei den Kategorien, auf die Sie Ihre Aufnahmen hin untersuchen lassen wollen und klicken Sie auf *Analysieren*. Wie Sie aus dem Bild oben ersehen können, erzeugt Soundtrack Pro nach der Analyse eine Liste mit Vorschlägen zur Korrektur. Im nächsten Bild sehen Sie die Wellenform der Audiodatei, auch hier finden Sie die einzelnen gefundenen Fehler farblich markiert. Diese Markierungen entsprechen den Einträgen in der Liste links daneben.

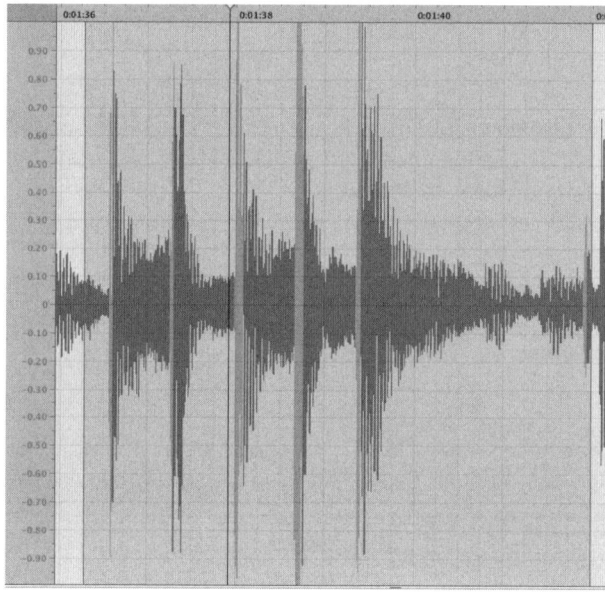

Die grafische Ansicht der gefundenen Artefakte.

Markieren Sie einen der Punkte in der Liste und hören Sie sich die Stellen an. Mit einem Klick auf *beheben* wird die Korrektur anschließend ausgeführt. Sie können aber auch mit *alle beheben* sämtliche Punkte auf einmal ausführen lassen. Jede Korrektur ergibt dann automatisch einen Punkt in der Liste der *Aktionen*. Diese finden Sie ebenfalls links unten im entsprechenden Reiter. Sie können einzelne Aktionen und damit jede einzelne Korrektur jederzeit rückgängig machen, indem Sie sie aus der Liste der Aktionen entfernen oder den entsprechenden Haken weg klicken. Außerdem lassen sich die Aktionen beliebig in der Reihenfolge verändern.

Wurden alle Korrekturen zu Ihrer Zufriedenheit durchgeführt, so fahren Sie wie weiter oben beschrieben fort, um die Änderungen in die Datei einzurechnen und sie wieder an Logic zu senden.

Natürlich können Sie Audiodateien in Soundtrack Pro auch mit Plugins bearbeiten. Die mitgelieferten Plugins entsprechen zum Großteil denjenigen, die auch in Logic enthalten sind. Dadurch werden Sie sich schnell zurechtfinden. Benutzen Sie Plugins in Soundtrack Pro vor allem dann, wenn Sie den jeweiligen Effekt dauerhaft in die Datei einrechnen möchten. Möchten Sie den Sound dagegen später noch einmal verändern, dann fügen Sie die Effekte lieber in Logic hinzu.

Externen Sample-Editor in Logic benutzen

Im vorangegangenen Kapitel ging es darum, Soundtrack Pro als externen Sample-Editor in Logic zu benutzen. Soundtrack Pro ist aber nur eine Möglichkeit, um einen externen Sample-Editor in Logic einzubinden.Sie können stattdessen auch jeden anderen Sample-Editor auf ihrem Rechner als externen Editor für Logic definieren.
Um ein anderes Programm als externen Sample-Editor zu definieren, gehen Sie wie folgt vor:

Gehen Sie in die *Einstellungen* von Logic, dort dann auf den Reiter *Audio* und weiter auf *Sample-Editor*.

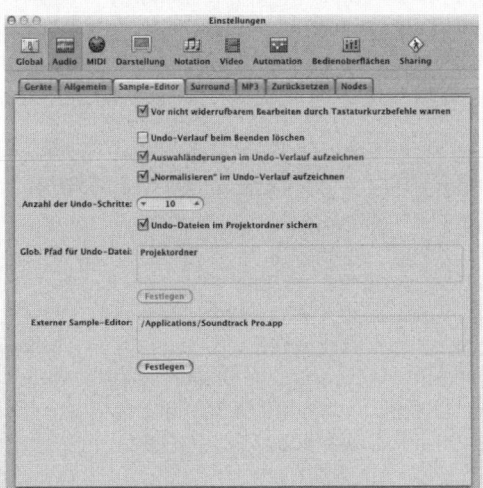

Wie Sie im Bild unten sehen können, gibt es hier einen Button Festlegen, drücken Sie darauf und navigieren Sie zu dem Editor, den Sie als externen Sample-Editor benutzen möchten.

Legen Sie hier ein Programm als externen Sample Editor fest.

Fortan werden alle Audiodateien, die über den Befehl *In externem Sample-Editor öffnen* aufgerufen werden, in diesem ausgewählten Editor statt in Soundtrack Pro geöffnet.

4.3.4. Comping: Die besten Takes zusammenschneiden

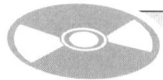 Zu diesem Thema gibt es auch einen Logic-Song auf der beiliegenden CD-ROM

 Zu folgendem Kapitel findet sich das Videotutorial 5 „Comping" auf der beiliegenden CD.

Oft wird man bei der Aufnahme von akustischen Instrumenten oder Gesang mehrere Takes von jeder Stelle aufnehmen. Dadurch hat man hinterher nach Abschluss der Aufnahmesession die Möglichkeit, in aller Ruhe aus all diesen Takes die jeweils besten Stellen auszusuchen und gegebenenfalls zu einem sogenannten Master-Take, der die besten Phrasen aus allen Takes enthält, zu kombinieren. Dieses Zusammenstellen zu einem Master-Take wird in Logic über das sogenannte **Comping** realisiert.

Wenn Sie in Logic Pro mehrere Takes hintereinander aufnehmen (am besten im Cycle-Modus), dann wird automatisch ein sogenannter Take-Ordner angelegt, der alle Aufnahmen enthält. Öffnet man diesen Ordner durch eine Doppelklick, sieht man die einzelnen Takes untereinander im Arrange-Fenster liegen. Der große Vorteil beim Arbeiten mit Take-Ordnern besteht darin, dass Sie zum Zusammenfügen der besten Ausschnitte aus den einzelnen Takes die Regionen weder schneiden noch stumm schalten müssen. Markieren Sie stattdessen einfach mit dem Mauszeiger die Stellen, die Sie benutzen möchten. Logic benutzt Ihre Auswahl für einen Master-Take und verbindet die einzelnen Parts automatisch mit Crossfades. Lesen Sie im Folgenden, wie Sie einen Comp erstellen. Nehmen Sie dazu am besten vorher selbst einen Take mehrfach auf oder öffnen Sie das entsprechende Projekt im Datenteil der CD-ROM.

Gehen Sie wie folgt vor, um **Comping** zu verwenden:

1. Wenn Sie an einer Stelle im Song auf die gleiche Spur mehrfach aufnehmen, dann legt Logic automatisch einen Take-Ordner an. Am besten nehmen Sie eine Stelle immer im Cycle-Modus auf, dann spielt Logic gewissermaßen im Kreis und Sie können sich auf ihre Performance konzentrieren.

2. Nach der Aufnahme sieht man von den einzelnen Takes zunächst einmal nichts, da der Take-Ordner geschlossen ist, wie man auch auf dem Bild unten erkennen kann.

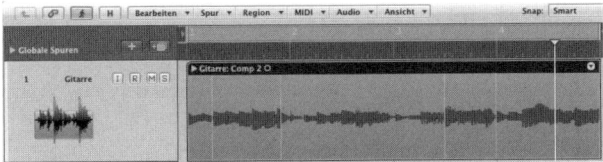

Hier sieht man den geschlossenen Take-Ordner.

3. Durch eine Doppelklick öffnet sich der Take-Ordner, die einzelnen Takes, sprich die einzelnen Aufnahmen, die sich darin befinden, liegen nun untereinander im Arrange-Fenster. Klicken Sie die einzelnen Takes an und hören Sie sie auf gelungene Momente hin durch. (Durch einen Klick werden die grau unterlegten Takes aktiviert und können gehört werden, dabei kann immer nur ein Take zur selben Zeit aktiviert sein.) Eventuell haben Sie sich ja auch bereits während der Aufnahmen schon Notizen gemacht und kennen bereits Ihre Favoriten.

So sieht der geöffnete Comp direkt nach der Aufnahme aus.

4. Um nun einen Master-Take aus den einzelnen Takes zu erstellen, markieren Sie ganz einfach diejenigen Parts der einzelnen Takes, die Sie benutzen möchten. Bewegen Sie dazu die Maus bei gedrückter Taste über den
jeweiligen Abschnitt. Wenn Sie auf diese Weise einen Abschnitt markiert
haben, wird er automatisch dem Master-Take in der obersten Spur zugeordnet. Sie werden erkennen, dass der von Ihnen ausgewählte Bereich
in keinem anderen Take mehr aktiv ist. Es kann also jeder Zeitabschnitt
innerhalb eines Take-Ordners immer nur von einem Take besetzt sein.

Die oberste Spur innerhalb des Take-Ordners stellt dabei immer eine Übersicht
des Master-Takes da. Das erkennen Sie auch an der Wellenform dieser Spur, die
sich natürlich aus den einzelnen Parts, aus denen sie besteht, zusammensetzt.

Möchten Sie die Länge eines Ausschnitts verändern, so gehen Sie einfach an
den Rand ihrer Auswahl, dort verändert sich der Mauszeiger zum Längenände-
rungs-Symbol und Sie können die Auswahl ganz einfach auf Kosten der anderen
markierten Regionen verlängern oder verkürzen.

Um den Comp zu hören, bilden Sie am besten einen Cycle über dem betreffenden Abschnitt und lassen Logic im Kreis laufen, während Sie Ihre Auswahl treffen und editieren.

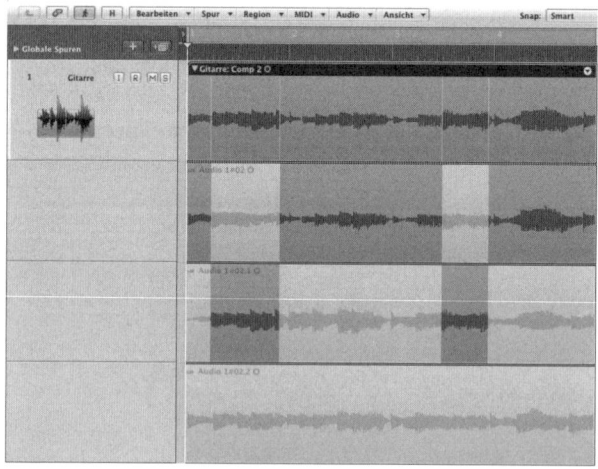

Der fertige Comp.

Wenn Sie sich noch nicht ganz sicher sind, ob Ihre Auswahl die richtige ist,
dann können Sie auch mehrere Comps erzeugen, um diese miteinander zu
vergleichen. Klicken Sie dazu auf den Pfeil rechts oben und dann auf den
Punkt *neues Comp erzeugen*.

Erstellen Sie nun einen neuen Comp mit ganz oder teilweise anderen Parts als dem ersten und vergleichen Sie beide miteinander, um zu entscheiden, welche Auswahl die bessere ist. Zum Wechseln zwischen Ihren Comps klicken Sie ebenfalls ins Take-Ordnermenü rechts oben und wählen dann den gewünschten Comp aus.

Hier erzeugen Sie weitere Comps.

Damit die Übergänge zwischen den einzelnen Parts unhörbar bleiben, verbindet Logic die von Ihnen ausgewählten Parts automatisch per Crossfades (siehe Bild unten). Wenn Sie noch deutliche Übergänge hören, können Sie hier etwas mit der Länge der Fades experimentieren.Sie finden diese Fenster unter *Einstellungen / Audio / Allgemein*.

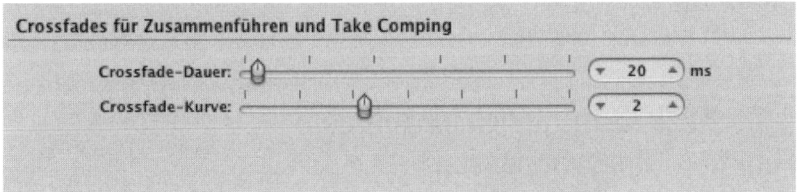

Hier wird die Länge der automatisch generierten Crossfades eingestellt.

Sie werden bestimmt schon gemerkt haben, dass Sie innerhalb des Take-Ordners bestimmte Aktionen nicht durchführen können, so haben beispielsweise die einzelnen Werkzeuge (Schere, Klebetube, Mute- und Solo-Werkzeug) hier keine Funktion. Auch können Sie einzelne Parts nicht auf der Zeitachse verschieben, um etwa Timingkorrekturen vorzunehmen. Außerdem ist es nicht möglich, Fades am Anfang und Ende des Comps zu erzeugen. Um all diese Aktionen wieder durchführen zu können, müssen Sie den Take-Ordner zunächst auf eine einzelne Spur reduzieren und damit ihren Master-Take zu einer normalen Audioregion umwandeln. Dazu gibt es zwei Optionen im Take-Ordnermenü:

Reduzieren:
Wenn Sie den Befehl *Reduzieren* wählen, bildet Logic eine Region mit den Parts, aus denen Sie zuvor einen Comp gebildet haben. Hier sind aber noch die einzelnen Regionen, verbunden durch Crossfades, sichtbar.

Reduzieren und Zusammenführen:
Durch den Befehl *Reduzieren und Zusammenführen* hingegen werden die einzelnen Regionen mitsamt den Crossfades in eine neue Audiodatei gerendert.

Die beiden Möglichkeiten um einen Com zu reduzieren.

Im Bild sieht man links das Ergebnis des Befehls *Reduzieren* und rechts das Ergebnis des Befehls *Reduzieren und Zusammenführen*.

Danach können Sie auf diese fertigen Takes wieder wie gewohnt alle Operationen anwenden. Stellen Sie also nach einer Aufnahme zuerst Ihre Master-Takes zusammen und kümmern Sie sich dann anschließend um die Korrektur von Timing und Intonation.

4.3.5. Klick nachträglich hinzufügen: Funktion „Beats anpassen"

 Zu folgendem Kapitel findet sich das Videotutorial 6 „Beat anpassen" auf der beiliegenden CD.

In diesem Kapitel wird es darum gehen, das Tempo von Logic an bereits vorhandene Aufnahmen anzupassen. Dabei ist es egal, ob diese bestehenden Aufnahmen mit einem Klick oder ohne aufgenommen wurden.

Es sind mehrere Szenarien für solch ein Vorgehen denkbar. Etwa, wenn man einen Song mischen soll, der nicht mit Logic aufgenommen wurde. In dem Fall wird man wohl nur einzelne Audiofiles bekommen und nicht zwingend wissen, in welchem Tempo der Song steht. Das wiederum kann wichtig sein, wenn man mit temposynchronen Effekten (Delay, Hall oder Modulationseffekte wie Tremolo) arbeiten möchte. Ein anderes Beispiel wäre, wenn man „frei", das heißt ohne Klick eingespielte Aufnahmen bekommt und zu diesen Aufnahmen noch weiter Aufnahmen hinzufügen möchte.

Durch diese Methode wird nicht das Audiomaterial selbst verändert, sondern Logic passt sich in seinem Tempo dem Audiomaterial an. Dazu wird zunächst das Audiosignal analysiert. Logic sucht bei der Analyse nach Transienten, die wiederum sehr oft an rhythmisch betonten Stellen zu finden sind (etwa der Eins in einem Takt). Indem man nun diesen gefundenen Transienten Zählzeiten zuweist, erzeugt man nach und nach eine Tempoliste, die dem Tempo der Audiodatei folgt.

Gehen Sie wie folgt vor, um Logic dem Tempo einer Audioregion anzupassen:

1. Öffnen Sie die Globale Spur Beat-Zuweisung und selektieren Sie ein Audiofile aus dem Arrange-Fenster, welches als Referenz dienen soll. Wenn Sie mehrere Spuren zur Verfügung haben, zum Beispiel wenn eine komplette Bandaufnahme vorliegt, dann suchen Sie sich eine Spur mit möglichst starken rhythmischen Betonungen. Gut geeignet dafür sind natürlich Schlagzeugspuren wie Bassdrum oder auch die Snare, die ja beide oft auf den wichtigsten Zählzeiten spielen.

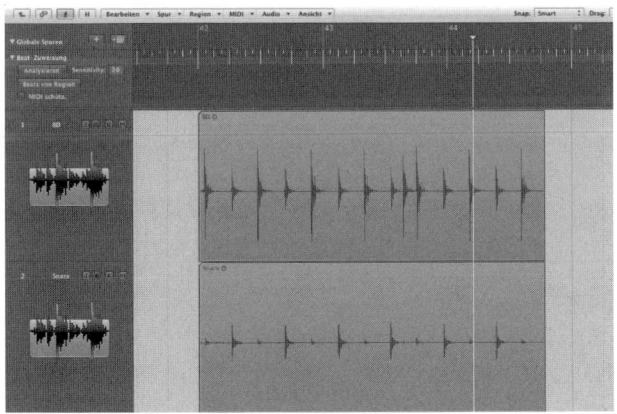

Die Spuren vor der Zuweisung.

Im Bild oben erkennt man gut, dass die Taktangaben von Logic wenig mit dem Tempo der Aufnahme zu tun haben. Man kann anhand der Wellenform der Aufnahmen aber wiederum schon gut erkennen, wo diese Zählzeiten liegen.

2. Klicken Sie auf den Button *Analysieren* links oben, wo die Parameter für die Globale Spur *Beat-Zuweisung* zu finden sind. Logic scannt daraufhin eine oder mehrere vorher selektierte Audioregionen auf Transienten und zeigt diese in der Globalen Spur an. Wenn Ihnen die Analyse zu wenige Ergebnisse liefert, erhöhen Sie den Wert für *Sensitivity*, darüber wird festgelegt, wie sensibel Logic das Material untersucht.

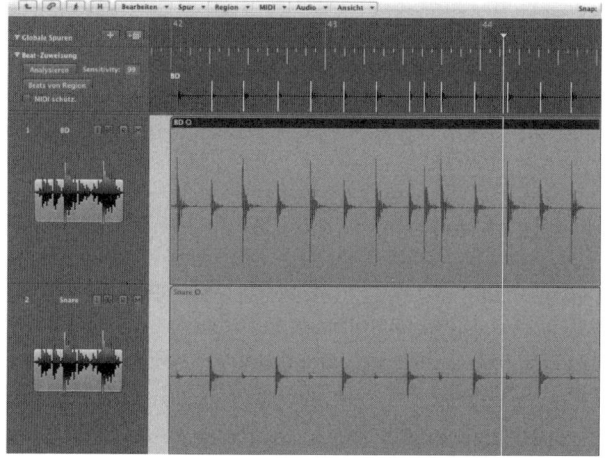

Das analysierte Audiosignal.

Im obigen Bild kann man sehr gut erkennen, welche Transienten Logic in der Audioregion (hier eine Bassdrumspur) gefunden hat.

3. Mit der Maus können Sie nun in der Globalen Spur ganz einfach die einzelnen Zählzeiten in Logic`s Taktlineal anfassen und auf die gefundenen Zählzeiten (bzw. Transienten) der Audioregion ziehen. Nach dem Loslassen wird sofort das Tempo in Logic geändert. Je

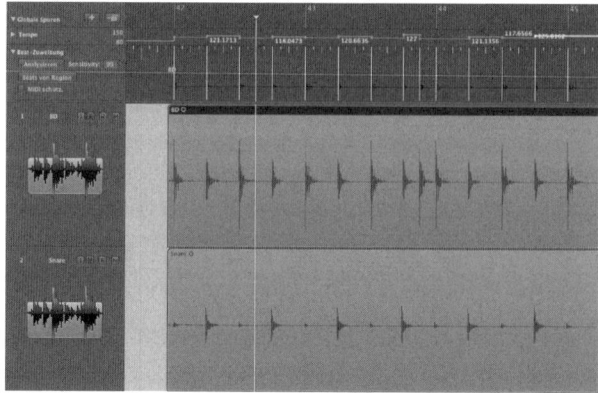

Logic folgt nun dem Tempo der Aufnahme.

mehr Punkte Sie miteinander verbinden, desto genauer wird das Ergebnis. Meist reicht es aber aus, die wichtigsten Zählzeiten (1, 2, 3, und 4) zu definieren.

Wenn Sie nun noch, wie im Bild oben zu sehen, die Globale Tempospur mit einblenden, können Sie sehen, wie Logic dem leicht schwankenden Tempo der Aufnahmen folgt. Schalten Sie den Klick ein und hören Sie, wie dieser nun perfekt zur Aufnahme passt.

Nun können Sie weitere Spuren aufnehmen und haben dafür eine einwandfreie Zeitreferenz.

Übrigens, das Ganze funktioniert auch mit MIDI-Regionen. Allerdings müssen Sie MIDI-Regionen nicht erst analysieren, sondern können sofort den einzelnen MIDI-Noten innerhalb der MIDI-Region Zählzeiten zuweisen.

4.3.6. Drums triggern mit Samples: Audio to MIDI

Wenn Sie mit dem Klang Ihrer Drumaufnahmen nicht zufrieden sind, bietet Logic die Möglichkeit, die einzelnen Drumsounds durch Samples zu ersetzen. Sie können diese Funktion aber auch nutzen, um ihre Aufnahmen um zusätzliche Sounds zu erweitern und etwa die aufgenommene Bassdrum durch eine zusätzliche elektronische Bassdrum zu doppeln und zu ergänzen. Gerade, wenn das Ergebnis möglichst „fett" und „groß" klingen soll, bieten sich solche Tricks an.

In Logic wird dies mithilfe der Funktion *Audio zu Noten* im Sample-Editor gelöst, welche aus einer Audiodatei eine MIDI-Region generiert, die der Audiodatei entspricht. Damit wiederum kann man dann einen Sampler ansteuern.

Gehen Sie wie folgt vor, um eine Bassdrum mit Samples zu triggern:

1. Wählen Sie zunächst die Spur beziehungsweise die Audioregion, die Sie mit einem neuen Sound „triggern" möchten, im Arrange-Fenster aus und öffnen Sie sie im Sample-Editor.

2. Legen Sie im Arrange-Fenster ebenfalls ein neues Audio-Instrument an und laden Sie eine Instanz des **EXS24** mit einem Drum-Kit ihrer Wahl.

3. Öffnen Sie im Sample-Editor im Menü *Factory* das Fenster *MIDI zu Noten*. (Lassen Sie sich nicht dadurch verwirren, dass das Fenster im geöffneten Zustand dann *Audio to MIDI* heißt.) In diesem Fenster stellen Sie die Parameter für die MIDI-Region ein, die Logic aus der Audiodatei errechnet und mit der Sie dann den EXS24 triggern.

4. Stellen Sie nun die Parameter so ein, dass Sie ein möglichst akkurates Ergebnis bekommen. Dabei werden Sie oft ein wenig probieren müssen, um herauszufinden, welche Einstellungen am besten funktionieren. Unter *Voreinstellung* bietet Logic aber bereits einige Presets für verschiedene Instrumente und Tempi an. Wählen Sie hier das, welches ihrem Material am ehesten entspricht und optimieren Sie davon ausgehend die anderen Parameter.

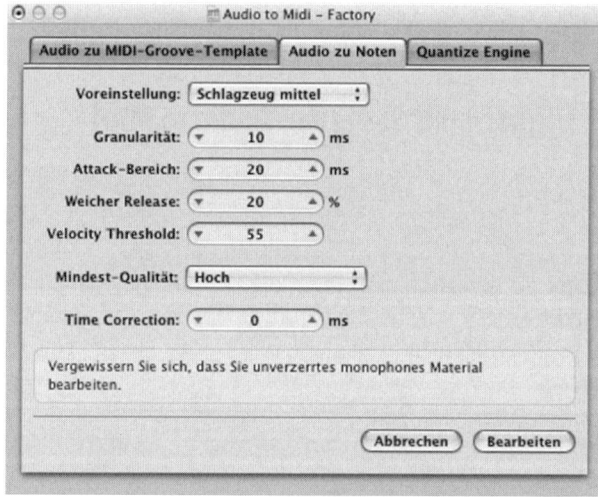

Hier stellt man die Parameter für die Berechnung ein.

Im vorliegenden Beispiel etwa geht es hauptsächlich darum, den richtigen Wert für den *Velocity Threshold* herauszufinden. Jenen Wert also, der festlegt, ob ein Ereignis innerhalb einer Spur als solches erkannt wird und in einer Note resultiert oder aber, wenn der Pegel darunter liegt, einfach ignoriert wird. Auf das Beispiel mit der Bassdrumspur bezogen bedeutet das: Die lauten Bassdrumschläge werden als Noten erkannt, die leiseren Snareschläge, die als Übersprecher ja auch auf der Spur zu hören sind, werden ignoriert. Sie können das Ergebnis auch schon vor der Berechnung sehen. Unterhalb der Wellenform im Sample-Editor gibt es eine Anzeige *Ergebnis*, in welcher das Ergebnis der Berechnung, angezeigt mit einem Strich für jede erkannte Note, dargestellt wird.

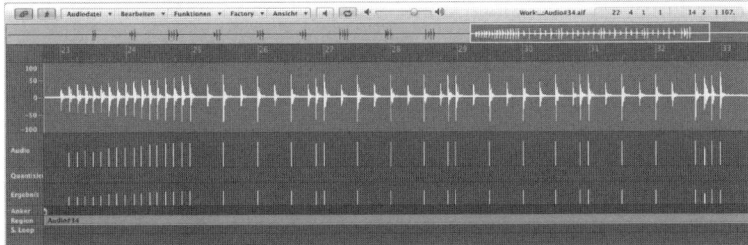

Unterhalb der Wellenform kann man das Ergebnis schon vorher sehen.

Gerade beim Analysieren von rhythmischem Material ist diese Anzeige sehr hilfreich und im Gegensatz zu melodischem Ausgangsmaterial auch aussagekräftig. Es geht hier ja nur um die rhythmische Korrektheit, nicht um die Tonhöhe.

Justieren Sie also Velocity Threshold so lange, bis lediglich noch die Bassdrumschläge, nicht aber mehr die Snareschläge angezeigt werden. Klicken Sie dann auf Bearbeiten.

5. Logic erzeugt nun eine MIDI-Region mit dem Ergebnis der Berechnung. Diese wird auf die Spur gelegt, die Sie zuvor im Arrange ausgewählt haben (achten Sie also darauf, vor der Berechnung ihre Audio-Instrumentspur mit dem **EXS24** anzuwählen).

Geöffnet wird die Region zunächst im Notations-Editor, was aber für diesen Zweck eher ungeeignet ist. Schließen Sie daher den Notations-Editor und öffnen Sie die Region stattdessen im Pianorollen-Editor.

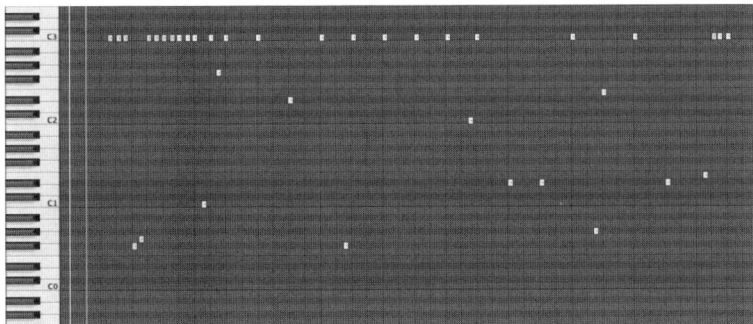

Rhythmisch richtig, aber die Tonhöhe stimmt noch nicht.

Wie Sie sehen können, hat Logic zwar offensichtlich rhythmisch alles richtig erkannt, leider aber die einzelnen Noten auf verschiedene Tonhöhen verteilt. Die Bassdrumschläge sollten aber natürlich alle auf der gleichen Tonhöhe liegen (üblicherweise dem C1 bei GM-Belegung des Schlagzeug-Kits).

Um das zu korrigieren, öffnen Sie im Pianorollen-Editor unter *Funktionen* das *Transform*-Fenster mit der Funktion *Transposition*.

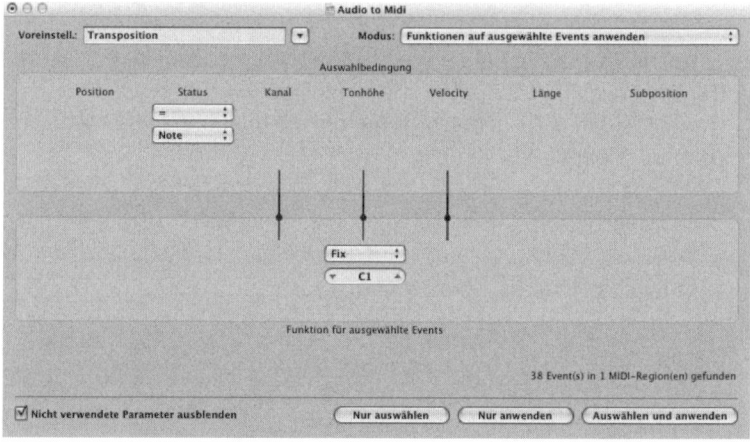

Hier werden die falschen Tonhöhen korrigiert.

Stellen Sie sicher, dass alle Noten der Region vorher selektiert wurden (etwa mit der Tastenkombination *Apfel + A*). In der Mitte des *Transform*-Fensters ändern Sie den Parameter *Add* auf *Fix* und tippen im Feld darunter die gewünschte Tonhöhe ein (in diesem Fall wie gesagt das C1). Bestätigen Sie das Ganze mit *Nur Anwenden*. Alle zuvor selektierten MIDI-Noten werden durch diese Aktion auf das C1 verschoben und triggern damit die Bassdrum.

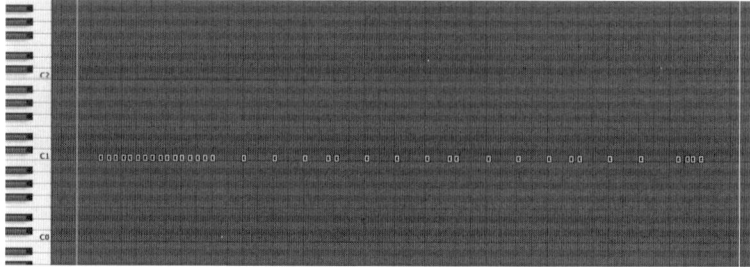

Nun stimmt die Zuordnung der Tonhöhe.

Was man mit dem *Transform*-Fenster außerdem noch alles anfangen kann, wird im *Kapitel 4.4.2 MIDI-Aufnahmen editieren* erklärt.

6. Schließen Sie das *Transform*-Fenster und überprüfen Sie das Ergebnis, indem Sie die erzeugte MIDI-Region und die Originalspur gemeinsam abhören. Wenn Sie mit dem Ergebnis noch nicht zufrieden sind, gehen Sie noch einmal zurück und korrigieren Sie die Einstellungen im Fenster *Audio zu Noten* solange, bis das Ergebnis ihren Vorstellungen entspricht.

Natürlich kann man *Audio zu Noten* auch auf ganze Melodien anwenden. Diese sollten allerdings mono sein und die einzelnen Noten müssen klar definiert gespielt sein. Mit gebundenen Legato-Melodien werden Sie vermutlich keine zufriedenstellenden Ergebnisse erzielen. Auch werden Sie nicht darum herum kommen, die MIDI-Noten noch nachträglich im Editor zu bearbeiten.

4.3.7. Doppeln mit nur einem Take

Das Doppeln von Instrumentenspuren, um einen größeren und fetteren Sound zu erreichen, gehört schon immer zum Handwerk eines Toningenieurs. Gerade bei verzerrten Rhythmusgitarren bietet sich diese Methode an, um einen großen „Wall of Sound" zu erreichen.

Was aber tun, wenn man nur eine Gitarrenspur aufgenommen hat? Würde man diese Aufnahme einfach auf eine benachbarte Spur kopieren, hätte man zweimal die gleiche Aufnahme. Das Interessante an Dopplungen ist aber, dass sich die Aufnahmen minimal unterscheiden und dadurch das Ergebnis groß und breit klingt.

Man kann sich aber bei nur einer vorhandenen Aufnahme mit einem kleinen Trick helfen. Wenn das gleiche Riff zum Beispiel zweimal hintereinander gespielt wird, dann schneiden Sie es in in der Mitte durch und doppeln dann den ersten mit dem zweiten Durchgang und den zweiten mit dem ersten. Erzeugen Sie dafür eine neue Spur und legen Sie darauf die Kopien der Riffs in umgekehrter Reihenfolge ab.

Versuchen Sie nun, die Gitarren etwas verschieden klingen zu lassen und pannen Sie die beiden Spuren im Panorama nach rechts und links. Wenn die Gitarrenaufnahme mit dem **Guitar Amp Pro** realisiert wurde, dann versuchen Sie einmal, beide Gitarren mit verschiedenen (virtuellen) Amps zu versehen. Nehmen Sie verschieden Boxen oder Mikrofone, um unterschiedliche Sounds zu generieren, die zusammen einen großen Gitarrensound ergeben.

Achten Sie dabei darauf, die einzelnen Sounds nicht zu stark zu verzerren. Der Trick liegt darin, mit mehreren leicht verzerrten Amps einen großen Sound zu kreieren. Sind die einzelnen Gitarren bereits zu stark verzerrt, entsteht schnell ein undefinierter Soundbrei ohne jegliche Definition und Druck.

4.4. MIDI aufnehmen und editieren

Im Gegensatz zur Aufnahme von akustischen Instrumenten ist der Aufwand beim Aufnehmen von MIDI-Regionen sehr überschaubar. Außer einem MIDI-Keyboard und einem MIDI-Interface braucht man eigentlich keine weiteren Gerätschaften.

Dazu kommt, dass man nach der Aufnahme wesentlich mehr Möglichkeiten hat, diese zu editieren und zu optimieren und dabei viel tiefer in rhythmische und melodische Zusammenhänge eingreifen kann, als das bei Audiomaterial je der Fall sein wird. Wechsel in andere Tonarten oder eine drastische Änderung des Tempos sind hier überhaupt gar kein Problem. Bedenkt man dann noch die gesteigerte Qualität von virtuellen Synthesizern und akustischen Sample-Libraries, dann sollte toll klingenden Produktionen auf MIDI-Basis nichts mehr im Wege stehen.

Aber oft werden MIDI-Aufnahmen als steril, leblos und schlicht als zu perfekt empfunden. Man wünscht sich oft das unperfekte Timing eines Schlagzeugers oder die leicht schwankende Intonation eines Musikers aus Fleisch und Blut zurück, die eben oft den Charme und den Charakter einer Aufnahme ausmachen.

Im folgenden Kapitel soll es deshalb unter anderem auch darum gehen, wie man exakten und perfekten MIDI-Spuren wieder etwas Lebendigkeit einhaucht und sie zum Grooven bringt - etwa durch Funktionen wie Humanize oder durch die Verwendung von Groove-Vorlagen aus echten, gespielten Audioaufnahmen.

Darüber hinaus werden die Instrumente von Logic Studio vorgestellt nebst Tipps und Tricks zur Anwendung. Sie werden erfahren, wie Sie Presets an ihre Bedürfnisse anpassen und in welchem der vielen Editoren Sie Ihre MIDI-Regionen am besten bearbeiten.

Um MIDI-Regionen aufzunehmen, müssen Sie ihr MIDI-Keyboard über ein MIDI-Kabel mit Ihrem MIDI-Interface verbunden haben. Viele MIDI-Keyboards haben auch schon ein eingebautes MIDI-Interface, welches dann häufig über USB angeschlossen wird.

Logic Pro kann mit allen MIDI-Interfaces, welche dem CoreMIDI-Standard entsprechen, zusammenarbeiten, für viele Interfaces benötigt man dazu nicht einmal einen Treiber - sie werden automatisch vom Betriebssystem erkannt und stehen dann in Logic zur Verfügung.

Wie in Kapitel 3.2. *Was sind CoreAudio und CoreMidi?* bereits angesprochen, werden alle verfügbaren MIDI-Interfaces auch im Dienstprogramm Audio-MIDI-Konfiguration aufgelistet. Schauen Sie also zunächst dort nach, wenn Ihr Interface nicht in Logic auftaucht.

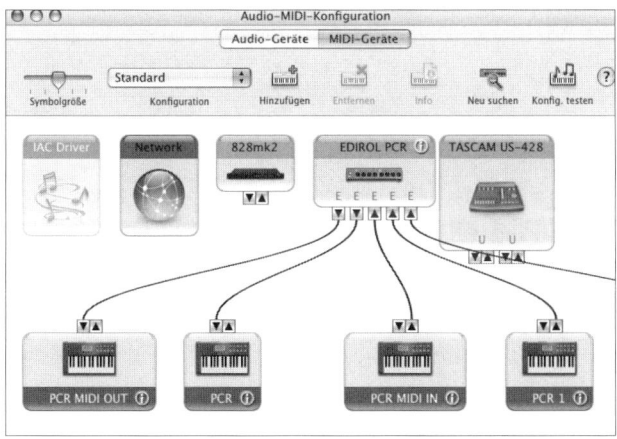

Übersicht aller im System vorhandenen MIDI-Interfaces.

Im Bild oben sehen Sie alle im System verfügbaren MIDI-Interfaces. Taucht Ihr Interface hier nicht auf, kann es auch nicht in Logic benutzt werden. Eventuell ist es noch nicht ordnungsgemäß installiert.

Wenn alles ordnungsgemäß installiert und verkabelt ist, müssen Sie im Arrange-Fenster nur noch die Spur auswählen, auf der Sie aufnehmen möchten. Wenn Sie nun auf ihrem MIDI-Keyboard spielen und vorher im Kanal ein Instrument geladen haben, müssten Sie schon etwas hören können.

Eine eventuell hörbare Verzögerung ist durch die Latenz Ihres Systems bedingt (siehe dazu auch Kapitel 3.3. Arbeiten mit Latenzen: Strategien zum Umgang mit und Minimieren von Latenzen).

Ein Klick auf den Record-Button lässt die Aufnahme starten. Mit der Stop-Taste beenden Sie diese wieder. Sie sehen nun ihre aufgenommene Region im Arrange-Fenster und können diese mit den verschiedenen Editoren betrachten und bearbeiten.

4.4.1. Die Editoren

Logic Pro bietet insgesamt vier verschiedene Editoren zur Bearbeitung von MIDI-Regionen (Pianorollen-, Notations-, Hyper-, und Event-Editor). Jeder davon hat unterschiedliche Konzepte und Ansätze zur Darstellung und Bearbeitung. Man kann entweder alle Bearbeitungen ausschließlich in einem Editor vornehmen oder die Stärken und Vorzüge der einzelnen Editoren kombinieren. Viele Funktionen sind in allen Editoren vorhanden, während andere exklusiv auf bestimmte beschränkt sind. Um die Unterschiede und die Gemeinsamkeiten der verschiedenen Editoren besser zu verstehen, findet man im Folgenden die jeweils gleiche MIDI-Region in den verschiedenen Editoren dargestellt.

Geöffnet werden die einzelnen Editoren entweder über die entsprechenden Buttons unterhalb des Arrange-Fensters (Pianorollen-, Notations- und Hyper-Editor) oder über die Listenansicht im rechten Teil des Bildschirms (zunächst den Button *Listen* und dann weiter auf den Reiter *Event*). Alternativ dazu stehen natürlich auch Tastaturkurzbefehle bereits und es gibt die Möglichkeit, Editoren über das Menü *Fenster* zu öffnen. Eine Region in einem Editor in einem extra Fenster zu öffnen, funktioniert über einen Doppelklick bei gedrückter *alt*-Taste. Welcher

Editor standardmäßig bei normalem Doppelklick geöffnet wird, legen Sie über die *Einstellungen* im Bereich *Global / Bearbeiten* fest.

Legen Sie hier fest welcher Editor sich standardmäßig per Doppelklick öffnet.

Testen Sie die unterschiedlichen Editoren und legen Sie dann hier Ihren Favoriten fest.

Pianorollen-Editor

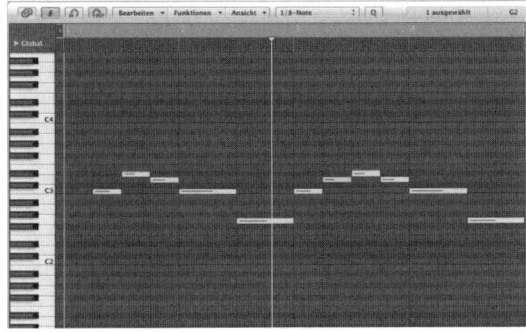

Die Beispielsequenz im Pianorollen-Editor.

Im Pianorollen-Editor (früher Matrix-Editor) werden MIDI-Regionen und die darin befindlichen Noten zeitlich von links nach rechts angeordnet dargestellt, hohe Töne befinden sich oben und tiefe unten. Linker Hand findet sich zudem die Darstellung einer Pianotastatur. Durch diese grafische und bildhafte Darstellung eignet sich der Pianorollen-Editor vor allem zur Bearbeitung von Tonhöhe und Länge. Die „Velocity", also die Lautstärke der einzelnen Noten, wird über eine farbliche Abstufung dargestellt (Hellblau über Grün und Gelb bis hin zu tiefem Rot entsprechen den Velocity-Werten 1 - 127). Diese Darstellung erfordert etwas Übung zur genauen Interpretation. Hat man die Zuordnung von Farben zu Lautstärken aber erst einmal verstanden, dann ist der Pianorollen-Editor mit Sicherheit der kompletteste von allen Logic-Editoren. Selbst Spezialaufgaben wie die Editierung von Controller-Werten, sonst eine Spezialität des Hyper-Editors,

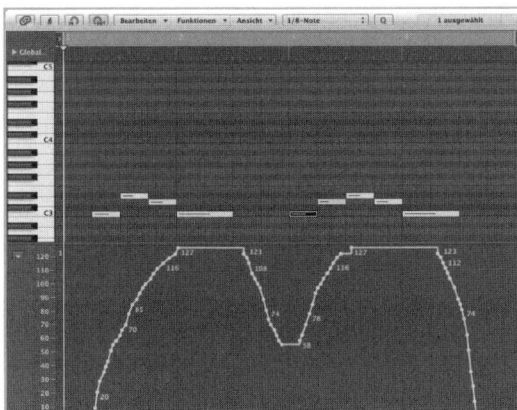

kann man hier erledigen. Dazu muss man lediglich im Menü *Ansicht* die Funktion *Hyper Draw* aktivieren (siehe Bild unten). Nun kann man Controller-Verläufe, wie hier zum Beispiel vom Modulations-Rad, ähnlich bequem editieren wie eine Automationskurve.

Hyper Draw Ansicht im Pianorollen-Editor.

Notations-Editor

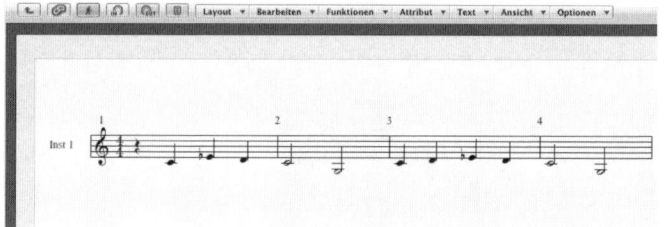

Die Beispiel-
sequenz im
Notations-
Editor.

Im Notations-Editor hingegen werden Noten mithilfe der Notenschrift in einem Notenzeilensystem dargestellt. Er eignet sich deshalb vorrangig für diejenigen, die das Arbeiten mit Notenpapier und Stift oder aber die Arbeit mit
einem reinen Notationsprogramm gewöhnt sind und weiterhin ein Notenzeilensystem als Grundlage fürs Komponieren bevorzugen.

Außerdem ist der Notations-Editor sehr hilfreich, um Noten für Musiker zu erstellen. Dabei kann man die Noten zunächst im Pianorollen-Editor aufzeichnen und editieren und sie dann im Notations-Editor für den Ausdruck vorbereiten.

Zum Beispiel kann man hier spezifisch für jedes Instrument den Noten-
schlüssel anpassen. Logic transponiert dabei sogar eigenständig die Noten,
je nachdem welchen Notenschlüssel man anwendet. Auch hierzu ein kleines
Beispiel beim Wechsel vom Violinschlüssel zum Bassschlüssel: Zunächst die
MIDI-Region eines Basslaufes, wie sie nach dem Einspielen im Notations-
Editor erscheint:

Der Basslauf im
Violinschlüssel.

Nach dem man der Region einen Bassschlüssel vergeben hat, erscheinen alle Noten um eine kleine Terz nach unten verschoben (zum Wechseln des No-
tenschlüssels muss man einfach auf den vorhandenen Notenschlüssel doppelklicken, dann öffnet sich ein kleines Fenster, in dem man den gewünschten Schlüssel auswählen kann). Das klingende Ergebnis bleibt aber natürlich
gleich. Es wird lediglich die Tatsache berücksichtigt, dass im Bassschlüssel
alle Noten um eine kleine Terz höher erklingen, als sie notiert sind. Auch im
Pianorollen-Editor hat sich nichts geändert, lediglich die Darstellung im Notations-Editor wurde angepasst.

Um die Notendarstellung und den Notenschlüssel ans jeweilige Instrument anzupassen, findet man links oben in der Parameterbox bereits Vorlagen für die meisten Instrumente.

Der Basslauf im
Bassschlüssel.

Vorlagen für die meisten Instrumente finden sich in diesem Pop-up-Menü.

Außerdem kann man im Notations-Editor die anderen gängigen Attribute wie Dynamik (piano bis forte), Haltebögen, Crescendi und Decrescendi eintragen, die man aus der klassischen Musiklehre kennt.

Interessant zum Erstellen von Leadsheets für Musiker ist auch die Möglichkeit, die Akkorde aus der globalen Spur *Akkord* einzubinden. Dazu wird mithilfe der *Akkord*-Spur zunächst einmal eine beliebige MIDI-Region analysiert und daraus die Akkorde abgeleitet und im Arrange-Fenster dargestellt. Diese Akkorde wiederum kann man im Notations-Editor oberhalb des Notensystems einfügen.

Die ein-
gefügten
Akkorde.

Im Bild oben sieht man wiederum die kurze Bassmelodie. Die Akkorde und damit die harmonische Grundlage des Stückes wurden zusätzlich ins Notenbild eingetragen und helfen somit, einen besseren Überblick über das Stück zu bekommen. Die Akkorde fügt man über den Befehl *Akkorde von globaler Akkordspur einfügen* im Menü *Funktionen* ein.

Hyper-Editor

Der Hyper-Editor eignet sich hervorragend zum Erstellen und Editieren von MIDI-Controllerdaten und zum Einstellen der Velocity einzelner Noten. Außerdem kann man ihn gut zum Programmieren von Schlagzeug-Patterns benutzen.

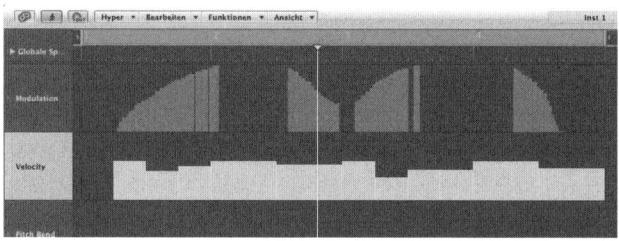

Die Beispielsequenz im Hyper-Editor.

Im Bild oben sieht man zum Beispiel in der oberen Reihe *Modulation* die mit dem Modulation-Wheel eines MIDI-Keyboards aufgezeichnete Modulation eines Sounds. In der zweiten Reihe *Velocity* dagegen kann man die Velocity, also die Lautstärke der einzelnen MIDI-Noten ablesen und selbstverständlich nach Wunsch abändern. Zum Editieren und Anlegen von Drum-Grooves schaltet man den Hyper-Editor in den GM-Drum-Modus.

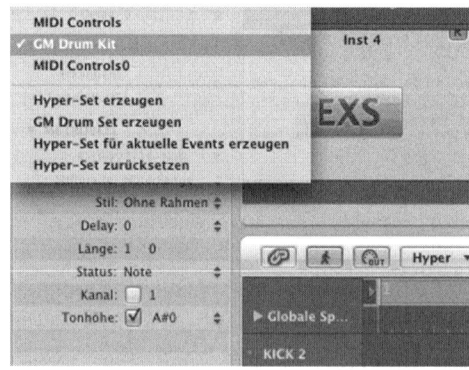

Hier wechselt man die Ansicht innerhalb des Hyper-Editors.

Im GM-Drum-Modus entspricht dann je eine Linie im Hyper-Editor einem Sound auf dem Schlagzeug. Noten werden erzeugt, indem man mit dem Stift auf die entsprechende Position klickt. Die Höhe der einzelnen Events spiegelt ihre Velocity wieder. Je höher ein Balken, desto höher seine Velocity und damit seine Lautstärke. Diese Darstellung ist gegenüber der farblichen Abstufung im Pianorollen-Editor natürlich wesentlich intuitiver zu verstehen.

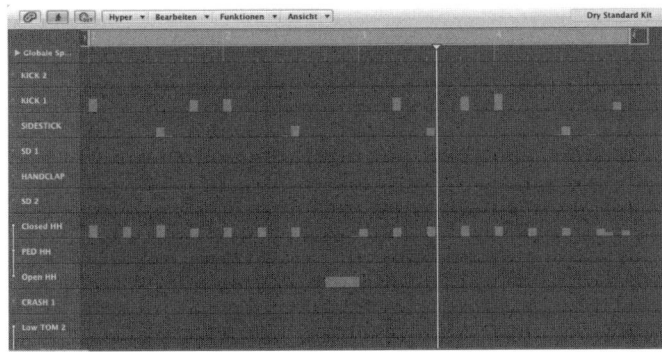

**Der GM-
Modus des
Hyper-
Editors.**

Speziell fürs Drum-Programming bietet der Hyper-Editor noch eine weitere Spezialität. Wie auf dem Bild oben zu erkennen, sind die drei Spalten für die drei unterschiedlichen Hihat-Sounds (closed, pedal und open) durch eine Linie (ganz links im Bild zu sehen) miteinander verbunden. Diese Linie aktiviert für die drei Sounds den sogenannten Hihat-Modus. Dieser bewirkt, dass jeweils nur einer der drei Sounds erklingen kann, niemals aber zwei davon gleichzeitig. Ganz so wie bei einer richtigen Hihat eben. Der Modus ist übrigens standardmäßig auch für die Toms aktiviert.

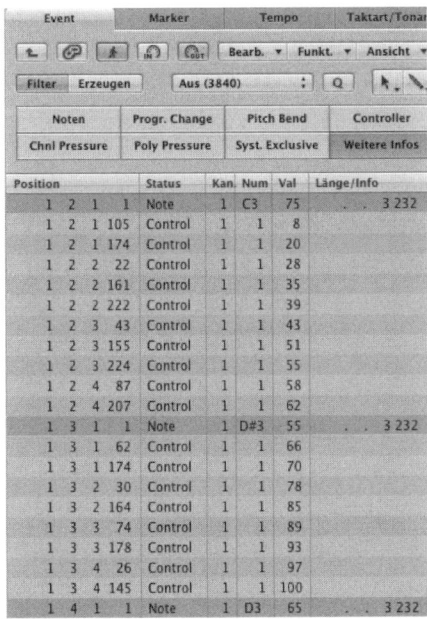

Dieser kleine Kniff hilft sehr beim Programmieren realistischer Drum-Parts, da man automatisch daran gehindert wird, Patterns zu erstellen, die von einem echten Drummer gar nicht gespielt werden können. (Mehr zum Thema „Drums programmieren" gibt es in Kapitel 4.4.4. *Drums programmieren*.)

Event-Editor

Der Event-Editor ist rein optisch sicherlich der abstrakteste Editor in Logic Pro. Im Gegensatz zum grafischen Ansatz der anderen Editoren werden hier alle MIDI-Events etwas kryptisch in einer Liste dargestellt.

Die Beispielsequenz im Event-Editor.

Man wird den Event-Editor daher sicherlich nicht zum Einspielen und Editieren musikalischer Phrasen benutzen. Trotzdem kann er in vielen Situationen ein sehr hilfreiches Werkzeug sein. Nachfolgend zwei Beispiele:

MIDI-Kanalwahl:
In Kapitel 4.3.1. *EXS24, Der Sampler* wird erklärt, wie man mehrere Instanzen des **EXS24** mit jeweils unterschiedlichen Spielweisen ein- und desselben Instruments mithilfe des Kanaltrenners zu einem Instrument verbindet. Dieser Zusammenschluss wird dann wiederum von einer einzelnen MIDI-Region angesteuert. Möchte man nun innerhalb dieser Region zwischen den einzelnen Spielweisen umschalten, so geschieht dies über die Wahl des MIDI-Kanals. Jeder MIDI-Kanal verbindet den Kanaltrenner mit einer anderen **EXS24**-Instanz und damit mit einer anderen Spielweise. Dieses Umschalten kann man bequem in der Listenansicht des Event-Editors vornehmen. Am besten öffnet man in diesem Fall sogar Pianorollen- und Event-Editor parallel. Während man im ersten Notenlänge und Velocity einstellt, schaltet man in letzterem zwischen den einzelnen MIDI-Kanälen und damit zwischen den Spielweisen um.

SMPTE-genaue Position:
Unter dem Menü *Ansicht* kann man sich die Position der einzelnen Events als SMPTE-Timecode anzeigen lassen *(Event-Position und -Länge in SMPTE)*. Da der Event-Editor auch die Position von Audioregionen listet, eignet sich dieses Feature, wenn man Timecode-bezogen arbeitet, etwa beim Vertonen von Filmen, wo einzelne Events auf einer ganz bestimmten Timecode-Position liegen müssen.

Tastaturkommando *Als Aufnahme behalten*

Kennen Sie das? Sie jammen bei laufendem Sequenzer zu einem Stück um die richtige Melodie oder den richtigen Groove zu finden. Und plötzlich ist eine Idee da! Genau so soll es klingen! Schnell stoppen Sie Logic und starten die Aufnahme, der Klick zählt ein und ... die Idee ist weg. Sie kommen nicht mehr in den Groove rein, die Magie des Augenblicks ist verloren. Wäre es nicht großartig, wenn Sie irgendwie doch noch an diese Ideen rankommen würden?
Können Sie, alles gar kein Problem!

Logic bietet dazu den Befehl *Als Aufnahme behalten*, der genau dafür gedacht ist. Die zuletzt gespielten Noten werden als MIDI-Region ins Arrange-Fenster gelegt. Die Idee ist gerettet.

Um diesen Befehl verwenden zu können, müssen Sie dafür im Fenster *Tastaturkurzbefehle* zunächst eine Tastenkombination dafür vergeben. Und wenn Sie sich das nächste Mal bei einem musikalischen Geistesblitz erwischen, stoppen Sie einfach Logic und führen den oben genannten Befehl aus und schon erscheint eine neue Region im Arrange-Fenster, die das zuvor Gespielte enthält.

4.4.2. MIDI editieren

Im Gegensatz zu Audiomaterial kann man MIDI-Regionen sehr viel stärker und tief greifender nachbearbeiten. So ist es beispielsweise problemlos möglich, Noten auszutauschen oder das Tempo oder die Lautstärke einzelner Noten zu ändern. Zusätzlich gibt es einen weiteren Vorteil gegenüber Audiomaterial: Noten und Sound liegen getrennt vor. Der Sound, der später im Mix zu hören ist, muss nicht zwingend etwas mit dem zu tun haben, den man beim Einspielen benutzt hat.
Einige praktische Hilfen zum Bearbeiten und Editieren sollen im Folgenden vorgestellt werden.

Transform-Fenster

 Zu folgendem Kapitel findet sich das Videotutorial 7 „Transfrom" auf der beiliegenden CD.

Eines der mächtigsten Werkzeuge zum Bearbeiten von MIDI-Noten ist das *Transform*-Fenster (zu finden im Menü *Funktionen* in den jeweiligen Editoren). Man kann mit seiner Hilfe eine Auswahl von MIDI-Noten nach bestimmten Regeln transformieren.

Dazu wählt man zunächst eine Auswahl an MIDI-Events und legt dann fest, nach welchen Regeln diese verändert werden sollen. Logic bietet für viele Situationen hierzu schon Presets an.

Einige davon zur kreativen Bearbeitung von MIDI-Noten stehen hier als Beispiel:

Crescendo:
Mit *Crescendo* bezeichnet man in der klassischen Notationslehre einen kontinuierlichen Anstieg der Lautstärke innerhalb einer kurzen Phrase oder auch innerhalb eines einzelnen Tons.

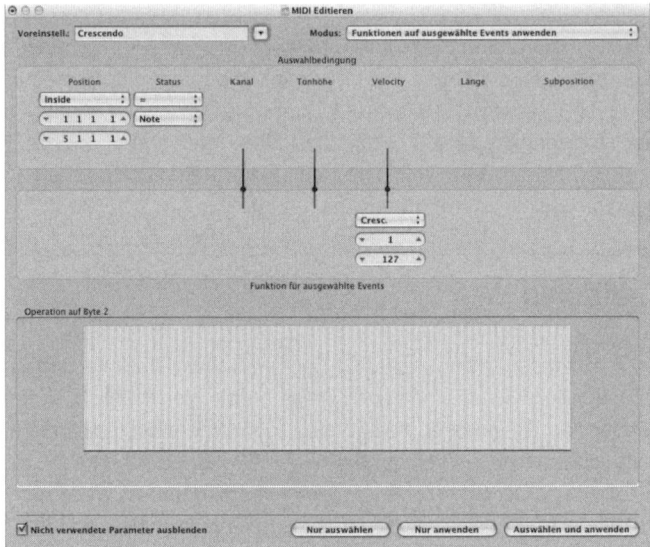

Das Transform Set für Crescendo.

Mit den entsprechenden Voreinstellungen des Transform-Fensters können Sie Ihren MIDI-Noten ein solches Crescendo verpassen - etwa um einen ansteigenden Trommelwirbel zu programmieren.

1. Öffnen Sie zunächst die MIDI-Region, die Sie editieren möchten, zum Beispiel im Pianorollen-Editor.

2. Öffnen Sie dann das Transform-Fenster mit dem Preset *Crescendo*.

3. Als Nächstes legen Sie links oben unter *Position* den zeitlichen Bereich fest, innerhalb dessen das Crescendo stattfinden soll. Dazu finden sich dort zwei Felder mit Taktanzeigen, die obere bezeichnet den Beginn, die untere das Ende Ihrer Auswahl.

4. In der Mitte findet sich ein Feld *Crescendo*, darunter zwei Felder zur Eingabe von Velocity-Werten. Mit diesen beiden Feldern legen Sie fest, in welchem Rahmen das Crescendo ablaufen soll. Das obere Feld legt den unteren, das unter Feld den oberen Velocity-Wert fest.

5. Klicken Sie nun auf den Button *Auswählen und anwenden*, damit werden die Noten innerhalb der Auswahl markiert und die Aktion darauf angewendet.

Die Anwendung von Crescendo beschränkt sich übrigens nicht nur auf Noten. Sie können auch einige Hyper-Draw-Daten (siehe unten) wie *Pitch Bend*, *Control* und *Programm* mit Transform bearbeiten. Sie müssen dazu lediglich im Transform-Fenster unter *Status* von *Note* auf den gewünschten Parameter umstellen.

Humanize:
Das Preset *Humanize* dient dazu, allzu starre MIDI-Regionen aufzulockern und wieder „menschlicher" klingen zu lassen. Dazu werden die ausgewählten MIDI-Noten über ein in der Stärke einstellbares Zufallsprinzip in Position, Velocity und Länge verändert. Es wird sozusagen künstlich eine Unperfektheit hinzugefügt.

Geeignet ist dieses Preset vor allem für Leute, die viel mit der Maus komponieren und Note für Note über Mausklicks einzeichnen. Dadurch fehlen den Noten nämlich jene Ungenauigkeiten, die beim Einspielen über Tastatur erst entstehen und verhindert, dass eine Aufnahme zu steril wirkt.

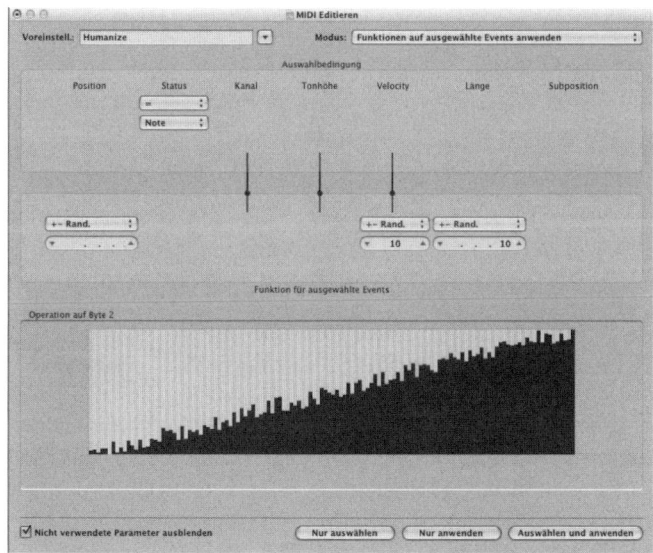

Das Transform Set für Humanize.

Benutzen Sie Humanize auch, wenn Sie aus einigen wenigen MIDI-Regionen durch wiederholtes Kopieren oder Loopen im Arrange-Fenster einen ganzen Song bauen. Loops sollten Sie dabei zunächst in echte Kopien umwandeln (im Arrange-Fenster unter *Region / Loops / In Regionen mit Daten umwandeln*). Kleben Sie die dadurch entstandenen einzelnen Regionen mit dem

Klebe-Werkzeug zusammen, dann müssen Sie nur eine große Region mit Humanize bearbeiten.

Durch die Bearbeitung mit Humanize erreichen Sie, dass sich die zuvor exakten Kopien ständig leicht verändern und variieren, ganz so, wie es ein echter Musiker auch tun würde. Beginnen Sie zunächst aber mit dezenten Einstellungen. Wenn Sie Ihr Material zu stark mit Humanize bearbeiten, klingt es schnell auch wieder zu menschlich und die Grooves beginnen zu schwanken.

Zum Einsatz von Humanize beim Bearbeiten von Drum-Grooves lesen Sie auch Kapitel 4.4.4. *Drums programmieren*.

Position spiegeln (Krebs):
Das Humanize-Preset *Position spiegeln* bewirkt, dass eine Folge von MIDI-Noten in umgekehrter Reihenfolge abgespielt wird. Eine zuvor aufsteigende Melodie wird nun absteigend wiedergegeben. Diese Funktion, die man auch *Krebs* nennt, ist auch aus der klassischen Kompositionslehre bekannt.

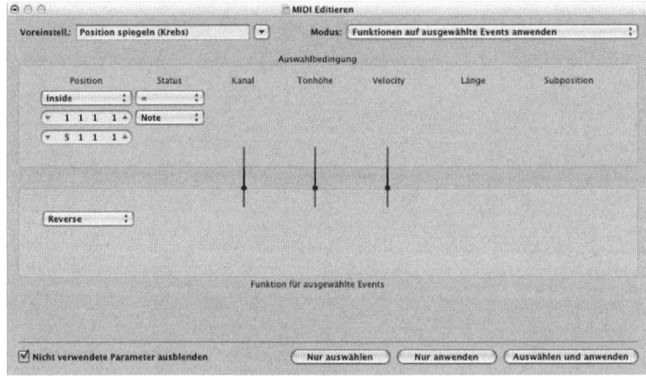

Das Transform Set für Krebs.

Dort wird sie vor allem eingesetzt, um aus einem einzelnen Motiv Variationen zu erstellen. Benutzen Sie diese Funktion, um eine Variation Ihrer Melodien zu erschaffen.

Tonhöhe spiegeln (Umkehrung):
Während beim Krebs (siehe oben) die Noten auf der Zeitachse gespiegelt werden, dreht die Funktion *Tonhöhe spiegeln* die Noten gewissermaßen auf den Kopf. Noten werden dazu an einem bestimmten Notenwert gespiegelt.

Benutzen Sie diese Funktion dazu, um eine zweite Stimme zu Ihren Melodien zu erstellen. Spiegeln Sie dafür Ihre Melodie möglichst an einem Ton,

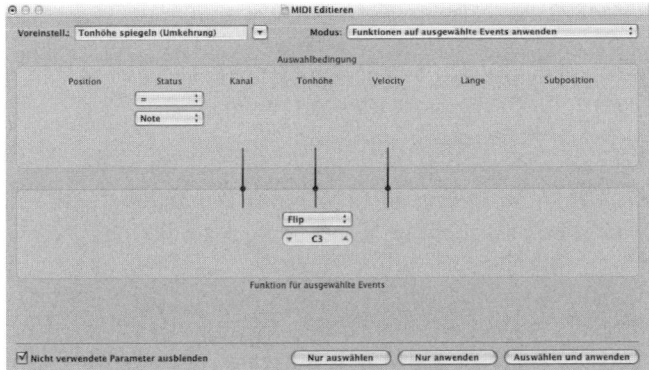

Das Transform Set für Umkehrung.

der auch zur verwendeten Tonleiter gehört, damit das Ergebnis der Umkehrung auch mit Ihrer ursprünglichen Melodie harmonisiert. Mit den beiden Funktionen *Position spiegeln* und *Tonhöhe spiegeln* haben Sie dann zwei wertvolle Tools, um aus Ihren Melodien Variationen zu entwickeln. Neben den hier gezeigten, eher kreativen Presets bietet das Transform-Fenster auch die Möglichkeiten, zum Beispiel alle ausgewählten Noten auf einen bestimmten Velocity-Wert oder eine bestimmte Länge zu transformieren. Das kann sehr hilfreich sein, wenn man große Mengen von MIDI-Regionen mit vielen Noten editieren muss.

Quantisieren

Mithilfe der Quantisierung kann man aufgenommene MIDI-Noten auf ein vorgegebenes Muster verschieben. Entweder, um Timing-Ungenauigkeiten beim Einspielen zu korrigieren oder aber, um MIDI-Regionen einen bestimmten Groove zu verpassen.

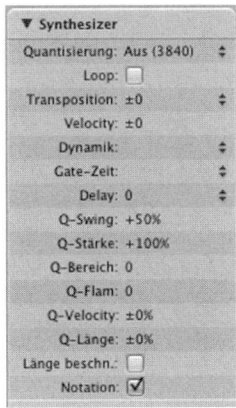

Die erweiterten Parameter für die Quantisierung.

133

Benutzen Sie am besten gleich die erweiterte Darstellung der Quantisierungs-Parameter, da Sie so viel detaillierter ins Geschehen eingreifen können. Die erweiterte Darstellung erreicht man, indem man mit *CTRL + Mausklick* auf die Parameterbox einer MIDI-Region links oben im Arrange-Fenster klickt und dann die Option *erweiterte Region Parameter* wählt.

Die Parameter zur Quantisierung in der erweiterten Darstellung:
Quantisierung: wählt das Raster, das der Quantisierung zu Grunde gelegt wird.

Q-Swing: Mit diesem Regler wird jede zweite Note verschoben. Bei Werten über 50 % nach hinten, bei Werten unter 50 % nach vorne. Damit kann man gerade gespielten Noten ein Swing-Feeling verpassen. Findet auch in den Swing-Quantisierungs-Vorlagen Verwendung.

Q-Strength: Hierüber kann man von 0 bis 100 % Prozent einstellen, wie stark die Quantisierung ausfällt. Experimentieren Sie mit Werten zwischen 60 und 80 %, dadurch behalten die MIDI-Aufnahmen einen Rest an Unperfektheit und Natürlichkeit.

Q-Range: Mit *Q-Range* können Sie einen Bereich festlegen, innerhalb dessen die Noten gar nicht quantisiert werden. Das ist zum Beispiel hilfreich, wenn Sie nur einige wenige Noten, die stark daneben liegen, bearbeiten wollen.

Q-Flame: sorgt dafür, dass Noten die eigentlich gleichzeitig erklingen (Akkorde), nacheinander erklingen. Je nach Stärke von *Q-Flame* kann dadurch sogar ein Arpeggio entstehen.

Q-Velocity: ist wichtig bei der Anwendung von Groove-Templates (siehe auch Kapitel 4.4.4. *Drums programmieren*) und regelt, wie stark die Aufnahme den Velocity-Werten der Vorlage angepasst wird.

Q-Length: regelt schließlich, wie stark die behandelten Noten an die Länge der Vorgabe angepasst werden.

Benutzen Sie die Quantisierung dafür, Timing-Probleme bei eingespielten MIDI-Regionen zu optimieren. Wie man die Quantisierung auch kreativ nutzen kann, um lebendige und organische Grooves zu erzeugen, steht im Kapitel 4.4.4. *Drums programmieren*. Selbstverständlich kann man die dort beschriebene Vorgehensweise auch auf beliebiges anderes Material anwenden.

Arpeggiator

 Zu folgendem Kapitel findet sich das Videotutorial 8 „Arpeggiator" auf der beiliegenden CD.

Logic bietet über das Environment auch einen vielseitig einsetzbaren Arpeggiator an. Diesen muss man zwar etwas umständlich einbinden, dafür bietet er dann aber einen großen Inspirationsfaktor und liefert viele neue Ideen. Um den Arpeggiator in den Signalfluss von Logic einzubinden, geht man wie folgt vor:

1. Als Erstes wechselt man dazu ins Environment-Fenster und erzeugt über das Menü *Neu* ein neues Environment-Objekt vom Typ *Arpeggiator*.

2. Dieses wiederum verbindet man über das angedeutete virtuelle Kabel mit einem Audio-Instrument, mit dem man den *Arpeggiator* später benutzen möchte. Wenn man bei gedrückter *alt*-Taste auf den Pfeil klickt, kann man das Ziel bequem über ein Pop-up-Menü eingeben.

3. Nun wechselt man zurück ins Arrange-Fenster, wo man zunächst eine Spur anlegt, und dieser wiederum den *Arpeggiator* zuweist (siehe Bild unten).

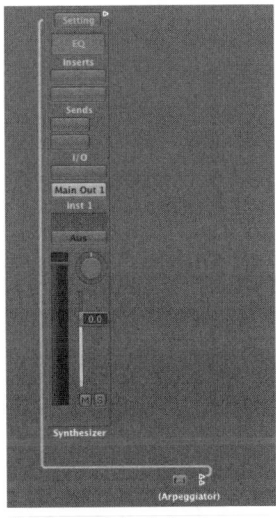

Der Arpeggiator in Logic.

Die Verkabelung des Arpeggiators.

4. Wenn Sie nun bei laufendem Sequenzer den Arpeggiator mit Noten füttern, wird dieser in Abhängigkeit von den getroffenen Einstellungen (siehe unten) Arpeggios erstellen und abspielen.

Parameter von Arpeggiator:
Wenn Sie den *Arpeggiator* als Spur im Arrange -Fenster anwählen, sehen Sie ganz links im Bild ein Feld mit den zugehörigen Parametern. Damit können Sie diesen ganz nach Ihren Vorstellungen einstellen.

Richtung: stellt die Richtung ein, die das erzeugte Arpeggio nimmt. Es stehen verschiedene Auf- und Abwärtsvarianten zur Verfügung, außerdem ein Zufallsgenerator.

Velocity: steht zunächst auf *Original*, dass bedeutet, alle Noten erklingen mit der Velocity, mit der Sie einspielen. Sie können den Noten aber auch einen festen (Velocity-)Wert zuweisen oder aber auf *Zufall* stellen. Mit *Original* haben Sie demnach die besten Möglichkeiten, ein Arpeggio dynamisch zu spielen, indem neu hinzukommende Noten einen anderen Wert bekommen als die vorhandenen. Ein fester Wert hingegen sorgt für gleichmäßige, monotone Arpeggios, was ja durchaus auch gewünscht sein kann. *Zufall* schließlich kann für spannende Zufallsergebnisse sorgen.

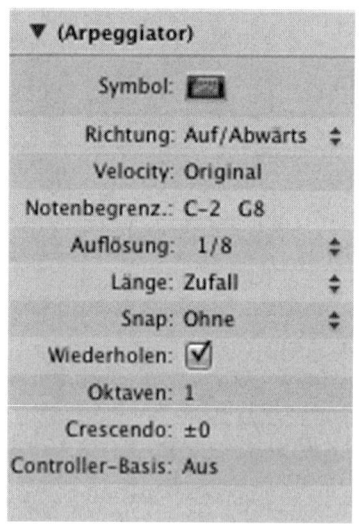

Die Parameter der Arpeggiators.

Notenbegrenzung: Grenzt den Tonumfang des Arpeggios ein. Noten außerhalb dieses Bereichs werden ganz normal, das heißt ohne Arpeggiator wiedergegeben.

Auflösung: Hier können Sie in Notenwerten (1/1 bis 1/768) das Raster für das Arpeggio einstellen.

Länge: definiert die Länge der einzelnen Töne. Auch hier gibt es die Option *Zufall*, die ebenfalls für interessante Ergebnisse sorgen kann.

Snap: Stellen Sie hier einen Wert von zum Beispiel 1/1 ein. Damit ist garantiert, dass neu hinzukommende Noten erst auf der nächsten Eins beginnen. Damit stellen Sie sicher, dass Ihr Arpeggio immer im Takt bleibt.

Wiederholen: Ist *Wiederholen* aktiviert, wird das gewählte Arpeggio solange gespielt, bis Sie es beenden. Wenn nicht, wird es lediglich einmal abgespielt.

Oktaven: Legen Sie hier fest, über wie viele Oktaven das Arpeggio gehen soll.

Crescendo: Der hier eingestellte Velocity-Wert wird bei jeder Wiederholung dem oben, unter *Velocity* eingestellten Wert hinzugefügt. Das Arpeggio wird also nach und nach lauter. Das können Sie wirkungsvoll einsetzen, um Spannung zu erzeugen.

Controller-Basis: Über *Controller-Basis* können Sie die Parameter des Arpeggiators über einen externen MIDI-Controller fern steuern.

Anwendung von Arpeggiator:
- Beginnen Sie zunächst mit nur zwei oder drei Noten. Alle zwei oder vier Takte nehmen Sie dann jeweils eine weitere Note hinzu. Damit baut sich nach und nach ein spannendes Arpeggio auf. Achten Sie dabei darauf, dass die neu hinzukommenden Noten mit den bereits vorhandenen harmonieren.

- Vor allem der **ES 2** bietet unter seinen Presets mit der Kategorie *Sequenced Elements* gutes Ausgangsmaterial für die Verwendung mit dem Arpeggiator.

Hyper Draw
Hyper Draw bietet die Möglichkeit, MIDI-Controllerdaten direkt im Pianorollen-Editor aufzuzeichnen und zu editieren. Im Gegensatz zur Automation, die immer spurbasiert ist, beziehen sich Hyper-Draw-Daten immer nur auf eine bestimmte Region. Parameter, die Sie damit steuern können, sind etwa Modulation, Volume oder auch Pitch Bend.

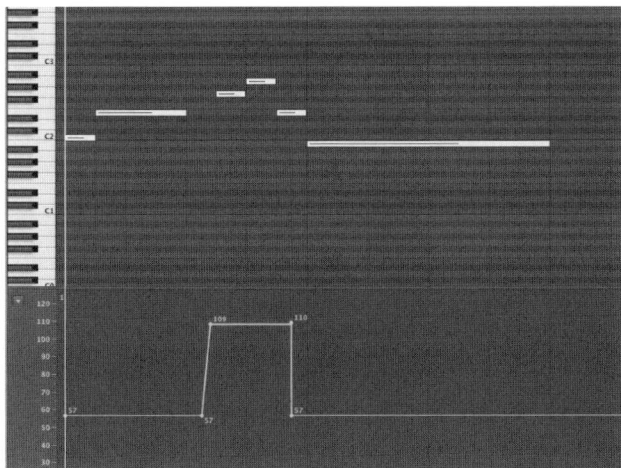

Modulationen via
Hyper Draw.

Um Hyper Draw zu aktivieren, gehen Sie im Pianorollen-Editor auf das Menü *Ansicht* und wählen unter Hyper Draw den MIDI-Controller aus, den Sie bearbeiten möchten. Ähnlich wie bei der Automation können Sie dann per Mausklick neue Knotenpunkte erzeugen, verschieben und löschen.

Anwendung von Hyper Draw:
- Viele EXS-Instrumente der Werkslibrary und der Apple Jam Packs erlauben das Umschalten zwischen verschiedenen Spielweisen per Modulation-Wheel am MIDI-Keyboard. So bieten zum Beispiel die Streicher-Instruments aus dem Orchestral Jam Pack die Möglichkeit, per Modulation-Wheel zwischen *legato*, *tremolo* und *pizzicato* umzuschalten. Je nachdem, welchen Wert das Modulation-Wheel gerade hat, wird ein anderer Sound gespielt.

- Mittels Hyper Draw können Sie nun die aufgezeichneten Modulation-Controllerdaten feintunen. Oder aber Sie spielen zunächst die ganze Melodie mit einem Sound (z.B. legato) ein und fügen die Wechsel der Spielweisen dann hinterher im Hyper Draw hinzu.

- Genauso können Sie auch die Daten des Haltepedals editieren, wenn diese nicht genau so sitzen, wie Sie sich das vorstellen.

- Sie können mit der Funktion *Haltepedal in Noten umwandeln* (zu finden im Pianorollen-Editor unter *Funktionen / Noten*) die Werte des Haltepedals auch in MIDI-Noten umrechnen lassen. Das führt meist zu einer besseren Übersichtlichkeit auf dem Bildschirm.

- Über die Option *Andere* können Sie darüber hinaus alle 128 verfügbaren MIDI-Controller steuern und damit auch viele Parameter des beteiligten Klangerzeugers. Nutzen Sie das zum Beispiel im Zusammenspiel mit Hardware-Synthesizern, um deren Parameter (Cutoff, Resonance etc.) zu automatisieren.

4.4.3. Arbeiten mit Loops

Je nach Musikstil spielen Loops beim Komponieren und Arrangieren eine mehr oder minder große Rolle. Während manche Stilistiken regelrecht von Loops leben (z. B. Hip Hop), spielen sie bei anderen Musikarten nur eine untergeordnete Rolle und ergänzen ein Arrangement lediglich.

In diesem Kapitel wird es darum gehen, wie man Loops in Logic am einfachsten einbindet und nahtlos integriert. Dabei ist es ganz egal, ob Sie ihre Tracks komplett aus Loops zusammen „basteln" oder lediglich den einen oder anderen Loop als Element hinzufügen möchten.

Der erste Abschnitt wird sich dem Verwenden und Erstellen von Apple Loops widmen - sicherlich das komfortabelste Loop-Format, das es momentan gibt. Passen sich diese Loops doch nahezu von alleine einem bestehenden Projekt an, sowohl was die Geschwindigkeit als auch was die Tonhöhe betrifft. Außerdem kann man beliebige Audioloops selbst in einen Apple Loop verwandeln, um deren Vorzüge zu genießen.

Aber auch alternative Methoden werden zur Sprache kommen. Etwa das Importieren und Abspielen von Recycle-Loops via EXS, oder das Anpassen von Logic an das Tempo eines Songs (und umgekehrt). Abschließend dann noch Tricks zum Bearbeiten von Einzelsignalen innerhalb eines Drumloops.

Verwenden und Erstellen von Apple Loops

Im Lieferumfang von Logic Studio befinden sich bereits insgesamt fünf thematisch aufgeteilte und sehr umfangreiche Kollektionen von Apple Loops, die sogenannten Jam Packs. Stilistisch wird dabei unterschieden in: World Music, Orchestral, Rhythm Section, Remix Tools und die allgemein gehaltene Basisausstattung Jam Pack 1.

Apple Loops gibt es dabei in zwei verschiedenen Arten: „blaue" und „grüne" Apple Loops.

Blaue Apple Loops sind im Prinzip erst einmal nichts anderes als ganz normale Aiff-Files. Von einem Programm, das nicht mit Apple Loops umgehen kann, werden sie auch als solche gesehen und können ganz normal benutzt werden. Ein Programm, welches Apple Loops lesen kann (Logic Pro, Express, GarageBand), kann aus den Dateien noch weitere Informationen, die im Datei-Header gespeichert werden, auslesen. Unter anderem finden sich hier Angaben zu Geschwindigkeit, Tonhöhe, Länge des Loops, Tonart sowie Stichworte zur Katalogisierung (Stilistik, Instrument, Klangfarbe, Stimmung).

Mithilfe dieser Informationen kann man die Loops in Logic über Stichworte suchen. Außerdem, und das ist noch wesentlich interessanter, kann Logic die Loops automatisch dem Song in Tempo und Tonhöhe anpassen.

Grüne Loops bestehen dagegen aus einer MIDI-Region und einem dazugehörigen Audio-Instrument. Zieht man einen grünen Apple Loop auf die Spur eines Audio-Instrumentkanals im Arrange-Fenster von Logic, so wird zum einen die MIDI-Region dort platziert, zum anderen das dazugehörige Instrument geladen. Logic benutzt zum Abspielen der Sounds einen einfach gehaltenen Player, wie man ihn aus GarageBand kennt. Da diese Instrumente auf den Logic Plugins beruhen (EXS24 bzw. ES2), kann man sie auch gegen das jeweilige Logic-Pendant austauschen, um dann alle Parameter zur Editierung zur Verfügung zu haben.

Lediglich spartanisch ausgestattet, die GarageBand-Instrumente.

Zieht man einen grünen Apple Loop auf eine Audiospur, wird der Loop dort wie ein blauer Loop als Aiff-File abgelegt.

Sowohl blaue als auch grüne Loops können zusätzlich noch Effektplugins wie EQ, Kompressor oder Hall beinhalten.

Apple-Loop-Browser:

Alle Jam Packs zusammengerechnet, beinhaltet Logic Studio mehrere tausend Loops. Um diese sinnvoll verwalten zu können und auch immer den Sound zu finden, den man gerade braucht, gibt es den Apple-Loop-Browser.

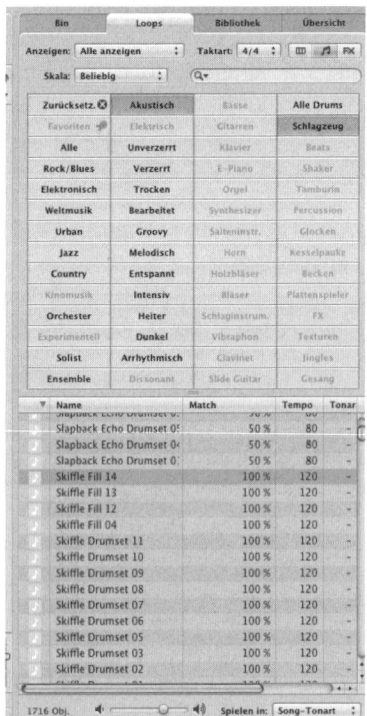

Im Loop-Browser (zu finden im rechten Teil des Bildschirms unter *Medien* und dann den entsprechenden Reiter *Loops* anklicken) kann man eine bestimmte Kollektion an Loops, aber auch die gesamte Bibliothek nach Schlagwörtern und Instrumenten durchsuchen. Im Bild oben wurde für die Suche *Schlagzeug*

Der Apple Loop Browser.

als Instrument und *akustisch* als Eigenschaft für die Suche verwendet. Als Ergebnis zeigt der Loop-Browser alle akustischen Schlagzeuge an.

All diese Schlagworte und Bezeichnungen werden bei der Erstellung eines Apple Loops vergeben. Denken Sie daran, wenn Sie später Ihre eigenen Apple Loops erstellen (siehe weiter unten).

Alle Loops, die man ins Arrange von Logic einbindet, folgen von nun an dem Tempo und der Tonart des Projekts. Sie können deshalb die Globale Spur *Akkordspur* zum Arrangieren benutzen. Geben Sie hier Akkordwechsel nach Wunsch ein, die Apple Loops werden folgen. Diese Funktion eignet sich daher beispielsweise dafür, um schnell Playbacks zum Üben oder Song-Skizzen zu erstellen.

Apple Loops-Dienstprogramm:
Ebenfalls im Lieferumfang von Logic Studio enthalten ist das Apple Loop Utility. Mit diesem kleinen Hilfstool kann man beliebige Audiodateien in Apple Loops umwandeln. Dazu wird die Datei zunächst nach Transienten durchsucht, die später bei der Anpassung des Tempos an Logic dienen. Außerdem kann man natürlich entsprechende Bezeichnungen und Schlagworte vergeben, damit der Loop auch später bei der entsprechenden Suche im Loop-Browser auftaucht. Man findet das Programm *Apple Loops-Dienstprogramm* im Ordner *Dienstprogramme* innerhalb des *Programme*-Ordners auf der Festplatte.

Umwandeln in Apple Loop:
Um eine Audiodatei in einen Apple Loop umzuwandeln, geht man wie folgt vor:

1. Zunächst wird die gewünschte Datei im Logic-Arrange-Fenster selektiert. Dann führt man den Befehl *in Apple Loops-Dienstprogramm öffnen* (zu finden im Menü *Audio*) aus, das Apple Loops-Dienstprogramm öffnet sich. Dabei schlägt Logic eine angenommene Länge der zu öffnenden Datei vor (bspw. zwei oder vier Takte). Wenn dieser Vorschlag von der tatsächlichen Länge abweicht, sollte man diese Vorgabe korrigieren.

2. Wie im Bild oben zu erkennen, öffnet sich das Apple Loops-Dienstprogramm zunächst mit dem Reiter zur Eingabe der *Tags*, also der Attribute, die den Loop charakterisieren. Je genauer und zutreffender man hier Bezeichnungen vergibt, desto größer stehen die Chancen, dass man den Loop später findet und benutzen kann.

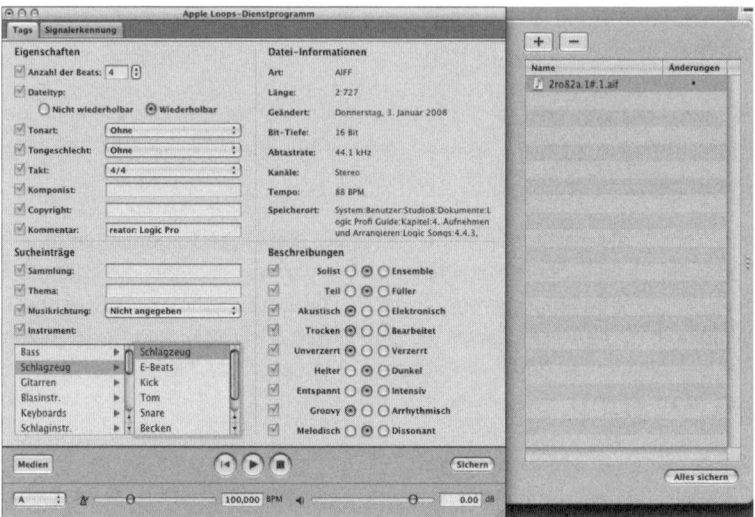

Die *Tag*-Seite zum Vergeben der Attribute.

3. Als nächster Schritt folgt die *Signalerkennung*, dazu wechselt man in den nächsten Reiter, der eben genauso heißt.

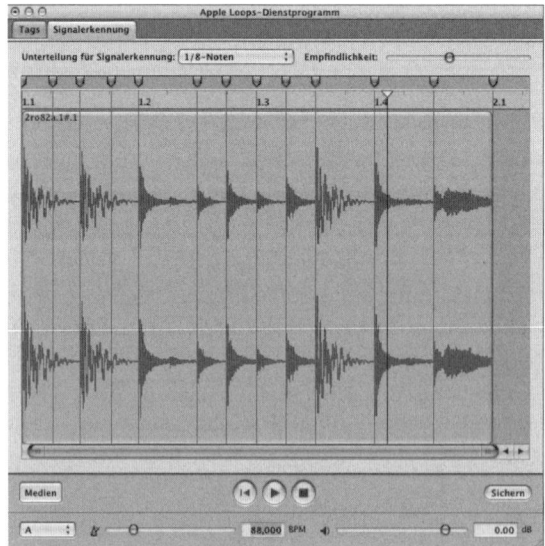

Der Reiter *Signaler-kennung.*

Die Marker oberhalb der Wellenform symbolisieren die gefundenen Transienten. Man kann diese Punkte von Hand verschieben oder auch die Unterteilung und die Empfindlichkeit justieren.

Anschließend kann man im unteren Bereich das Tempo ändern und hören, wie der Loop dem Tempo folgt. Sollte das Ergebnis noch nicht den Erwartungen entsprechen, so muss man noch einmal die Einstellungen der Signalerkennung überprüfen und korrigieren. Eventuell muss man dazu die Unterteilung verfeinern (etwa von 8tel auf 16tel) oder die Empfindlichkeit erhöhen.

4. Um Änderungen dauerhaft zu sichern und den Loop der Apple Loop Library hinzuzufügen, muss man nun noch zwei Dinge tun:

• Den Loop im Apple Loops-Dienstprogramm speichern. Dazu wählt man im Menü *Ablage* den Befehl *Sichern unter* und sucht dann den gewünschten Speicherort. Anschließend kann man den Loop von dort aus in Logic importieren und als Apple Loop verwenden.

• Möchte man den Loop dauerhaft seiner Apple Loop Library hinzufügen, so muss man ihn aus dem Finder heraus auf den Loop-Browser bewegen. Der Loop wird dann der Library hinzugefügt und unter *Benutzer* / *Library* / *Audio* / *Apple Loops* / *User Loops* / *Single Files* abgelegt.

In Logic gibt es zudem noch die Möglichkeit, Regionen direkt aus dem Arrange-Fenster heraus der Apple Loops Library hinzuzufügen. (Über den Befehl *Zur Apple Loops Library hinzufügen* im Menü *Region*). Nach Auswahl einer Region und Aufrufen des Befehls erscheint ein Fenster zum Vergeben von Tags, ähnlich dem im Apple Loops-Dienstprogramm.

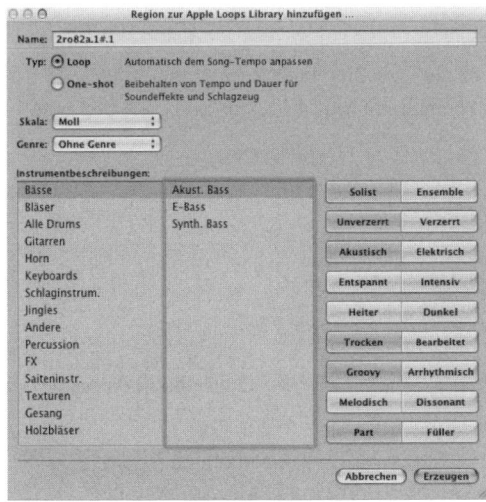

Über diese Fenster kann man Tags direkt aus Logic heraus vergeben.

143

Nach Eingabe der Informationen wird der Loop sofort zur Library hinzugefügt. Allerdings fehlt bei diesem Weg die Signalerkennung wie im Apple Loops-Dienstprogramm. Dadurch eignet sich diese Methode nicht immer. Wenn Sie Apple Loops erzeugen möchten, die immer perfekt dem Song-Tempo folgen, und das mit möglichst wenig Artefakten sollten Sie den Umweg über das Apple Loops-Dienstprogramm gehen.

Einzelne Sounds, die nicht im Tempo geändert werden müssen, sogenann-te „One-Shots", können Sie dagegen bequem direkt aus Logic hinzufügen. One-Shots sind etwa einzelne Schlagzeugsounds (Snare, Becken ...) oder sonstige FX-Sounds und Geräusche.

ReCycle-Loops in Logic verwenden

Ein ReCycle-Loop enthält, ähnlich wie ein Apple Loop, Informationen über rhythmisch relevante Punkte innerhalb der Audiodatei, die den Loop in ein-zelne Scheiben unterteilt und mit deren Hilfe er im Tempo gedehnt oder ge-staucht werden kann. In ReCycle werden diesen einzelnen Scheiben „Slices" genannt.

Sie haben zwei Möglichkeiten, ReCycle-Loops in Logic zu verwenden und zu integrieren. Entweder Sie importieren den Loop ins Logic-Arrange-Fen-ster und wandeln ihn dabei in einen Apple Loop um oder aber Sie laden den Loop in den **EXS24**, um dann die einzelnen Slices triggern und variieren zu können.

In Apple Loop konvertieren:

Suchen Sie dazu in der *Übersicht* den gewünschten Loop und importieren Sie ihn ins Arrange-Fenster. Daraufhin erscheint die Dialogbox aus dem Bild unten.

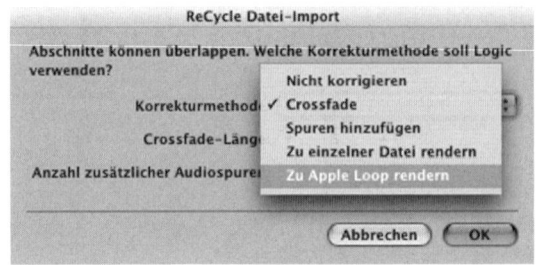

Die Optionn zum Konvertie-ren von ReCycle Loops.

Wählen Sie hier bei *Korrekturmethode* die Option *Zu Apple Loops rendern* und bestätigen Sie mit *OK*. Der Loop wird nun automatisch in einen Apple Loop umgewandelt und folgt fortan dem Tempo ihres Logic-Songs.

In **EXS24** konvertieren:

Der **EXS24** kann ebenfalls ReCycle-Loops importieren und dabei gleich in spielfertige Sampler-Instrumente verwandeln. Dabei wird jeder „Slice", also jeder Abschnitt, einer MIDI-Note zugeordnet. Außerdem erstellt der **EXS24** bei der Konvertierung eine MIDI-Region im Arrange-Fenster, welche alle diese MIDI-Noten an der entsprechenden Stelle enthält. Steuert man also mit dieser MIDI-Region das ebenfalls neu erzeugte EXS-Instrument an, so erklingt wieder der ursprüngliche Loop.

Das wäre soweit noch nicht wirklich spektakulär und auch kein Fortschritt gegenüber der ersten Methode. Man kann damit aber noch viel mehr machen. Was genau geht, steht weiter unten. Wie man vorgehen muss, um einen ReCycle-Loop in ein EXS-Instrument zu konvertieren, folgt nun:

1. Erzeugen Sie eine neue Audio-Instrumentspur und laden Sie dort eine leere Instanz des **EXS24**.

2. Durch Drücken des *Edit*-Buttons (zu finden rechts oben über dem Level-Regler) öffnet sich der *EXS-Instruments-Editor*, der zum Erstellen und Editieren von EXS-Instrumenten dient.

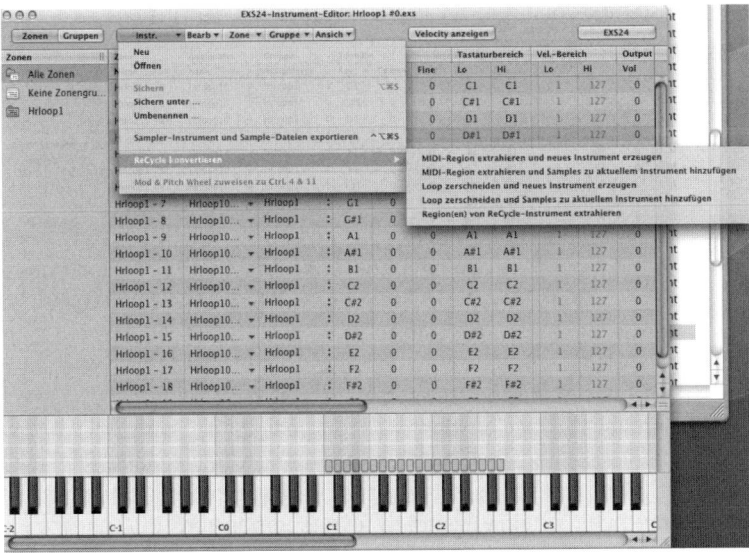

ReCycle Loops können auch über den EXS24 gewandelt werden.

3. Wählen Sie, wie im Foto oben zu sehen, die Funktion *Instrument / ReCycle konvertieren / MIDI-Region extrahieren und neues Instrument*

erzeugen. Der **EXS24** beginnt nun mit der Konvertierung und erzeugt ein neues EXS-Instrument. Dabei ordnet er jeden Slice des Loops einer MIDI-Note zu und erzeugt auch die passende MIDI-Region gleich mit. Im Bild unten ist solch eine MIDI-Region zu sehen, jede MIDI-Note entspricht dabei einem Slice des Original-ReCycle-Loops.

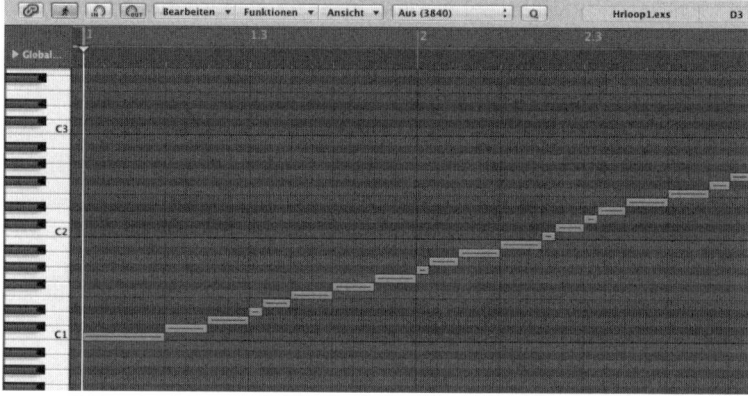

Die MIDI-Region eines ReCycle Loops.

Spielt man diese MIDI-Region nun in Logic ab, so passt sich der Loop dem Tempo von Logic an. Hierzu muss ja nur der Abstand der einzelnen MIDI-Noten zueinander entsprechend variiert werden. Darüber hinaus bietet diese Methode aber noch weitere Vorteile:

• So kann man in der MIDI-Region natürlich nach Belieben Noten austauschen, muten oder quantisieren, um damit vielfältige Variationen des Original-Loops zu generieren.

• Die Möglichkeiten reichen dabei von einfachen Mutes, um Pausen zu erzeugen, über zusätzliche Breaks oder Fills bis hin zum völligen Umarrangieren der einzelnen Slices.

Loops und Songtempo anpassen

Neben den bereits oben erwähnten Methoden gibt es noch zwei weitere, um Logic und Audio-Loops in Gleichschritt zu bringen. Zum einen kann man Logic an das Tempo des Loops anpassen, zum anderen den Loop mithilfe der **Time and Pitch Machine** destruktiv an das Tempo von Logic anpassen.

Song an Loop-Tempo anpassen:

Nicht immer besteht die Notwendigkeit, einen Loop an Logic´s Tempo anzupassen, sondern es ist oft anders herum notwendig, Logic an das Tempo des

Loops anzupassen. Etwa, wenn man einen Loop gefunden oder vorgege-
ben hat (z. B. bei Remixen), um den herum man einen neuen Song erstellen
möchte. Dazu muss man ganz einfach Logic das Tempo des Loops mitteilen
und diesen dann einstellen. Das Berechnen des passenden Tempos kann
Logic dabei automatisch übernehmen.

Gehen Sie dazu wie folgt vor:

1. Laden Sie zunächst den entsprechenden Loop ins Arrange-Fenster
   von Logic und bestimmen Sie, aus wie vielen Takten der Loop besteht.

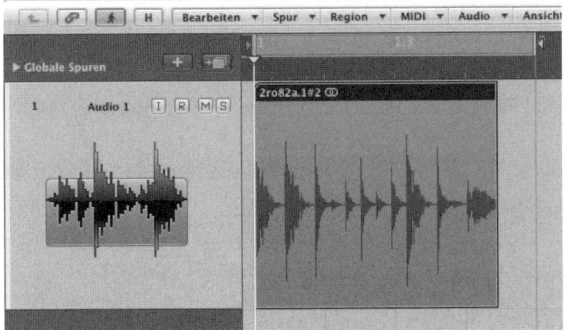

Noch ist der Loop
zu schnell.

Das Bild oben zeigt einen eintaktigen Loop, der etwas schneller als das in
Logic eingestellte Tempo ist. Markieren Sie den Loop im Arrange und aktivieren Sie gleichzeitig einen ebenfalls eintaktigen Abschnitt in der Timeline.

2. Nun wählen Sie im Menü *Optionen* und der Unterrubrik *Tempo* den
   Befehl *Tempo der Regionlänge und den Locatorpunkten anpassen*
   (geht auch über den Tastaturkurzbefehl *Apfel + T*).

3. Bestätigen Sie das auftretende Dialogfenster mit *Erzeugen*. Logic
   hat das Tempo nun dem Loop angepasst.

Nun stimmen
Tempo von Loop
und
Logic überein.

Wie Sie im Bild oben sehen können, stimmt nun die Länge des Loops genau mit der Timeline von Logic überein. Die Länge des Loops entspricht genau einem Takt im Zeitlineal.

Loop-Tempo an Logic anpassen:

Genau den umgekehrten Weg können Sie ebenfalls gehen. Ein Loop kann mithilfe der **Time and Pitch Machine** an das Tempo von Logic angepasst werden. Dazu wird der Loop wie bei allen Aktionen der **Time and Pitch Machine** destruktiv, das heißt dauerhaft verändert. Denken Sie also unbedingt daran, vor dem Anpassen eine Sicherungskopie zu erstellen.

Um einen Loop an das Tempo von Logic anzupassen, geht man wie folgt vor:

1. Markieren Sie die Anzahl der im Loop vorkommenden Takte in der Timeline und selektieren Sie den Loop.

2. Danach müssen Sie den Befehl *Regionlänge den Locatorpunkten anpassen* im Menü *Audio* wählen. Logic rechnet nun mithilfe des Algorithmus der **Pitch and Time Machine** den Loop in die richtige Länge. Welcher der Algorithmen dabei verwendet wird, legt man ebenfalls im Menü *Audio* unter der Rubrik *Time-Machine-Algorithmus* fest.

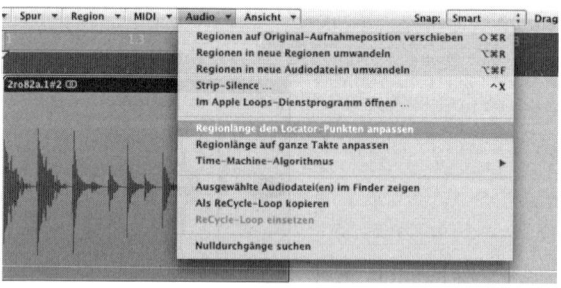

Hierüber wird der Loop an das Tempo von Logic angepasst.

Natürlich kann man den Loop auch in einen Apple Loop verwandeln, dann passt er sich automatisch dem Tempo an. Die zuletzt gezeigte Methode hat aber den Vorteil, das man den dadurch entstandenen Loop besser bearbeiten kann. So ist es zum Beispiel nicht möglich, Apple Loops mit dem Fade-Werkzeug zu bearbeiten oder mehrere Schnipsel eines Loops mit dem Klebe-Werkzeug zusammen zu fügen.

Loops mit dem EXS 24

 Zu folgendem Kapitel findet sich das Videotutorial 9 „Loops mit dem EXS 24" auf der beiliegenden CD.

Die letzte hier vorgestellte Methode kann man gut und gerne mit dem Attribut „old school" versehen, stammt sie doch aus den Tagen der alten Hardware-Sampler, als man Loops durch das Ändern der Tonhöhe ans Tempo anpasste. Wir erinnern uns: je höher das Tempo, desto schneller der Loop und umgekehrt.

Diese Methode mag zwar technisch gesehen veraltet sein, musikalisch hat sie jedoch ihren Reiz nicht verloren. Ganze Musikstile wie etwa „Drum & Bass" wurden unter anderem dadurch geprägt, dass man Drumloops viel schneller und damit höher abspielte - was im Ergebnis zu stark treibenden Grooves führte. Einen anderen Weg wählte man im Bereich des „Trip Hop", wo Beats tiefer und damit langsamer, um nicht zu sagen gemächlich abgespielt wurden und nicht zuletzt dadurch zum „verschlafenen" Sound beitrugen.

Gehen Sie wie folgt vor, um Loops mit dem **EXS24** an Ihren Song anzupassen:

1. Zunächst braucht man ein EXS-Instrument, das zumindest einen Loop enthält, den man dann per MIDI triggern kann. Am besten erstellt man dazu eine eintaktige MIDI-Region, die im Kreis läuft und den Loop ständig aufs Neue triggert.

2. Der Loop wird nun mit dem Rest des Arrangements nicht zusammenpassen, da er entweder zu kurz oder zu lang sein wird. Es ist also entweder jedes Mal eine Lücke am Ende des Loops zu hören (Loop ist zu kurz) oder der Loop wird bereits aufs Neue getriggert, obwohl er noch gar nicht zu Ende ist (Loop zu lang).

3. Mit den beiden EXS-Parametern *Tune* und *Fine* kann man nun die Tonhöhe so lange ändern, bis als Folge daraus das Tempo des Loops mit dem Tempo des Songs übereinstimmt.

Tempoanpassung in der Oldschool-Variante.

Während *Tune* die Tonhöhe in Halbtonschritten verändert, kann man über *Fine* das Geschehen in Cent-Schritten dosieren (100 Cent entsprechen einem Halbton).

4. Lassen Sie den Loop zunächst nur mit einem Metronom zusammen im Kreis laufen und versuchen Sie herauszufinden, ob er zu schnell oder zu langsam ist. Ändern Sie dann zunächst über *Tune* grob die Tonhöhe und hören Sie, wie sich die Länge des Loops dadurch ändert und hoffentlich dem Songtempo annähert. Feinabstimmungen nehmen Sie dann mit dem *Fine*-Regler vor.

5. Nach der Anpassung sollte der Loop rund und gleichmäßig laufen.

Bitte beachten Sie, dass diese Methode zumeist nur mit rhythmischem Material Sinn macht, da durch das Ändern der Tonhöhe ein zuvor harmonisch passender Loop nicht mehr in den Zusammenhang passen würde.

Loops auf mehreren Spuren:
Versieht man einen Drumloop mit Effekten wie EQ und Kompressor, wird immer der ganze Loop bearbeitet. Um das zu verhindern und Plugins nur auf einzelne Sounds (Bassdrum, Snare usw.) anzuwenden, kann man den Loop in einzelne Parts schneiden und dies auf verschiedene Spuren verteilen. Helfen kann dabei die Funktion **Strip Silence** (siehe auch den Tippkasten **Strip Silence** in Kapitel 4.3.1. *Timingkorrektur von Audioaufnahmen*).

Hat man damit seine Loops geschnitten, kann man alle Bassdrumschläge auf eine eigene Spur kopieren und ebenso mit den anderen Sounds verfahren. Nun kann man die Sounds einzeln bearbeiten. Außerdem kann man die Loops durch Verschieben und Weglassen der einzelnen Regionen leicht variieren.

4.4.4. Drums programmieren

Schlagzeug und Beats bilden das rhythmische Rückrat fast jeder aktuellen musikalischen Stilrichtung. Dabei ist es ganz egal, ob man von einem Naturschlagzeug bei Pop, Rock oder Jazz ausgeht oder von elektronischen Sounds und Loops bei Techno, House und Co.

Logic bietet vielerlei Möglichkeiten, um selbst Schlagzeugspuren und Grooves zu erstellen und diese zu integrieren. Wie man fertige Audio-Loops in Logic einbindet, wurde im letzten Kapitel bereits ausführlich besprochen. Es soll deshalb im folgenden Abschnitt vor allem darum gehen, „echte" Schlagzeugspuren sprich Naturdrums zu programmieren. Dazu werden die nötigen Werkzeuge sowie jede Menge Tipps und Tricks vorgestellt, wie man MIDI-Regionen zum Grooven bringt. Außerdem werden wir sehen, wie man mit dem **Ultrabeat** elektronische Drumpatterns programmieren kann.

Natürlich lassen sich alle hier gezeigten Maßnahmen zur Bearbeitung und Optimierung von programmierten Drums auch auf andere Instrumente anwenden.

EXS oder Ultrabeat?

Der Sampler **EXS24** und der Drumcomputer **Ultrabeat** sind die Mittel der Wahl, wenn es in Logic um die Erstellung von Drumspuren geht. Während der **EXS24** je nach gewähltem Sample-Material sowohl akustische als auch elektronische Klänge erzeugen kann, ist der Ultrabeat eher auf die Erzeugung elektronischer Klänge spezialisiert. Auch bietet er gegenüber dem **EXS24** neben der auf elektronische Drumssounds spezialisierten Klangerzeugung noch viel mehr Eingriffsmöglichkeiten um beispielsweise einzelne Sounds in Lautstärke und Panorama anzupassen.

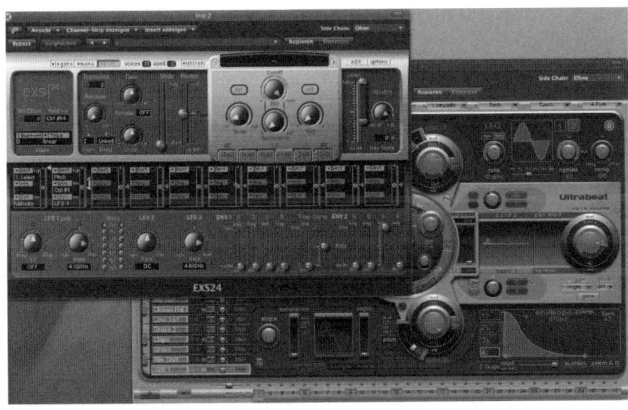

EXS24 und Ultrabeat sorgen für die Grooves in Logic.

Multi-Output oder mehrere einzelne Instanzen?

Viele Instrumente in Logic bieten die Möglichkeit, per Multiouts mehrere Sounds an verschiedene Aux-Kanäle zu leiten. Auch **EXS24** und **Ultrabeat** bieten diese Möglichkeit. Der Einsatz von Multiout-Instrumenten bietet den Vorteil, dass man die unterschiedlichen Trommeln und Becken auf verschiedene Kanäle des Logic-Mixers routen und dort getrennt voneinander bearbeiten kann. So kann man beispielsweise Bassdrum und Snare völlig unabhängig voneinander mit EQ und Kompressor bearbeiten und ihnen auch unterschiedlich viel Hall zuweisen.

Um eine Multiout-Version eines **EXS24**-Drumkits nebst den benötigten Aux-Kanälen zu erzeugen, geht man wie folgt vor:

1. Laden Sie eine Multi-Output-Version des **EXS24**. Diese bietet im Gegensatz zur normalen Stereoversion fünf Stereo- und sechs Monoausgänge.

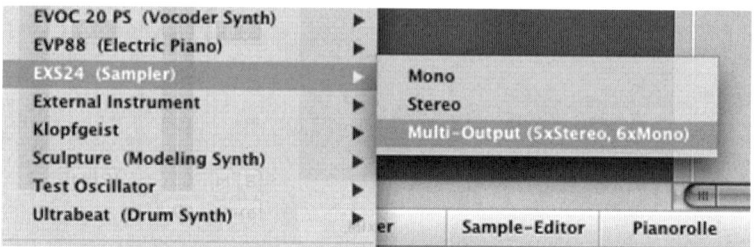

Der EXS24 liegt auch in einer Multi-Output Version vor.

2. Erzeugen Sie im Mixer mit dem kleinen + unterhalb des Solo-Schalters so viele AUX-Kanäle, wie Sie benötigen. Die Ausgänge des **EXS24** werden automatisch als Eingänge gewählt. Nun kommen alle Sounds getrennt auf verschiedenen Mixerkanälen an und warten darauf, von Ihnen bearbeitet zu werden.

Multi-Output-Instrumente anlegen:

Der **EXS24** bietet zwar die Möglichkeit an, Multi-Output-Instrumente zu verwenden, allerdings gibt es in der Logic-Studio-Werkslibrary kein einziges Multi-Instrument, das darauf vorbereitet wäre.

Wenn Sie also die mitgelieferten Drumkits als Multi-Output-Instrument benutzen möchten, müssen Sie zunächst selbst kurz Hand anlegen.

Laden Sie dazu zunächst ein Drumkit Ihrer Wahl im **EXS24** und öffnen Sie das Instrument im EXS24-Instrument-Editor. Der EXS24-Instrument-Editor öffnet sich durch einen Klick auf den *Edit*-Button rechts oberhalb vom Filter.

Wechseln Sie zunächst auf die *Gruppen*-Ansicht links oben. In der Mitte sehen Sie nun eine Spalte *Routing*. Stellen Sie hier für alle Instrumente, wie im Beispiel unten zu sehen, einen eigenen Ausgang ein. Unten

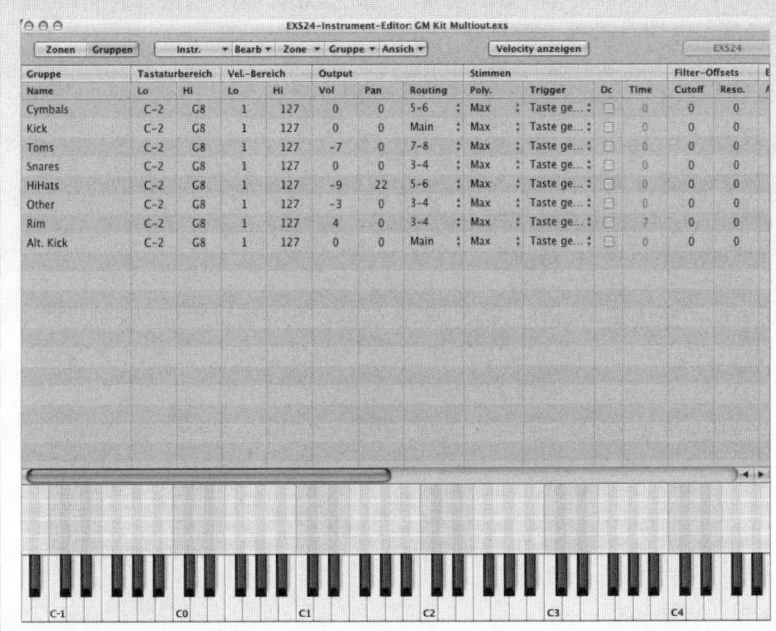

Der EXS24-Instrument-Editor.

wurde beispielsweise die Bassdrum auf dem Main-Ausgang (1 - 2) belassen, während die Snare mitsamt dem Rimshot auf Ausgang 3 - 4 geroutet wurde usw.

Speichern Sie das Instrument am besten unter einem neuen Namen
und legen Sie wie oben beschrieben Aux-Kanäle an, um die einzelnen
Sounds dorthin zu routen.

Wesentlich einfacher geht's dagegen beim **Ultrabeat**. Hier können Sie
einfach mit dem kleinen Button neben dem Panoramaregler links im Plugin den Ausgang für die einzelnen Sounds festlegen.

Die Benutzung von Multi-Output-Instrumenten hat, wie wir oben gesehen haben, einige Vorteile gegenüber der Arbeit mit einer einfachen Stereoinstanz.

Eine weitere Möglichkeit ist hingegen die Verwendung von mehreren Einze-
linstanzen des **EXS24**. Dabei wird für jede Spur des Drumsets (Bassdrum,
Snare ...) ein Audio-Instrument angelegt und mit einer Instanz des **EXS24**

plus dem dazugehörigen Drumkit bestückt. Lesen Sie nachfolgend, was sich dadurch für Vorteile ergeben.

Vorteile beim Arbeiten mit mehreren **EXS24**-Instanzen:

• Multi-Output-Instrumente lassen sich nicht freezen, einzelne **EXS24**-Instanzen hingegen schon. Wenn Sie auf einem älteren Rechner arbeiten oder viele leistungshungrige Plugins zur Schlagzeugbearbeitung einsetzen, könnte das für Sie wichtig sein.

• Mehrere **EXS24**-Instanzen erlauben Ihnen, die ganze Filtersektion, aber auch Parameter wie die Tonhöhe für jeden Sound einzeln abzustimmen. So können Sie beispielsweise die Bassdrum auf den Grundton des Songs stimmen, ohne dass die anderen Instrumente des Schlagzeugs betroffen wären.

• Mehrere Instanzen bedeutet auch, dass Sie verschiedene Drumkits kombinieren können, etwa um die Snare durch eine andere zu ersetzen usw.

Wenn Sie sich entscheiden, mit mehreren Instanzen des **EXS24** zu arbeiten, um Ihre Schlagzeugspuren zu erstellen, sollten Sie zunächst mit einer einzelnen Stereoinstanz beginnen. Erledigen Sie damit das Einspielen und Editieren bequem innerhalb einer einzelnen MIDI-Region. Haben Sie die Spur zu Ihrer Zufriedenheit fertiggestellt, dann legen Sie im Mixer und im Arrange-Fenster so viele zusätzliche Spuren an, wie Sie benötigen, und laden jeweils ein Instanz des **EXS24** mit dem gewünschten Drumkit.
Ihre MIDI-Drumspur kopieren Sie nun auf alle zuvor erzeugten **EXS24**-Spuren und löschen dann in jeder Spur jeweils die Sounds, die dort nicht erklingen sollen. Bei der Snarespur etwa löschen Sie alle Bassdrum-, Hihat- und Becken-Noten.

Übrigens: Wenn Sie mehrere Instanzen des **EXS24** mit dem gleichen Drumkit laden, wird das Kit nur einmal in den Arbeitsspeicher geladen. Sie brauchen also keine zu Angst haben, durch diese Aktion ihren Rechner mehr zu belasten.

Egal, welche der beiden Methoden Sie auch verwenden, fassen Sie alle Aux-Kanäle oder alle EXS24-Instanzen am besten über einen Bus zusammen, um sie gemeinsam in der Lautstärke regeln zu können. Außerdem können Sie dann einen Summenkompressor für die Drums einfügen.

Schlagzeug realistisch programmieren

Um ein Schlagzeug mithilfe von Samples realistisch zu imitieren, gilt es ein paar Dinge zu beachten. Neben möglichst hochwertigen Multisamples mit mehreren Velocity-Stufen spielen Sie selbst dabei die Hauptrolle. Klar, gute Sounds sind wichtig als Ausgangsbasis, viel wichtiger ist aber, was man daraus macht. Nachfolgend deshalb ein paar Anregungen und Überlegungen zum Thema Schlagzeug programmieren:

- Der erste Fehler ist eigentlich schon, dass man vom Schlagzeug „programmieren" spricht. Man möchte ja gerade keine programmiert klingenden Drums, sondern welche, die nach echtem Schlagzeug klingen. Man sollte daher zunächst versuchen, so viele seiner Parts wie möglich in Echtzeit zu spielen. Sei es über eine MIDI-Tastatur oder über ein ganzes E-Drumset. Quantisieren können Sie hinterher immer noch.

- Gerade beim Einspielen von rhythmischem Material ist es extrem wichtig, mit möglichst geringen Latenzen zu arbeiten, um ein angenehmes Spielgefühl zu haben. Speziell bei 16tel-Figuren kann man schnell nicht mehr im Timing spielen, wenn die Verzögerung zu hoch ist. Mehr als 128 Samples sollte die Latenz nicht betragen, besser noch sind 64.

- Komplizierte Figuren können Sie auch bei verlangsamtem Tempo einspielen.

- Wenn Sie Patterns mit der Maus Note für Note erstellen, dann achten Sie darauf, dass nicht alle Noten die gleiche Velocity haben, um einen allzu gleichmäßigen Klang zu vermeiden (siehe auch weiter unten: Humanize).

- Ein echter Drummer kann mit seinen zwei Händen plus den Fuß an der Bassdrum maximal drei Sounds gleichzeitig spielen. Bedenken Sie das, wenn Sie Drums einspielen oder programmieren.

- Versuchen Sie dabei auch, wie ein Schlagzeuger zu denken und schauen Sie sich an, wie echte Drummer spielen (auf Videos oder noch besser auf Konzerten). Nur wenn man das Instrument kennt, dass man imitieren möchte hat man eine Chance, dass das Ergebnis überzeugend wird.

- Variationen verhindern Langeweile. Kein Schlagzeuger wird über die Länge eines Songs das gleiche Pattern spielen. Streuen Sie immer wieder kleine Änderungen und Verzierungen ein. Oft reicht es auch schon, nur den einen oder anderen Schlag wegzulassen. Wechseln Sie beim Übergang von der Strophe zum Refrain von der Hihat auf das Ride-Becken oder auch von einem Rimshot zur normalen Snare.

- Einen neuen Part im Song kann man gut mit einem kleinen Break oder Fill auf Snare oder Toms ankündigen. Am besten schließt dieser Break dann noch mit einem Beckenschlag auf der 1 des nächsten Parts ab.

- Versuchen Sie, Grooves von Schlagzeugern oder Songs, die Ihnen gefallen, auf dem Keyboard nachzuspielen. Oder Sie besorgen sich eine Schlagzeugschule und spielen oder programmieren die darin enthaltenen Lehrbeispiele und Übungen nach. Dadurch entwickelt man ebenfalls ein besseres Gefühl und mehr Verständnis für die einzelnen Stilistiken.

- Konzentrieren Sie sich am besten auf ein oder zwei Instrumente beim Einspielen. Spielen Sie zum Beispiel zunächst nur Bassdrum und Snare ein, dann Hihat, Becken und schließlich die Toms. Achten Sie dabei aber darauf, dass nie mehr als drei Sounds gleichzeitig erklingen.

- Viele Drumkits bieten unterschiedliche Snare-Samples für rechte und linke Hand. Nutzen Sie das und wechseln Sie, zwischen den Samples wenn Sie Snare-Wirbel programmieren.

Quantisierung und Humanize

Zwei wichtige Funktionen, um bereits eingespielte Drum-Sequenzen zu optimieren, sind die Funktionen **Quantisierung** und **Humanize**. Während erstere dazu dient, Noten an ein vorgegebenes Raster anzupassen und damit die MIDI-Events erst in die richtige Position zu bringen, arbeitet **Humanize** gewissermaßen genau umgekehrt. Noten werden nach einem Zufallsprinzip auf Wunsch in Tonhöhe, Position und Velocity dezent bis drastisch variiert. Damit kann man allzu starre Drum-Patterns etwas „auflockern" und zu mehr Natürlichkeit verhelfen. Im Folgenden werden beide Funktion und Möglichkeiten vorgestellt.

Quantisierung

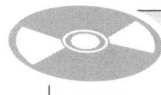

Zu diesem Thema gibt es auch einen Logic-Song auf der beiliegenden CD-ROM.

Mithilfe der Quantisierung kann man also bereits eingespielte Noten auf ein vorgegebenes Raster korrigieren. Damit bietet sich diese Funktion zunächst an, um live eingespielte MIDI-Noten geradezurücken und das Timing der Aufnahme zu verbessern.

Anwendung von Quantisierung:

Über den entsprechenden Logic-Song auf der beiliegenden CD-ROM können Sie sich die folgenden Beispiele auch anhören und selbst mit der Quantisierung experimentieren.

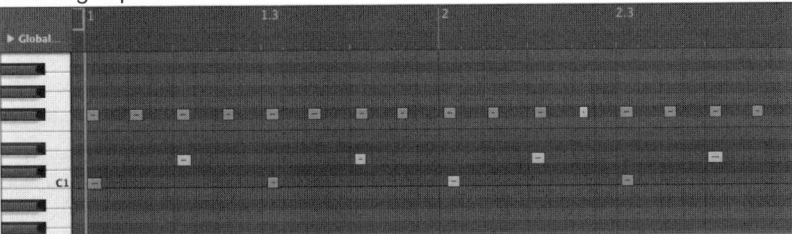

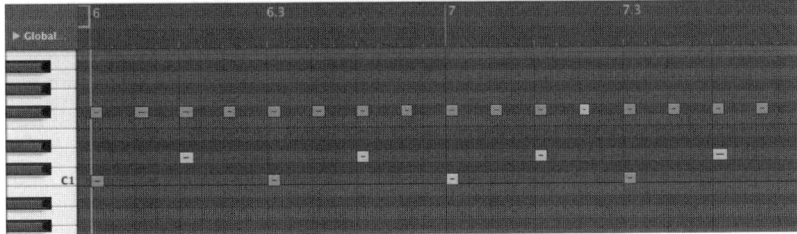

Drumspur vor und nach dem Quantisieren

Im Beispiel oben kann man die Wirkung der Quantisierung ganz gut nachvollziehen. Zunächst oben der live eingespielte, zugegebenermaßen nicht besonders originelle Groove. Die meisten Noten kommen leicht zu früh oder zu spät und sitzen nicht an ihrer Position. Im unteren Bild die quantisierte Version, alle Noten sitzen haargenau auf ihrer Position.

Ein Drummer, der wie im oberen Bild spielt, hätte wohl seinen Beruf etwas verfehlt, aber so wie im unteren Bild kann wohl auch kein Mensch aus Fleisch und Blut spielen. Das Ergebnis klingt zu sehr nach Maschine.

Die Lösung muss also zwischen diesen beiden Extremen liegen. Dazu schauen wir uns zunächst einmal die Parameter, die zur Quantisierung bereitstehen, an.

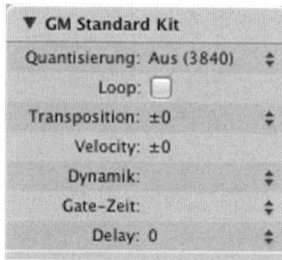

Normalansicht der Parameterbox.

Es gibt hier lediglich einen Parameter *Quantisierung*, der verschiedene Raster zum quantisieren anbietet (4tel, 8tel, 16tel sowie diverse Vorlagen mit Swingfeeling). Quantisiert man damit eine MIDI-Region, werden alle Noten wie oben zu sehen zu 100 % korrigiert. Um das zu vermeiden, wechseln wir in die erweiterte Parameteransicht. (*CTRL+Klick* in die Parameterbox und dann die Option *Erweiterte Region Parameter wählen*).

Die erweiterte Ansicht der Parameterbox

Wie man sehen kann, stehen dadurch wesentlich mehr Parameter für die Quantisierung bereit. So kann man beispielsweise über den Parameter Q-Stärke die Intensität der Quantisierung einstellen. Im nächsten Bild wurden die Noten nicht zu 100 %, sondern lediglich zu 85 % korrigiert. (Siehe nächste Seite oben)

Man erkennt, dass das Beispiel-Pattern zwar quantisiert wurde, aber eben nicht so stark wie beim ersten Versuch. Im Ergebnis klingt der Groove deshalb etwas weniger maschinenhaft und mehr nach Mensch. Um wie viel Prozent man quantisiert, muss man von Fall zu Fall neu entscheiden und ausprobieren.

Eine weitere Möglichkeit, die Aufnahmen zum Grooven zu bringen, besteht darin, nicht auf starre Muster wie 8tel oder 16tel zu quantisieren, sondern eines der Swing-Presets zu verwenden. Diese gibt es auf 8tel und 16tel basierend. Der Buchstabe am Schluss zeigt die Stärke des Swing-Faktors an. So ist 8a nur sehr dezent wahrnehmbar, während 8c oder gar 8d schon stark „angeswingt" klingen.

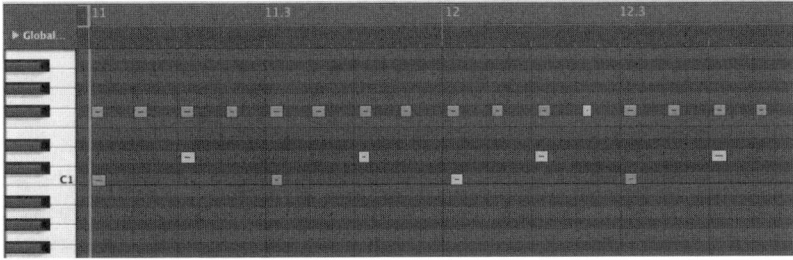

Die MIDI-Region mit einer Quantisierung von 85 %.

Die MIDI-Region mit dem Quantisierungsmuster „8c".

Hier sehen wir das Beispiel von oben noch einmal mit einer schon recht deutlichen Swing-Betonung (8c). Natürlich kann man nun auch die Swing-Betonung noch prozentual einstellen.

Und mit der Kombination der Parameter dürfte man dann seine Drums schon recht ordentlich hinbekommen.

In den vorangegangen Beispielen wurde stets eine komplette MIDI-Region quantisiert. Möchte man dagegen nur einzelne Noten quantisieren, muss man

dies im jeweiligen Editor machen. Im Pianorollen-Editor etwa findet sich der zugehörige Button (mit Q beschriftet) im oberen Teil des Fensters. Direkt daneben gibt es eine Liste mit den zur Verfügung stehenden Vorlagen. Allerdings kann man

Quantisierung einzelner Töne direkt im Pianorollen-Editor.

159

in diesem Fall nicht die prozentuale Stärke der Quantisierung einstellen. Es wird immer zu 100 % korrigiert.

Man kann neben den vorhandenen Quantisierungs-Mustern auch eigene hinzufügen, sogenannte Groove-Templates. Mithilfe dieser Groove-Templates lässt sich dann zum Beispiel der Groove einer echten Schlagzeugaufnahme analysieren und auf die eigenen MIDI-Drumspuren anwenden. Wie das genau funktioniert, steht etwas weiter unten im Abschnitt *Groove Templates*.

Humanize

Während man über das Quantisieren, wie oben beschrieben, eher versucht, ungenaues Timing zu korrigieren und in Form zu bringen, geht die Funktion **Humanize** (zu finden im *Transformer*-Fenster im Menü Funktionen in den jeweiligen Editoren) den umgekehrten Weg. Zu exakte und genaue MIDI-Patterns sollen dadurch wieder etwas mehr nach Mensch, also humaner und organischer klingen.

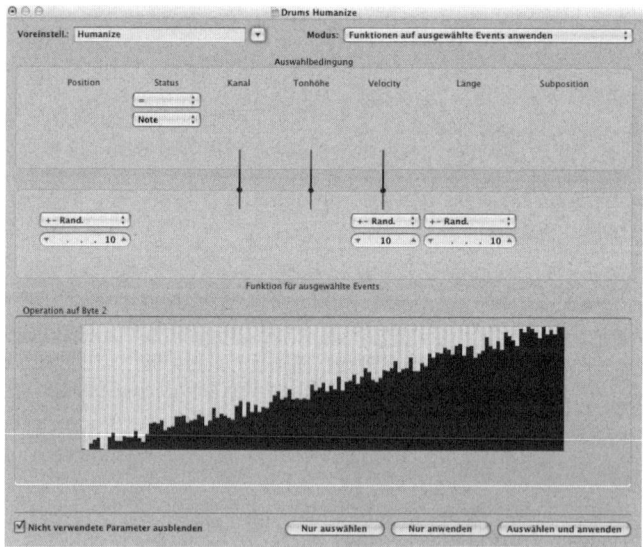

Die Funktion Humanize im *Transformer*–Fenster.

Man sieht hier die Funktion *Humanize* aus dem *Transformer*-Fenster. Im mittleren Bereich kann man Werte dafür einstellen, wie stark Position, Velocity und Länge der einzelnen Noten per Zufall variiert werden sollen. Die Länge der Noten ist natürlich bei Drumsounds irrelevant. Bei Position sollte man bei den voreingestellten 10 Ticks beginnen und eventuelle die Zahl auf 20 oder 30 erhöhen, wenn die Änderungen noch zu dezent sind. Bei Velocity ist ein

Wert zwischen fünf und zehn ein guter Ausgangspunkt. Wesentlich größer sollten die Änderungen jedoch nicht ausfallen, da es sonst schnell holprig klingt. Natürlich sind gerade Änderungen der Position auch vom Tempo des Songs abhängig. Bei sehr langsamen Stücken darf es ruhig etwas mehr sein als bei ganz schnellen, wo 20 oder 30 Ticks sehr schnell ins Gewicht fallen.

Zunächst schauen wir uns aber einmal das Ausgangspattern an.

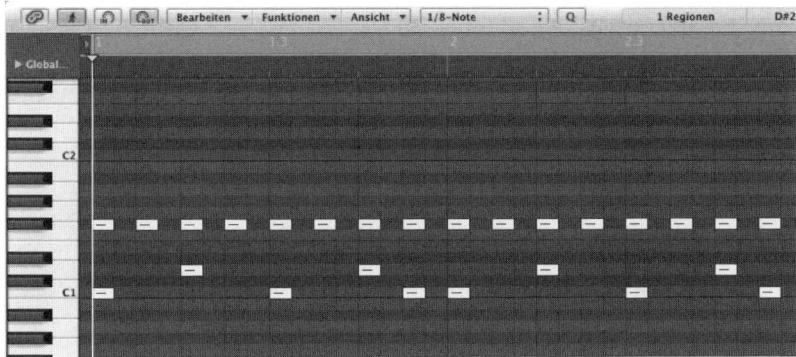

Das unbearbeitete Ausgangspattern.

Man kann erkennen, dass alle Noten exakt auf ihrer rhythmischen Position liegen, ein Blick in den Event-Editor würde uns auch verraten, dass alle Noten die gleiche Velocity haben. Offensichtlich wurde das Pattern komplett programmiert und die einzelnen Noten mit der Hand beziehungsweise der Maus eingezeichnet. Das Ganze sitzt zwar vom Timing her perfekt, klingt dabei aber auch äußerst langweilig.

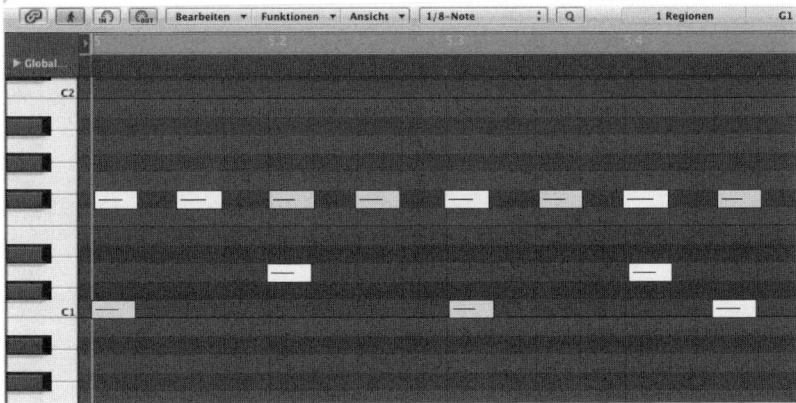

Nach der Bearbeitung mit Humanize.

Durch **Humanize** wollen wir dem Ganzen Abhilfe verschaffen. Im obigen Bild sieht man schon die korrigierte Version. Hier wurde mit 30 Ticks und 10 Velocity-Punkten gearbeitet. Um das Ergebnis zu verdeutlichen, wurde die Zoomstufe erhöht. Im Bild unten erkennt man die gleiche Region im Event-Editor. Hier kann man auch deutlich sehen, dass sich nun auch die Velocity-Werte unterscheiden.

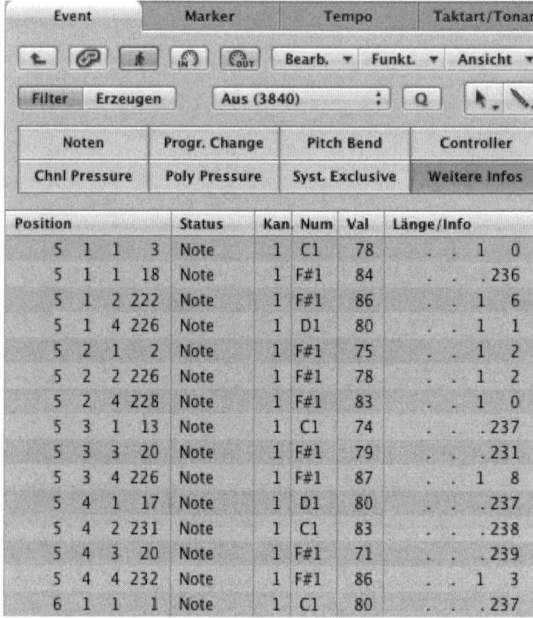

Position				Status	Kan.	Num	Val	Länge/Info	
5	1	1	3	Note	1	C1	78	. . 1	0
5	1	1	18	Note	1	F#1	84	. . .	236
5	1	2	222	Note	1	F#1	86	. . 1	6
5	1	4	226	Note	1	D1	80	. . 1	1
5	2	1	2	Note	1	F#1	75	. . 1	2
5	2	2	226	Note	1	F#1	78	. . 1	2
5	2	4	228	Note	1	F#1	83	. . 1	0
5	3	1	13	Note	1	C1	74	. . .	237
5	3	3	20	Note	1	F#1	79	. . .	231
5	3	4	226	Note	1	F#1	87	. . 1	8
5	4	1	17	Note	1	D1	80	. . .	237
5	4	2	231	Note	1	C1	83	. . .	238
5	4	3	20	Note	1	F#1	71	. . .	239
5	4	4	232	Note	1	F#1	86	. . 1	3
6	1	1	1	Note	1	C1	80	. . .	237

Im Event-Editor kann man ganz deutlich ablesen, dass die Noten mit Humanize bearbeitet wurden.

Unterschiedliche Velocity-Werte triggern wiederum unterschiedliche Samples, dadurch entsteht auch wieder mehr Abwechslung, es klingt wieder ein Stück weit realer. Ein echter Drummer würde nie zweimal genau den gleichen Ton spielen können, da sein Anschlag zumindest minimal variiert und er die Trommel auch nie haargenau an der gleichen Stelle treffen würde.

Velocity-Switches ausnutzen:

Schauen Sie sich genau an, wo die Velocity-Stufen wechseln, also wann etwa von einem Piano- zu einem Forte-Sample umgeschaltet wird. Oft gibt es zum Beispiel einen Wechsel zwischen den Velocity-Stufen 89 und 90. Wenn Sie ihre Drums in diesem Bereich programmieren und dezent die Velocity mit Humanize bearbeiten, können Sie davon ausgehen, dass oft zwischen den beiden Samples gewechselt wird.

Oder Sie planen den Wechsel gezielt ein, indem Sie das lauter gespielte Sample für bestimmte Stellen im Song, etwa den Refrain, benutzen. Um den Velocity-Wert in ihrem Drumkit zu finden, an dem die Samples wechseln, erzeugen Sie einfach eine Note und erhöhen kontinuierlich deren Velocity, bis ein neues Sample erklingt. Oder Sie schauen ganz einfach im Edit-Fenster des **EXS24** nach.

Ultrabeat für elektronische Sounds

 Zu folgendem Kapitel findet sich das Videotutorial 10 „Ultrabeat" auf der beiliegenden CD.

Im Gegensatz zum **EXS24** ist der virtuelle Drumcomputer **Ultrabeat** ganz auf die Erzeugung elektronischer Percussion- und Schlagzeug-Sounds ausgerichtet. Dazu bietet er immerhin 24 Stimmen mit jeweils eigener Klangerzeugung und einen, an klassische Drumcomputer angelehnten, Stepsequenzer für kreatives Beat-Programming. Zunächst werden wir uns nun einen groben Überblick verschaffen um dann zu sehen wie man mit dem Stepsequenzer Beats erzeugen und diese auch ins Arrange Fenster von Logic exportieren kann.

Der Drumspezialist bei
Logic Pro: Ultrabeat.

Laden Sie zunächst einmal ein Logic-Projekt mit einer **Ultrabeat**-Instanz und machen Sie sich mit den verschiedenen Presets vertraut. Zu jedem Kit gibt es einen der jeweiligen Stilistik entsprechenden Basssound den man ab dem C3 auf der Tastatur spielen kann. Die einzelnen Drumsounds, *DrumVoices* genannt, finden sich unterhalb der Bassstimme, ab dem C1 aufwärts. Kombiniert man Bass- und Drumsounds, kann man im Zusammenspiel mit dem eingebauten Stepsequenzer in Ultrabeat schon komplette Song-Skizzen mit nur einem Plugin entwickeln.

Wenn Sie im linken Bereich eine der Stimmen auswählen, wechselt der rechte Bereich, die Klangerzeugung, jeweils mit. Gleiches gilt für den *Stepsequenzer* im unteren Teil. So sind immer nur die Parameter der ausgewählten Stimme sichtbar, was der Übersichtlichkeit dient.

Die Klangerzeugung der einzelnen Stimmen beruht auf der subtraktiven Synthese und bietet ganz klassisch zwei Oszillatoren und einen Rauschgenerator, die wiederum von einem Filter (mit u. a. Lowpass, Highpass sowie Bandpass) und einem Verzerrer (digital und analog) bearbeitet und geformt werden können. Außerdem kann man auch einzelne Samples importieren, die dann als Ausgangspunkt für Sounds dienen.

Modulationen

Um die einzelnen Sounds in Ultrabeat weiter zu formen, bietet das Plugin auch umfangreiche Modulationsmöglichkeiten. Dabei kann es neben dem Modulationsziel und der Modulationsquelle immer noch einen dritten Parameter geben, der die Intensität der Modulation regelt.

Bei den möglichen Modulationszielen (z. B beim *Cutoff*) findet man eine kleine Beschriftung „*mod*", die einem andeutet, das man hier über ein Pop-up-Menü eine Modulationsquelle wählen kann. Die Beschriftung „*via*" wiederum verweist darauf, dass man dort einen weiteren Parameter wählen kann, der die Intensität der Modulation regelt (siehe auch Bild unten).

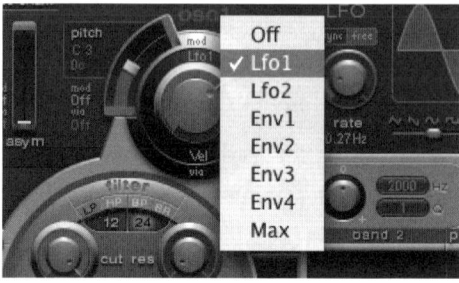

Pop-up-Menü zur Auswahl der
Modulationsquelle

Im Bild sieht man das aufgeklappte Pop-up-Menü zur Auswahl der Modulationsquelle für den Cutoff.

Stepsequenzer

Der Stepsequenzer des Ultrabeat ist zwar an die Stepsequenzer aus klassischen Drumcomputern angelehnt, dabei aber im Handling und den Möglichkeiten wesentlich flexibler. Man kann fertig programmierte Grooves entweder als MIDI-Regionen ins Logic-Arrange exportieren, um Sie dort weiter zu bearbeiten, oder man triggert die Patterns mit einzelnen Noten aus Logic´s Arrange heraus.

Sie können insgesamt 24 Patterns mit jeweils bis zu 32 Schritten (Steps) mit ihren Ideen füllen. Wählen Sie dazu einfach links einen Sound aus, etwa die Bassdrum, und zeichnen Sie dann mit der Maus die gewünschten Werte unten in den Stepsequenzer ein.

Um ein neues Pattern zu erstellen, gehen Sie wie folgt vor:

1. Aktivieren Sie zunächst den Pattern-Modus über das kleine Symbol links oben im Stepsequenzer.

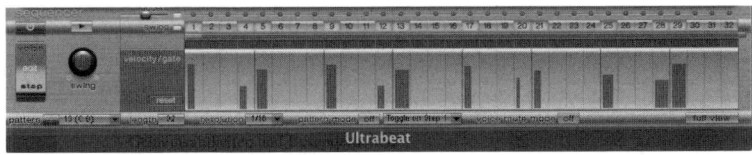

Der Ultrabeat-Stepsequenzer in der Übersicht

2. Ganz links unten versteckt sich ein Pop-up-Menü *pattern* mit vorgefertigten Patterns, die auf die Tastatur ab dem C-1 verteilt sind. Scrollen Sie hier etwas nach unten und suchen Sie ein leeres Pattern.

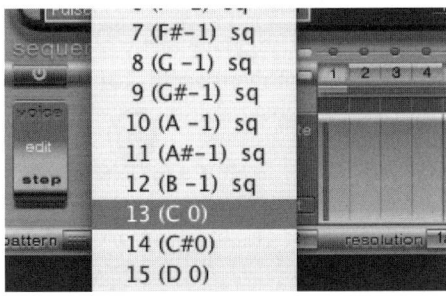

Pop-up-Menü zur Auswahl der Patterns.

3. Starten Sie dann die Wiedergabe über den Play-Button.

4. Wählen Sie nun links über die virtuelle Tastatur den Sound, mit dem Sie beginnen möchten und zeichnen Sie bei laufendem Stepsequenzer die gewünschten Noten ein. Die Höhe der Balken stellt die Velocity dar, die Breite die Dauer.

5. Fahren Sie so mit allen Drumsounds fort und erstellen Sie schließlich auch verschiedene Patterns für alle Songteile. Für jede neue Variation wählen Sie zunächst eine neues, leeres Pattern (siehe Schritt 2).

Für eine besser Übersicht beim Erstellen von Patterns können Sie auch in den *Full-View*-Modus wechseln (rechts unten).

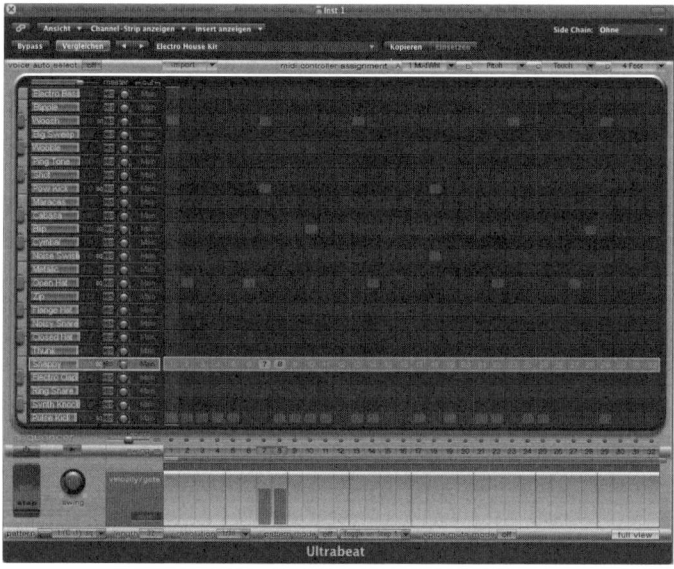

Bietet einen bessere Übersicht: der *Full-View*-Modus.

Sie können mit dem Stepsequenzer nicht nur die eigentlichen Sounds des Ultrabeats ansteuern und programmieren, sondern auch viele der klangformenden Parameter. Dazu müssen Sie zunächst den Kippschalter von *Voice* auf *Step* umlegen.

Umschalter zwischen den Funktionen: „Voice" und „Step".

Alle steuerbaren Parameter der Klangerzeugung sind nun gelb hinterlegt. Bewegen Sie kurz den Parameter (z. B. den *Cutoff*), den Sie steuern möchten. Nun können Sie im Stepsequenzer die Werte dieses Parameters ändern. Positive Werte erhöhen den Wert des Parameters, negative verringern ihn (immer ausgehend vom aktuell eingestellten Wert).

Diese Funktion eignet sich hervorragend, um zum Beispiel Filterverläufe zu erzeugen. Verändern Sie etwa periodisch den Wert für den Cutoff der Snare, um einem Pattern mehr Abwechslung zu verleihen.

Export ins Arrange-Fenster:
Um die erstellten Grooves nun sinnvoll in Ihr Logic-Arrangement einzubinden, bieten sich zwei Wege an. Zum einen können Sie die Beats per Drag and Drop ins Logic-Arrange-Fenster exportieren, wo sie dann als MIDI-Regionen vorliegen und bearbeitet werden können.

Um ein Pattern zu exportieren, klicken Sie auf die kleine Fläche links neben dem Patternauswahl-Feld.

Exportieren Sie erstellte Patterns einfach per Drag n Drop.

Drücken Sie bei gehaltener Maustaste darauf und ziehen Sie das Pattern auf die gewünschte Spur im Logic-Arrange-Fenster. Die MIDI-Region steuert nun den **Ultrabeat**. Denken Sie deshalb daran, im **Ultrabeat** den Sequenzer zu deaktivieren, da ansonsten alle Noten doppelt erklingen.

Die andere Methode besteht darin, im *Pattern Mode* die Patterns mit einzelnen Noten aus Logic heraus zu triggern. Dazu muss man diesen Modus im Ultrabeat am unteren Rand des Sequenzers aktivieren. Nun kann man über die Note, die im Namen der einzelnen Patterns enthalten ist, das jeweilige Pattern von Logic aus triggern und abspielen.

Samples importieren:
Neben der Möglichkeit, Drumsounds über die interne Klangerzeugung zu generieren, können Sie auch für jede Stimme ein Audio-Sample importieren und dieses zur Grundlage Ihres Sounds machen.

167

Der Ultrabeat kann auch Samples laden.

Klicken Sie dazu einfach auf das kleine Dreieck links oben im zweiten Oszillator und wählen Sie *Load Sample*.

Groove Templates

Mithilfe von Groove Templates kann man den Groove einer MIDI- oder einer Audio-Region auf die eigenen MIDI-Regionen übertragen. Das heißt, man kann sozusagen deren Feeling und Mikrotiming adaptieren und sich zunutze machen. Selbst erstellte Groove Templates tauchen dann in der Liste der möglichen Quantisierungsmuster auf und können auf eigene Regionen angewandt werden. Hilfreich kann ein Groove Template zum Beispiel dann sein, wenn man einen Song um ein Sample oder einen Drumloop herum aufbaut (Etwa bei einem Remix). Indem man die eigenen MIDI-Regionen mit dem Groove Template des Drumloops quantisiert, erreicht man ein stimmigeres Gesamtbild, da alle Parts des Songs mehr zusammen rücken.

Um eigene Groove Templates zu erzeugen, gehen Sie wie folgt vor:

Groove Templates aus MIDI-Regionen:
• Um ein Groove Template auf Basis einer MIDI-Region zu erstellen, selektieren Sie zunächst die gewünschte MIDI-Region.

• Wählen Sie dann den Befehl *Groove Template erzeugen* aus dem Menü *Optionen / Groove Templates*.

• In der Liste der Quantisierungsvorlagen erscheint ein neuer Eintrag mit dem Namen der MIDI-Region, aus der er stammt.

• Sie können nun in den Editoren oder aber auch über die Parameterbox im Arrange-Fenster auf diese Vorlage zugreifen. Allerdings nur, solange die Original-MIDI-Region vorhanden ist. Fehlt diese, geht auch das Quantisierungs-Raster verloren.

Groove Templates aus Audiofiles:
• Um ein Groove Template aus einer Audio-Region zu extrahieren, müssen Sie diese zunächst im Sample-Editor öffnen.

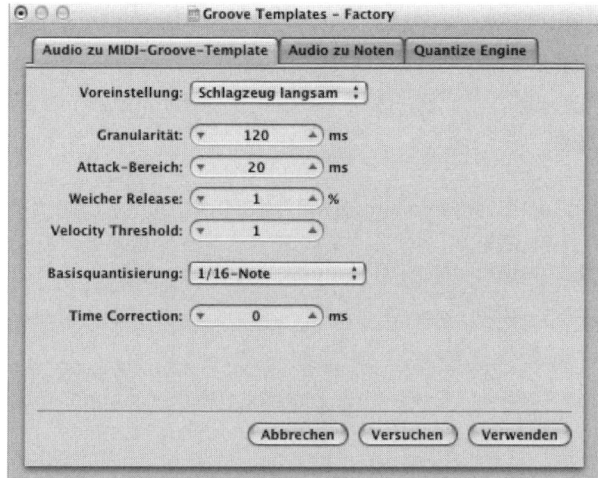

Die Funktion Audio
to Groove.

- Wählen Sie dort unter dem Menü *Factory* das Feld *Audio zu MIDI-Groove Template.*

Die Parameter entsprechen im Wesentlichen denen der *Quantize Engine* (Kapitel 4.3.1. *Timingkorrektur von Audioaufnahmen*) Beginnen Sie auch hier mit den Voreinstellungen, die Ihrem Material am nächsten kommen und modifizieren Sie diese bei Bedarf. Wichtig ist hier vor allem der Wert für die Basisquantisierung.

Nach dem Einstellen der Parameter klicken Sie auf *Verwenden*. Von nun an steht ein neues Groove Template als Quantisierungsvorlage zur Verfügung.

4.5. Logic Studio Instruments

Logic Studio bietet dem User mit den **Logic Studio Instruments** eine Sammlung von Klangerzeugern, die kaum Wünsche offen lässt. Vom Sampler **EXS24** und dem Drumcomputer **Ultrabeat** über die Vintage Keyboards **EVP88**, **EVB3** und **EVD6** bis hin zu den zahlreichen Synthesizern (allen voran **ES1**, **ES2** und **Sculpture**) hat man eine riesige Bandbreite an Klängen, Sounds und Presets. Das folgende Kapitel soll einen Überblick darüber geben, was es alles gibt und was mit den einzelnen Instrumenten möglich ist, sprich welche Synthesizer sich für welche Aufgaben am besten eignen. Außerdem wird es darum gehen, wie man Presets an den eigenen Song anpasst, etwa indem man die Klangfarbe ändert und Modulationen anpasst.

4.5.1. Synthesizer

Logic bietet insgesamt acht verschiedene Synthesizer, mit denen man fast alles abdecken kann, was man an elektronisch erzeugten Klängen so brauchen kann. Die drei wichtigsten werden hier kurz vorgestellt.

ES1

Der **ES1** ist ein klassisch aufgebauter, virtuell-analoger Synthesizer, der auf Basis der subtraktiven Synthese arbeitet. Er bietet zur Klangformung unter anderem einen Oszillator und einen Sub-Oszillator, ein Lowpass-Filter mit vier Typen (12dB, 18 dB, 24 dB classic und 24 dB fat) sowie eine Hüllkurve und einen LFO.

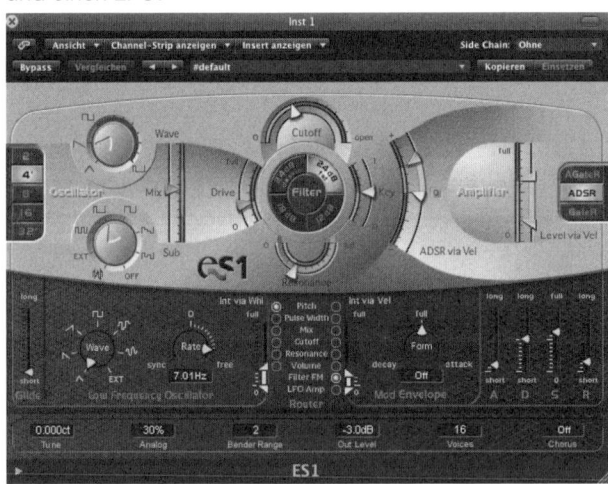

Einfacher Synthesizer auf Basis der subtraktiven Synthese: der ES 1

Anwendung von ES1:
• Die Stärken des **ES1** liegen bei druckvollen Bässen, Leads und elektronischer Percussion. Durch die übersichtliche Parametrisierung sind Sounds schnell angepasst.

• Durch die Möglichkeit, ein externes Audiosignal via Sidechain in den Signalfluss zu integrieren, eignet sich der ES1 außerdem sehr gut als Filterbox für allerhand Audiomaterial (siehe auch Kapitel 4.6. Sidechains).

 Zu folgendem Kapitel findet sich das Videotutorial 11 „ES1 als Filterbox" auf der beiliegenden CD.

ES2

Wesentlich aufwendiger als der **ES1** ist sein Nachfolger, der **ES2**. Wie man schon anhand des Screenshots erkennen kann, ist er wesentlich komplexer aufgebaut. Er bietet drei Oszillatoren, die außerdem synchronisiert und ring-moduliert werden können. Der erste Oszillator bietet zudem Frequenzmodu-lation (FM). Eine weitere Besonderheit des **ES2** stellen die über 100 digitalen Wellenformen dar, die ebenfalls als Grundlage für Sounds dienen können.

Anwendung von ES2:

• Der Grundsound des ES2 ist tendenziell als digital und etwas kühl, dabei jedoch sehr hochwertig zu bezeichnen.

• Durch den Aufbau mit drei Oszillatoren und zwei Filtern sind auch kom-plexe Sounds mit vielen Schwebungen kein Problem für den ES2.

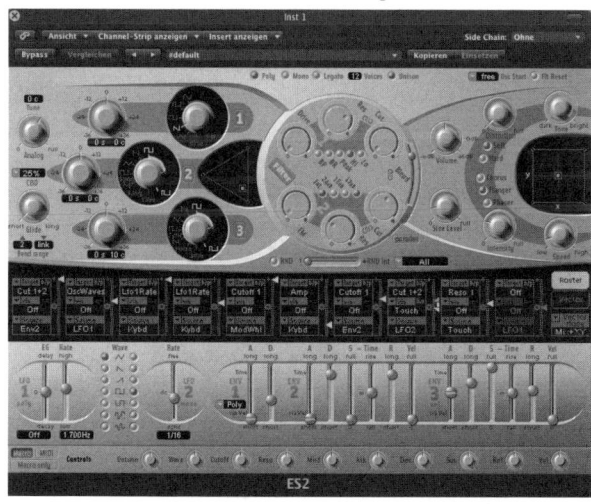

Aufwendiger Synthesizer für komplexe Sounds: der ES2.

• Im Zusammenspiel mit Stepsequenzern und Arppegiatoren sind vor allem die ES2-Presets der Kategorie „Sequence Elements" empfehlenswert.

• Wer auf bewegte Sounds und Flächen steht, sollte sich dagegen die Ab-teilung „Synth Motion Sequences" mal genauer anhören.

- Die Modulations-Matrix ist ähnlich wie beim EXS24 sehr umfangreich und ermöglicht nahezu unbegrenzte Möglichkeiten, um Sounds ständig in Bewegungen zu halten (siehe dazu auch Kapitel 4.5.3. *EXS24, Der Sampler*).

Sculpture

Sculpture ist ein sehr komplexer und vielseitiger Synthesizer auf Basis des „Component Modelling". Klänge werden erzeugt, indem eine virtuelle Saite erst zum Schwingen angeregt und dann moduliert und beeinflusst wird. Die Möglichkeiten gehen dabei weit über das hinaus, was man gemeinhin von einem Saiteninstrument erwarten würde. Neben überzeugenden Simulationen „echter" Instrumente ist **Sculpture** vor allem für alle Sounddesigner und Klangtüftler interessant, die auf der Suche nach neuen außergewöhnlichen Klängen sind.

Um sich mit den Möglichkeiten von **Sculpture** vertraut zu machen, sollte man zunächst einmal die vielen Presets unter die Lupe nehmen und diese ausgiebig antesten.

Danach lohnt ein Blick auf die Oberfläche des Plugins, die sich grob in drei Bereiche einteilen lässt. Der größte, silbern gehaltene Teil beherbergt die Synthese-Engine von **Sculpture**. Hier entsteht gewissermaßen der Klang. Der graublaue Bereich direkt darunter umfasst die Parameter der Modulationsquellen und der Hüllkurven. Im restlichen Bereich sind globale Steuerungselemente untergebracht.

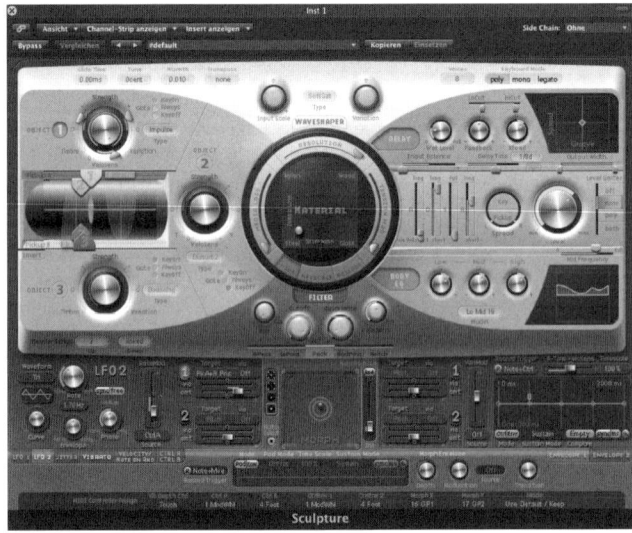

Modelling-Synthesizer: der Sculpture.

Anwendung von **Sculpture**

• Auch wenn **Sculpture** nicht primär dafür entwickelt wurde, probieren Sie einmal die Simulation von echten Instrumenten aus. Gerade die Basssounds wissen hier sehr zu überzeugen. Dadurch, dass der Klang bei jedem Ton neu berechnet wird, klingen die Ergebnisse authentischer als viele gesampelte Bässe.

• Morphen: erlaubt einem als Benutzer, bis zu fünf Snapshots von **Sculpture** zu erstellen und zwischen diesen zu überblenden. Gerade bei der Filmvertonung bietet dies interessante Möglichkeiten. Wie **Sculpture** zwischen den einzelnen Snapshots morpht, kann man in einem eigenen Feld per Maus einzeichnen oder aber über einen MIDI-Controller aufzeichnen.

Das Morph-Fenster von Sculpture.

• Über eine Random-Funktion kann man per Knopfdruck zufallsgenerierte Variationen des aktuellen Sounds erstellen. Zu finden ist der dafür zuständige Button rechts neben dem Morph-Feld, im unteren Teil von **Sculpture**.

Sounds anpassen

Meist wird man unter den vielen mitgelieferten Presets der einzelnen Synthesizer einen Sound finden, der zum eigenen Song passt. Oft wird dieser Sound aber nicht 100%ig passen und man verspürt den Wunsch, diesen Sound noch etwas zu modifizieren und an die eigenen Bedürfnisse anzupassen. Hier nun einige Vorschläge und Tipps, wie man dabei am besten vorgeht. Diese Vorschläge gelten dabei für alle Logic-Synthesizer:

173

• Oft werden Presets mit der Absicht programmiert, möglichst das volle Potenzial des Plugins auszuschöpfen und zu demonstrieren, was der jeweilige Synthesizer alles kann. Das mag für sich allein beeindruckend klingen, in einem Song-Zusammenhang kann es mitunter aber zu viel des Guten sein. Synthesizer-Presets nehmen oft viel zu viel Platz ein. Es kann also oft schon helfen, die Sounds etwas auszudünnen.

• Erster Ansatzpunkt sind die Effekte. Überprüfen Sie ob die eingebauten Effekte (Chorus, Delay ...) für den Sound wirklich nötig sind, oder ob man diese nicht später besser in der Mischung hinzufügt.

• Synthesizer im Unisono-Modus zu betreiben, ist ein beliebtes Mittel für imposante Sounds. Aber muss es immer die maximal mögliche Anzahl an Stimmen sein? Verringern Sie die maximal mögliche Anzahl an Stimmen für den Synthesizer und damit auch die Anzahl der Stimmen für den Unisono-Modus. Dadurch wird der Klang wieder etwas weniger „fett" und lässt mehr Luft für andere Sounds.

• Die wichtigsten Parameter eines Synthesizers sind meist die Filter Cutoff und Resonance. Damit wird der Klang maßgeblich bestimmt. Setzen Sie etwa beim Cutoff an, um mehr Höhen zu erhalten (Filter aufdrehen) oder diese zu dämpfen (Filter schließen).

• Setzt sich ein Sound nicht genügend durch, können Sie versuchen, ihn mit ein wenig „Drive" anzuzerren und so zu mehr Aggressivität zu verhelfen.

• Mit dem Attack-Regler der Hüllkurve können Sie bestimmen, wie „knallig" ein Sound ist. Erhöhen Sie Attack, wenn der Sound sich langsam entwickeln soll und verkürzen Sie ihn, wenn der Sound schneller erklingen soll.

• Modulationen: Schauen Sie sich an, welcher Parameter moduliert wird. Vielleicht ist Ihnen diese Modulation zu stark, schwächen Sie sie dann entsprechend ab, um sie subtiler zu gestalten. Oder wählen Sie längere Wiederholungsraten, um einen Sound ruhiger zu gestalten. Ist Ihnen der Sound dagegen zu leblos, dann verfahren Sie genau umgekehrt und modulieren Sie noch weitere Parameter.

4.5.2. Vintage Keyboards

Mit den drei Vintage-Keyboard-Plugins EVP88, EVB3 und EVD6 bietet Logic Pro die typischen 70er Jahre Retro-Keyboardsounds als Plugin an. Damit ist es mühelos möglich, den eigenen Tracks etwas Vintage-Flair zu verleihen.

EVP88
Das EVP88 bietet die Simulation einiger klassischer E-Pianos, allen voran natürlich des „Fender Rhodes Piano". Von Funk und Jazz über Rock bis hin zu aktuellen RnB-Produktionen ist es sehr universell einsetzbar und verleiht durch seinen charakteristischen Sound jedem Song eine besondere Note.

Bildet klassische E-Pianos nach: das EVP88.

Anwendung des EVP88:
• Der typische Klang eines E-Pianos entsteht unter anderem dadurch, dass man es über Gitarren-Amps verstärkt und abnimmt. Verwenden Sie das **EVP88** einmal im Zusammenhang mit dem **Guitar Amp Pro** nebst dessen eingebauten Effekten.

• Im Kontext eines Rock-Songs darf man ein E-Piano gerne auch mal etwas verzerren. Entweder mit dem eingebauten Drive- und Tone-Regler oder mittels eines vorgeschalteten **Guitar Amp Pro**.

• Für Balladen eignen sich die eingebauten Modulationseffekte wie Phaser und Chorus.

EVB3

Das Orgel-Plugin **EVB3** wurde einer klassischen Hammond-Orgel nachempfunden. Es kann in vielerlei musikalischen Stilistiken von Rock über Reggae bis hin zum Jazz eingesetzt werden.

Die Simulation einer Hammond-Orgel nebst Leslie: EVB3.

Anwendung von EVB3:

• Der Klang einer Orgel wird hauptsächlich über die Zugriegel bestimmt. Schon dezente Änderungen machen sich in ganz neuen Sounds bemerkbar. Verstehen Sie die Zugriegel dabei ähnlich wie einen EQ - die Zugriegel ganz links steuern die tiefen Töne, weiter rechts werden die Höhen geregelt.

• Ein Orgelsound ohne Leslie ist nur ein halber Orgelsound. Aktivieren Sie das eingebaute Leslie rechts unten und stellen Sie *Speed Control* einmal auf *ModWheel*, dadurch wird die Geschwindigkeit des Leslie über das Modulations-Rad Ihres Keyboards gesteuert. Spielen Sie nun mit der Geschwindigkeit des Leslie und zeichnen Sie das Ergebnis mittels Automation auf. Betonen Sie bestimmte Songstellen durch schnellere Leslie-Bewegungen.

EVD6

Das **EVD6** bildet ein Hohner-Clavinet nach. Einsatz findet es vor allem für funky gespielte Begleitpatterns.

Eine Nachahmung des Hohner-Clavinets: EVD6.

Anwendung von EVD6:

• Bekannt ist das Vorbild des **EVD6**, das Hohner-Clavinet, vor allem für funky gespielte Begleitpatterns in Funk und Soul-Tracks. Um diese Sound zu erreichen, müssen Sie mit kurzen, hart angeschlagenen Notenwerten arbeiten.

• Ein typischer Effekt für Clavinet-Sounds ist der mit eingebaute Wah-Wah-Effekt. Eigentlich ein Gitarren-Effekt, klingt er hervorragend zu Clavinet-Sounds. Auch ein Distortion-Effekt trägt zum richtigen Feeling bei, gerne darf es dabei auch etwas heftiger zur Sache gehen.

• Apropos Gitarre: Das EVD6 bietet unter seinen Presets auch einige sehr gelungene Emulationen von Gitarren. Auch die Simulation einer Harfe findet sich dort. Beide klingen zwar nicht unbedingt 100 % authentisch, warten aber mit einem eigenständigen interessanten Sound auf. Genauso wie die vielen Effekt-Sounds, die mehr nach einem Synthesizer, denn nach einem Clavinet klingen. Alle zusammen sind lohnenswerte Ausgangspunkte für außergewöhnliche Sounds, die man so mit keinem Synthesizer hin bekommt.

4.5.3. EXS24, der Sampler

Der **EXS24** ist der Sampler unter Logic's Instrumenten. Als Klangquelle dienen ihm sowohl die mitgelieferte Werkslibrary als auch Sample-CD's von Drittherstellern. Außerdem kann er sämtliche Sounds der mitgelieferten Jam Packs laden und editieren. Diese GarageBand-Instruments kommen zwar standardmäßig mit einem eigenen Player, können aber auch im **EXS24** geladen werden, wo dann mehr Möglichkeiten zur Editierung bereitstehen.

Wir werden in diesem Kapitel lernen, wie man Sample-CD's mithilfe des **EXS24** in das EXS-Format konvertiert und dauerhaft auf der Festplatte speichert. Außerdem wird es darum gehen, den **EXS24** als vollwertigen Synthesizer zu verwenden und zu guter Letzt wird der Einsatz des Kanaltrenners im Zusammenspiel mit mehreren Spielweisen erläutert.

Der **EXS24** war einer der ersten virtuellen Sampler überhaupt und trotz seiner vergleichsweise simplen Struktur und seinem einfachen Aufbau, bietet er einige Vorteile, die weit über die Rolle eines „Arbeitspferdes" hinausgehen.

Doch zunächst ein grober Überblick über die Hauptfunktionen:

Zentral in der Mitte findet sich ein Pop-up-Menü zum Laden der Sounds. Direkt darunter findet sich die Filtersektion zur Formung des Klangs. Links neben dem Filter kann man via *Tune* den **EXS24** stimmen. Darüber wiederum befinden sich Schalter und Felder für Stimmenanzahl und den Unisono-Modus.

EXS24, der Sampler in Logic.

Die Mitte des Plugins wird dominiert von der sehr flexiblen Modulations-Matrix. Unterhalb der Modulations-Matrix schließlich finden sich die drei LFO´s und die beiden Hüllkurven.

Importieren von Fremdformaten
Wenn Sie Ihre „alten" Sample-CD´s mithilfe des EXS konvertieren, haben Sie sie bequem auf Ihrer Festplatte verfügbar und können jederzeit schnell und unkompliziert darauf zugreifen.

Der **EXS24** speichert Multisamples im eigenen EXS-Format. Zu jedem Instrument gibt es ein sogenanntes *Sampler-Instruments-File* und einen Ordner mit den dazugehörigen Wav-Dateien. Ersteres muss immer immer in folgendem Ordner liegen:
~ / *Library* / *Application Support* / *Logic* / *Sampler Instruments*

Die eigentlichen Samples können sich auch irgendwo auf einer externen Platte befinden.

Zum Konvertieren gehen Sie wie folgt vor:

AKAI-CD´s werden importiert, indem man im **EXS24** auf den *Options*-Button rechts oben klickt. Hier gibt es einen Unterpunkt *AKAI-Konvertierung*. Klicken Sie darauf und Sie gelangen zu einem Fenster, in dem man auswählen kann, welche Sounds der eingelegten AKAI-CD konvertiert werden sollen oder ob man die ganze CD wandeln möchte.

Beachten Sie, dass OS X von Haus aus AKAI -CD´s nicht lesen kann und deshalb beim Einlegen einer AKAI-CD ins Laufwerk eine Fehlermeldung anzeigt. Klicken Sie hier einfach auf *Ignorieren* und starten Sie den Konvertierungsvorgang.

Ignorieren Sie einfach diese Meldung des Betriebssystems.

Andere Formate wie etwa Gigasampler oder Soundfonts müssen Sie zunächst auf Ihre Festplatte kopieren und zwar an den Ort:

~ / *Library* / *Application Support* / *Logic* / *Sampler Instruments*.

Sie können die entsprechenden Sounds dann im Wahlmenü wie ganz normale EXS-Sounds laden. Beim ersten Laden wird die Datei ins EXS-Format konvertiert und die Originaldatei kann hinterher gelöscht werden.

Die erzeugten EXS-Instrumente finden Sie anschließend ebenfalls im Ordner:

~ / Library / Application Support / Logic / Sampler Instruments.

Die zugehörigen Samples befinden sich jeweils in einem eigenen Ordner pro Format unter:

~ / Library / Application Support / Logic.

Also etwa alle AKAI-Samples unter:

~ / Library / Application Support / Logic / AKAI,

alle Giga-Samples unter:

~ / Library / Application Support / Logic / Giga

usw.

Sie können nun die Sampler-Instruments-Files in Ordner gruppieren und diese aussagekräftig benennen, damit Sie sich nahtlos in die Werkslibrary integrieren. Die eigentlichen Samples kann man auch auf eine schnelle externe Platte verschieben, um die Systemplatte freizuhalten und um eine bessere Performance zu erreichen.

Neben den hier vorgestellten Fremdformaten kann der **EXS24** auch REX-Loops in spielfertige Instrumente wandeln, mehr dazu im Kapitel 4.4.3. *Arbeiten mit Loops.*

EXS24 als Synthesizer

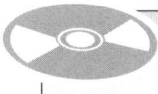

Zu diesem Thema gibt es auch einen Logic-Song auf der beiliegenden CD-ROM

Zu folgendem Kapitel findet sich das Videotutorial 12 „EXS24 als Synthesizer" auf der beiliegenden CD.

Logic's Sampler kann nicht nur akustische Instrumente mithilfe von Samples simulieren, sondern eignet sich auch hervorragend als Synthesizer. Grund dafür sind zum einen die vielen mitgelieferten Wellenformen von analogen oder digitalen Synthesizern (ehemals bekannt als Xtreme Analog und Xtreme Digital Sample-CD's). Diese beinhalten viele rohe Wellenformen von Hardware-Synthesizern, die prima als Ausgangsbasis für eigene Sounds benutzt werden können. Zum anderen bietet der **EXS24** mit seiner Modulations-Matrix vielfältige Möglichkeiten, um leblose Klänge zu modulieren. Nicht zu vergessen das gut klingende Filter. Und, zu guter Letzt verbraucht der **EXS24** im Gegensatz zu so manchem anderen Software-Synthesizer kaum CPU-Leistung.

All diese Möglichkeiten werden im Folgenden anhand einiger Beispiel-Sounds Schritt für Schritt erklärt. Öffnen Sie dazu den entsprechenden Logic-Song auf der CD-ROM und versuchen Sie, die einzelnen Schritte nachzuvollziehen, um sich mit den Möglichkeiten des **EXS24** vertraut zu machen.

Synth-Bass

• Ausgangsbasis ist der Sound *Sawone* aus der Kategorie *Synth Waveforms* (unter *Analog Waveforms*). Spielen Sie zunächst ein wenig damit herum: Wir hören einen schon recht ordentlichen Bass.

• Um diesen noch „fetter" zu bekommen, bemühen wir den *unisono*-Button. Der **EXS24** spielt nun standardmäßig mit acht Stimmen den geladenen Sound. In diesem Beispiel ist das schon zu viel des Guten - sprich, der Sound ist übersteuert und viel zu laut.

• Damit der **EXS24** im Unisono-Modus weniger Stimmen benutzt, reduzieren Sie einfach die Anzahl der insgesamt verfügbaren Stimmen auf zum Beispiel vier (im Feld *voices* links neben dem *unisono*-Button).

- Weiter formen kann man den Klang nun mit dem Filter. Etwa, indem man den *Cutoff* etwas öffnet, um mehr Obertöne zu bekommen und gleichzeitig den *Drive*-Regler erhöht, um mehr Schmutz und Aggressivität zu verleihen. Fertig ist der Synth-Bass.

Pad-Sounds modulieren

Richtig interessant wird es, wenn man die in der Mitte des Instrumentes angeordnete Modulations-Matrix hinzuzieht, um Sounds mehr Leben und Bewegung zu verschaffen. Das bietet sich natürlich vor allem bei Flächen und Pads an. Mithilfe der Matrix können Sie, ähnlich wie bei einem Modularsystem, bis zu zehn Ziele (*destinations*) von eben so vielen verschiedenen Quellen (*sources*) steuern lassen. Außerdem kann die Stärke der Modulation mithilfe einer weiteren Quelle (*via*) gesteuert werden. Auch hierzu ein kleines Beispiel:

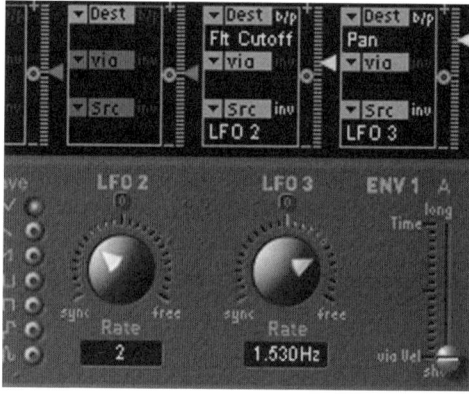

Die Modulations-Matrix des EXS 24

- Grundlage ist hier der Pad-Sound *LA Pad INIT* aus der Werkslibrary. Zunächst wird nach dem Laden das Filter aktiviert. Drehen Sie dann den *Cutoff* etwas zurück (auf ca. 60 %).

- Im Bild oben sehen Sie bereits eine fertig eingerichtete Modulation. Hier steuert der *LFO2* (als Quelle) den *Filter-Cutoff* (als Ziel). Die Stärke der Modulation steuern Sie mit dem kleinen grünen Dreieck.

- Alternativ können Sie auch über das Pop-up-Menü bei via eine Quelle für die Stärke der Modulation wählen - etwa das Modulationsrad ihres Masterkeyboards.

- Die Wellenform von *LFO2* stellen Sie links ein. In diesem Fall wurde die Geschwindigkeit rechts daneben auf langsame zwei Takte eingestellt.

- Als zusätzliche Klanggestaltung moduliert der dritte LFO noch das Panorama des Sounds, um etwas mehr Bewegung zu erhalten.

Denken sie daran, Modulationen möglichst immer synchron zum Song zu halten. Eine Fläche, bei der die Cutoff-Frequenz mit schnellen 8tel moduliert wird, kann beispielsweise den Groove eines Songs sehr gut unterstützen.

Sidechain:
Eine weitere interessante Quelle für Modulationen ist der Sidechain-Eingang des **EXS24**.

- Legen Sie dazu zunächst eine Audiospur an und importieren Sie auf diese einen Drumloop Ihrer Wahl. Deaktivieren Sie den Output für diesen Kanal. Schließlich soll der Loop nur als Steuersignal verwendet werden und selbst nicht hörbar sein.

- Rechts oben im Fenster des **EXS24** findet sich ein Pop-Uup-Menü für die Wahl des Sidechains, wählen Sie hier die Audiospur, auf der ihr Drumloop liegt.

- In der Modulations-Matrix wählt man nun als Ziel erneut den Cutoff und als Quelle den Sidechain.

- Wenn man nun dezent die Stärke der Modulation erhöht, hört man, wie der Drumgroove die Fläche beeinflusst.

Das funktioniert natürlich nur bei laufendem Sequenzer. Es empfiehlt sich daher, zunächst die gewünschten Akkorde aufzuzeichnen und Logic im Cycle-Modus laufen zu lassen. So kann man sich ganz dem Einstellen des Sounds widmen.

Alle diese Tipps gelten natürlich auch für andere Sounds und Klänge. Nehmen Sie sich Zeit, um mit den vielen Werksounds des **EXS24** herumzuprobieren und versuchen Sie, die Klänge mit den gezeigten Tipps Ihren Vorstellungen anzupassen.

Sounddesign mit dem EXS24

Hier folgt nun ein kleiner Ausflug in die Ton-Postproduktion, also das Anlegen und Abmischen von Geräuschen zu einem Film oder einem Hörspiel.

Prinzipiell würde man für solche Zwecke eher auf Soundtrack Pro zurückgreifen, da es genau dafür gemacht wurde und gegenüber Logic Pro entscheidende Vorteile im Handling von Audiofiles bietet. Allerdings kann man den **EXS24** ganz gut fürs Sounddesign „missbrauchen".

Angenommen, man hat eine Reihe Sounds, die synchron zum Bild angelegt werden müssen, etwa Tritte und Schläge bei einer Kampfszene. Dann baut man sich mit den benötigten Geräuschen ganz einfach ein EXS24-Instrument und kann nun die Geräusche ganz einfach live und synchron zum Bild auf der Tastatur„spielen" und muss nicht jedes Sample von Hand anlegen.

Mehrere Artikulationen durch Kanaltrenner

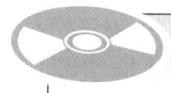

Zu diesem Thema gibt es auch einen Logic-Song auf der beiliegenden CD-ROM

Wenn Sie viel mit gesampleten Naturinstrumenten wie etwa Streichern arbeiten, wird Ihnen folgendes Problem bekannt sein: Streicher etwa können eine Vielzahl von Spielweisen auf ihrem Instrument umsetzen: legato, staccato oder pizzicato, um nur ein paar zu nennen. Wenn Sie nun für jede Spielweise eine neue Spur mit einem **EXS24** anlegen, wird das Ganze sehr schnell unübersichtlich und unkomfortabel zum Editieren, da jede Spielweise eine neue MIDI-Region im Arrange-Fenster bedeutet und Sie ständig zwischen diesen wechseln müssen.

Abhilfe können Sie mit dem *Kanaltrenner* schaffen. Dieses Objekt finden Sie etwas versteckt im Environment von Logic Pro. Die hier vorgestellte Methode kostet zwar etwas Zeit, belohnt Sie aber mit einem schnelleren Workflow. Aber der Reihe nach:

• Erzeugen Sie zunächst bis zu 16 Audio-Instrumente im Mixer oder im Arrange-Fenster und laden Sie in jeder Spur eine Instanz des EXS24 jeweils mit einer anderen Spielweise ein und desselben Instrumentes. (Auf der beiliegenden CD-ROM finden Sie auch ein Logic-Projekt, in dem bereits ein Kanaltrenner beispielhaft verkabelt ist.) Bei einer Violine könnte das zum Beispiel so aussehen:

Audio-Instrument	MIDI-Kanal	Spielweise
1	1	Legato
2	2	Sustain
3	3	Portamento
4	4	Staccato 1
5	5	Staccato 2
6	6	Pizzicato 1
7	7	Pizzicato 2
8	8	Tremolo
9	9	Thriller Ganzton
10	10	Thriller Halbton
11	11	Crescendo
12	12	Decrescendo
13	13	Marcato
14	14	Detache
15	15	Con Sordino
16	16	Vibrato

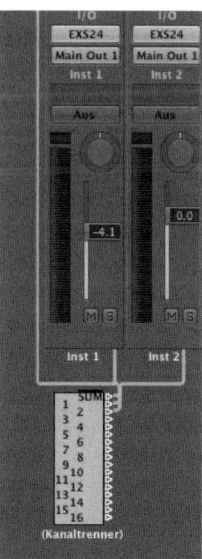

- Gehen Sie nun ins Environment-Fenster und hier auf die Mixer-Ansicht. Erzeugen Sie einen *Kanaltrenner* im Menü *Neu*.

- Verbinden Sie dessen Ausgänge mit den einzelnen Kanalzügen, indem Sie die kleinen Dreiecke am *Kanaltrenner* mit der Maus anpacken und zu einem Audio-Instrument ziehen und dort loslassen.

- Im Arrange-Fenster erzeugen Sie eine neue Spur und wählen den *Kanaltrenner* als Spurobjekt. (Mit rechter Maustaste bzw. mit *Ctrl.* + *Klick* auf eine beliebige Spur klicken und dann *Spurobjekt neu zuordnen* wählen und hier dann den *Kanaltrenner* auswählen.)

- Wenn Sie nun eine MIDI-Region auf der Spur des *Kanaltrenners* anlegen, können Sie über den MIDI-Kanal der einzelnen Note entscheiden, welche Instanz des **EXS24** und damit auch welche Spielweise

Der Kanaltrenner im Logic-Environment.

angesprochen werden soll. Die Zuordnung einzelner Noten zu einem bestimmten MIDI-Kanal erfolgt über den Event-Editor (Tastenkürzel *E*). Das Ganze wird anschaulich durch das nächste Bild:

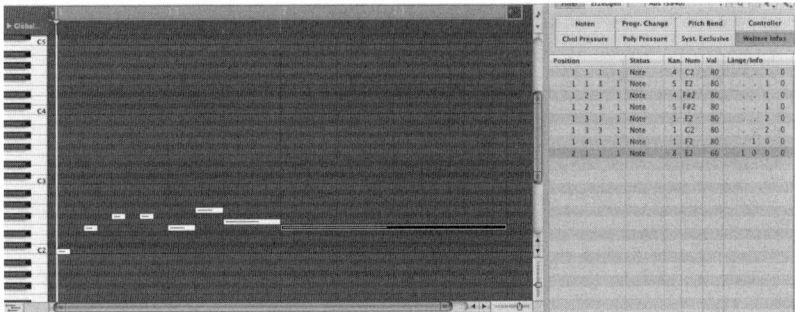

Links die Noten im Pianorollen-Editor, rechts die Darstellung im Event-Editor

Links sieht man die Noten im Pianorollen-Editor, rechts die etwas kryptische Darstellung der gleichen Region im Event-Editor. Wichtig ist hier nur die dritte Spalte, in der die MIDI-Kanäle zugeordnet werden. In diesem Beispiel erklingen die ersten vier kurzen Noten abwechselnd auf Kanal vier und fünf. Das ist laut der Tabelle oben jeweils ein Staccato-Sound. Dadurch, dass man zwei verschiedene Staccato-Samples sich abwechseln lässt, verhindert man einen allzu künstlichen Klangeindruck durch ständige Wiederholung („Machine-Gun"- Effekt). Entsprechend ordnet man dann auch die anderen Noten der jeweils gewünschten Spielweise zu.

Für ein besseres Handling der ganzen EXS-Instanzen kann man nun alle Kanalzüge zu einer Gruppe zusammenfassen, damit sich Volume oder Panoramaänderungen auf alle Spielweisen auswirken.
Außerdem kann man die Spuren im Arrange-Fenster getrost mittels der *Hide*-Funktion verstecken, um das Arrangement übersichtlich zu halten.

Da das obige Szenario mit etwas Arbeit verbunden ist, sollte man sich das einmal erstellte Setup als Template speichern, um immer wieder darauf zurückgreifen zu können. Das hat noch einen zweiten Vorteil: Hat man solch ein Setup erst einmal erstellt, muss man sich nie wieder darum kümmern. Schließlich ist nichts ärgerlicher, als während einer kreativen Schaffensphase im Environment rumzubasteln und Strippen ziehen zu müssen. Ist man damit fertig, ist die Inspiration mit Sicherheit verloren gegangen!

Außerdem sollte man für alle Instrumente die gleiche MIDI-Kanalbelegung wählen (siehe Tabelle oben). Wenn der Sustain-Sound immer auf MIDI-Kanal

2 liegt, verinnerlicht man sich dies mit der Zeit und muss irgendwann nicht mehr darüber nachdenken. Auch das fördert die Konzentration auf die Musik und erhöht das Arbeitstempo.

Sie können übrigens zunächst jede Melodie erst einmal mit einem Sound einspielen und die Zuordnung zu den MIDI-Kanälen in einem zweiten Durchgang vornehmen.

Sie arbeiten gar nicht mit Streichern, sondern eher mit Instrumenten aus dem Pop- oder Rockbereich? Auch dann kann der *Kanaltrenner* für Sie eine Hilfe sein. Denn auch Gitarre oder Bass bieten mehr als eine Spielweise. Ein mögliches Setup für einen E-Bass könnte etwa wie folgt aussehen:

• MIDI-Kanal 1 enthält einen mit Finger gespielten Sound

• MIDI-Kanal 2 dagegen einen Slap-Basssound

So können Sie gezielt einzelne Phrasen mit einem Slap-Sound spielen, um in bestimmten Songteilen Akzente zu setzen.

4.6. Sidechains

Mithilfe von Sidechains können ein oder mehrere Parameter eines Instrumentes oder eines Effekts statt vom eigentlich anliegenden Signal von einer externen Quelle gesteuert werden. Das kann zum Beispiel eine andere Audiospur sein. Logic bietet bei vielen Plugins die Möglichkeit an, via Sidechain beispielsweise den **Compressor** oder aber die Modulation bei einem Synthesizer von außen zu steuern. Einige dieser Möglichkeiten sind im Folgenden aufgeführt.

Sidechains bei Instrumenten:
Auch im Zusammenspiel mit Instrumenten gibt es Anwendungsmöglichkeiten für Sidechains. So kann man beispielsweise einen der Synthesizer aus Logic als Filterbox für Drumloops und andere Spuren verwenden oder aber statische Synthesizer-Flächen oder Pads modulieren.

ES1 als Filterbox:

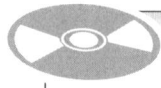 Zu diesem Thema gibt es auch einen Logic-Song auf der beiliegenden CD-ROM

Der **ES1** eignet sich neben seiner Funktion als Synthesizer auch hervorragend als Filterbox für Drum- und Percussionloops. Im entsprechenden Logic-Projekt auf der CD-ROM finden Sie dieses Beispiel schon fertig eingerichtet.

1. Zunächst benötigt man einen Drumloop, den man auf eine Spur im Logic-Arrange-Fenster zieht und per Cycle im Kreis laufen lässt. Den Output dieser Spur deaktiviert man, damit man später nur den bearbeiteten Loop hört.

2. Auf einer zweiten Spur lädt man eine Instanz des **ES1** und wählt als *Sidechain*-Input den Loop aus dem letzten Schritt und für den unteren Sub-Oszillator *Ext* als Option. Damit wird der Sidechain-Eingang gewissermaßen zum Oszillator des **ES1**. Nun stell man den Mixregler für die beiden Oszillatoren ganz nach unten, damit auch nur dieser hörbar ist (siehe auch Foto unten).

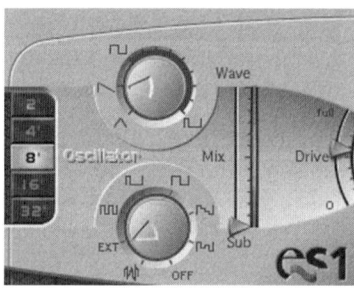

So wird der ES 1 zur Filterbox.

3. Damit man nun etwas hören kann, muss Logic laufen und der **ES1** muss mit MIDI-Noten gefüttert werden. Am besten nimmt man einige Noten mit dem **ES1** auf und lässt diese im Kreis laufen. So kann man in aller Ruhe an den Parametern des **ES1** schrauben und hören, wie sich der Klang des Loops verändert.

Pumpende Flächen:

 Zu folgendem Kapitel findet sich das Videotutorial 13 „Pumpende Flächen" auf der beiliegenden CD.

In vielen aktuellen Clubproduktionen hört man stark im Rhythmus des Songs pumpende Flächen. Über Sidechains kann man so etwas sehr schnell nachbauen. Man braucht lediglich einen Synthesizer, der die Fläche oder das Pad liefert (etwa den **ES2**) und eine Spur, die den Rhythmus für das Pumpen vorgibt. In den meisten Fällen wird das die Bassdrum sein. Man wählt dann im Synthesizer die Bassdrum als Sidechain-Eingang und moduliert damit Lautstärke oder *Cutoff* der Fläche.

In Kapitel 4.5.3. *EXS24, der Sampler* wird dazu noch beschrieben, wie man auch weitere Parameter eines Instrumentes via Sidechain modulieren kann.

Sidechains bei Effekten:

Ducking:
Mit Ducking bezeichnet man einen vor allem beim Radio eingesetzten Effekt, bei dem die Stimme des Moderators die Lautstärke der Musik regelt. Dazu wird die Musik mit einem Kompressor versehen, dem wiederum als Sidechain-Input die Stimme des Moderators zugeführt wird. Spricht nun der Moderator, so wird der eingestellte Threshold-Wert überschritten, der Kompressor wird aktiv und regelt die Musik runter, man kann den Sprecher hören. Ist sein Beitrag beendet, regelt der Kompressor wieder zurück, die Musik kehrt zu ihrer ursprünglichen Lautstärke zurück.

Der Kompressor wird also nicht vom anliegenden Signal, nämlich der Musik, geregelt, sondern von einem externen Signal, der Stimme des Moderators. Lediglich die Kompression selber wirkt sich auf die Musik aus.

Ein mögliches Anwendungsgebiet für Ducking in Logic wäre etwa die Produktion eines Podcasts oder aber die Vertonung eines Dokumentarfilms mit Sprecher und Musik.

Anwendung von Ducking:
1. Zunächst legt man auf zwei separaten Spuren Musik und Sprache an.

2. Auf der Musikspur fügt man dann eine Instanz des Logic-**Compressors** ein.

3. Als *Sidechain-Input* wählt man bei diesem wiederum die Spur mit
der Stimme.

Für Ducking-
Effekte wählt
man die Spra-
che als Side-
chain-Input.

4. Als Nächstes stellt man den *Threshold* so ein, dass der **Compressor**
jedes Mal anspringt wenn der Moderator etwas spricht. Man sollte
aber aufpassen, dass der **Compressor** nicht bereits anspricht, wenn
lediglich ein Rascheln oder Atmen auf der Sprachspur zu hören ist.

5. Dann kommen *Attack* und *Release* an die Reihe. *Attack* sollte man
relativ kurz wählen, damit die Musik auch sofort runtergeregelt wird,
wenn der Moderator spricht und nicht noch die erste Hälfte des Sat-
zes von Musik überdeckt wird. *Release* dagegen darf ruhig etwas
länger sein, damit nicht sofort bei jeder Atempause die Musik wieder
hochfährt.

Wenn der **Compressor** sorgfältig eingestellt wird, kann man sich auf diesem
Weg die Automation der beiden Spuren sparen, wo man bei jedem Spra-
cheinsatz die Musik aus- und später wieder einfaden würde.

Weitere Einsatzmöglichkeiten für Ducking:
• Komprimieren Sie die Bassspur mit einem Sidechain bestehend aus der
Bassdrum. Dadurch setzt sich die Bassdrum besser durch und kommt
sich nicht mit dem Bass in die Quere, da dieser ja jedes Mal im Pegel
abgesenkt wird, sobald die Bassdrum gespielt wird. Natürlich sollte die
Absenkung hier nur dezent eingestellt werden.

• Prinzipiell kann man diese Methode auch auf ganze Mixe anwenden, etwa wenn sich der Sänger oder die Sängerin nicht richtig durchsetzen. Routen Sie dazu den ganzen Mix ohne den Gesang auf einen Subgruppe und fügen Sie dort einen **Compressor** ein. Als Sidechain wird natürlich die Stimme gewählt. Nun kann sich der Gesang besser durchsetzen, da die Band sich ja jedes Mal, wenn der Gesang einsetzt, etwas „zurücknimmt".

• Wenn Sie einen Mix zum „Pumpen" bringen möchten, dann setzen Sie einen **Compressor** auf die Summe ein und lassen ihn via Sidechain von der Bassdrum triggern. Das funktioniert am besten mit einer „Four-to-the-Floor"-Bassdrum, die auf alle Viertelschläge spielt. (Die generelle Funktionsweise des **Compressors** wird in Kapitel 5.4. *Dynamics* erläutert.)

5. Mischen und Mastern

Während es in den vorangegangenen Kapiteln um das Aufnehmen und Optimieren von Audiospuren und MIDI-Regionen ging, soll es nun um das Mischen dieser Spuren gehen. Dazu werden alle dafür benötigten Tools und Effekte vorgestellt.

Außerdem wird von Mixstrategien die Rede sein und davon, wie man sich am besten auf eine Mix-Session vorbereitet. Abschließend noch ein kurzer Ausblick, was mit den Mastering-Tools in Logic Pro möglich ist. Die einzelnen Unterkapitel entsprechen dem ungefähren zeitlichen Verlauf des Mischvorgangs. Sie können also Kapitel für Kapitel lesen und dann immer wieder an Ihrer Mischung weiterarbeiten.

5.1. Vorbereitungen

Das Mischen eines Songs gehört zu den kreativen Parts einer Produktionsphase. Natürlich geht es auch darum, einen gewissen technischen Standard zu erfüllen, aber eben auch darum, das vorhandene Material zu einem großen Ganzen zusammenzusetzen.

Man kann sich aber nur voll auf seine Kreativität konzentrieren, wenn man zuvor alles Störende und Ablenkende erledigt beziehungsweise ausgeblendet hat. Im Folgenden deshalb ein paar Anregungen, die der Vorbereitung aufs eigentliche Mischen dienen.

Am Anfang dieser Mix-Vorbereitungen stehen dabei folgende Überlegungen. Sicher kennen Sie die Situation: Sie sind mitten im Mischen, arbeiten hochkonzentriert an der Ausbalancierung der Lautstärkeverhältnisse der einzelnen Spuren oder an der Dosierung des Hallanteils für die Stimme. Genau dann klingelt das Telefon und Sie müssen sich minutenlang mit einem völlig anderen Thema beschäftigen (nehmen wir einmal an, Ihr Steuerberater ist dran und benötigt noch Unterlagen aus dem Vorjahr). Oder aber Sie möchten ein weiteres, externes Hallgerät einbinden, bis Sie ein funktionierendes Kabel gefunden haben und alles läuft, sind Sie ebenfalls einige Zeit beschäftigt.

In beiden Fällen werden Sie die Konzentration auf ihren Mix verloren haben und müssen diese mühsam wieder aufbauen. Sorgen Sie deshalb VOR Beginn der Mischung für optimale Arbeitsverhältnisse ganz einfach dadurch, dass Sie etwa ihr Telefon abstellen und das Hallgerät schon vor der Mischung verkabeln und die Kabel durchchecken.

Nachfolgend deshalb zunächst einige Tipps, wie man ein Höchstmaß an Konzentration erreichen kann, indem man alles Ablenkende ausblendet oder vorher erledigt:

Arrange-Fenster aufräumen und benennen:
Während einer Aufnahmesession sammeln sich im Arrange-Fenster oft unzählige Spuren und Takes an. Meist liegen diese auch noch mehr oder weniger wirr durcheinander, sind verwirrend beschriftet und haben alle die gleiche Farbe.

Das Arrange-Fenster vor dem Aufräumen

Sorgen Sie deshalb als Erstes hier für Ordnung, das kostet Sie maximal 10 - 15 Minuten pro Song, erleichtert aber die Arbeit beim Mischen ungemein, da man in einem aufgeräumten Arrange sofort sieht, wo man sich befindet.

Zunächst sollte man dazu alle Takes, wie in Kapitel 4 ausführlich beschrieben, editieren und die besten Phrasen zusammen schneiden. Takes und Phrasen, die keine Verwendung im Mix finden, entfernt man aus dem Arrange. Danach ordnet man die Spuren sinnvoll an und färbt sie ein, um eine bessere optische Übersicht zu haben.

Zusammengehörige Spuren (Alle Drum- oder alle Chorspuren) kann man auch in Ordner verpacken, um noch mehr Übersicht zu bekommen. Außerdem sollte man natürlich spätestens jetzt alle Spuren und die Regionen im Arrange aussagekräftig benennen. All diese Aufgaben gehören aber wie gesagt erledigt, BEVOR man mit dem Mischen beginnt.

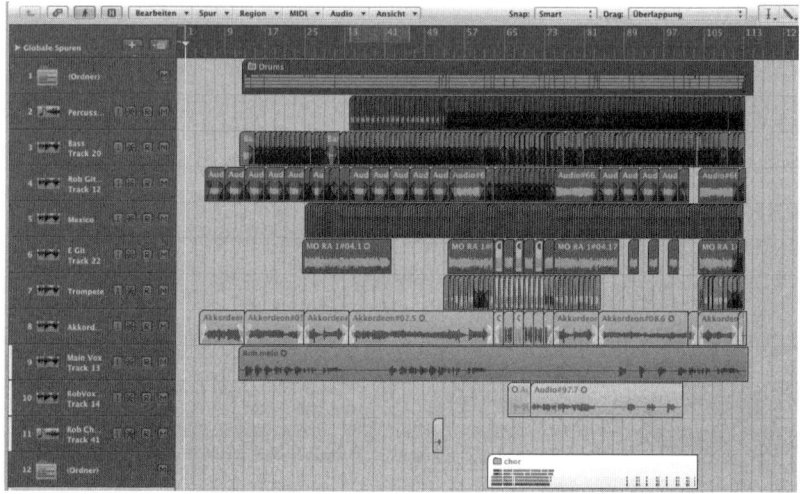

Das Arrange-Fenster nach dem Aufräumen

Mixer einrichten und Outboard-Equipment verkabeln:

Als Nächstes bereitet man den Logic-Mixer vor. Wenn Sie externe Geräte einbinden möchten, dann überlegen Sie sich jetzt, welche Geräte Sie auf welchen Spuren benutzen möchten und verkabeln Sie diese über das i/o-Plugin wie in Kapitel 3.8. *Externe Hardware einbinden* beschrieben. Entfernen Sie alle Kanäle und Spuren, die nicht benutzt werden, das verwirrt nur unnötig.

Auch Plugins kann man bereits jetzt einfügen. Mit ziemlicher Sicherheit werden Sie auf fast allen Spuren zumindest ein wenig EQ hinzufügen. Laden Sie also gleich zu Beginn in jeden Kanal eine Instanz des Logic **Channel EQ**. Schalten Sie jeweils einen Low-Cut bei ca. 40 Hz ein. Darunter befinden sich nur noch Störanteile, die man wegfiltern sollte (dazu mehr im Kapitel über EQ´s weiter unten). Auch andere Plugins wie den **Compressor** können Sie schon einfügen und zunächst auf Bypass schalten.

Überlegen Sie sich außerdem, wie viele Send-Effekte (Hall und Delay) Sie verwenden möchten und richten Sie die entsprechenden Aux-Kanäle und die Sends in den einzelnen Kanälen ein.

Wenn Sie schon ungefähr wissen, welchen Hall Sie verwenden möchten, dann können Sie auch bereits den **Space Designer** mit den gewünschten Impulsantworten laden. Stellen Sie diese aber zunächst ebenfalls auf Bypass. Es kann außerdem immer mal vorkommen, dass man schlussendlich mehr Hall- und Delay-Effekte braucht, als man zunächst einplant, richten Sie also lieber einen Hall mehr ein als beabsichtigt.

Zusammengehörige Spuren (alle Drumspuren, alle Gitarren, alle Gesänge usw.) kann man auch über Aux-Objekte zu Subgruppen zusammenfassen. Dadurch kann man Sie zum einen gemeinsam in der Lautstärke regeln, zum anderen hat man auch die Möglichkeit, sie gemeinsam zu bearbeiten, etwa mit einem Summenkompressor.

Ein weiterer Vorteil von Subgruppen: Wenn Sie beim Mischen die Drums solo hören möchten, müssen Sie nur die entsprechende Subgruppe, nicht aber alle einzelnen Drumspuren auf solo schalten. Das sind zwar vielleicht alles Kleinigkeiten, aber genau die sind es, die in der Summe einen reibungslosen Workflow ermöglichen.

Hören und Referenztracks suchen:
Wenn alle Vorbereitungen abgeschlossen sind, hört man sich den Song zunächst einmal in Ruhe durch und macht sich Notizen.

• Was gefällt einem an dem Song?

• Was sind seine Stärken? (Der Gesang, der Groove ...)

• Wo liegen die Schwächen?

• Wie soll der fertige Mix klingen? (Bombastisch, intim und direkt, mit viel Hall oder eher trocken ...)

Diese Notizen dienen dazu, sich erste Vorstellungen über das mögliche Endergebnis zu machen. Je genauer man weiß, was man will, desto eher hat man die Chance, einen guten Mix zu erreichen. Es gibt viele Wege und Möglichkeiten, einen Song zu mischen, aber wenn man vorher kein klares Ziel vor Augen hat, dann hat man auch keine Referenz, um die eigenen Ansprüche zu überprüfen.

Wenn man für Kunden mischt, sollte man sich zunächst zusammen setzen, um gemeinsam ein solches Ziel zu definieren. Notieren Sie grob, was man gemeinsam vereinbart hat. Das macht es auch einfacher, wenn der Kunde hinterher meint, er hätte etwas ganz anderes gewollt.

Weiterhin kann es beim Mischen sehr hilfreich sein, bestimmte Stücke als Referenz anzuhören. Hören Sie sich Musik an, die gut produziert und gemischt ist und auch in die ungefähr gleiche musikalische Richtung geht. Das kann beim Mischen eine hilfreiche Orientierung sein. Natürlich sollte man nicht versuchen, einen bestimmten Mix eins zu eins zu kopieren, sondern immer auf der Suche nach einer eigenen Handschrift sein.

Aber solche Referenztracks sind sehr gut, um immer wieder mal zwischendurch rein zu hören, um zu überprüfen, wie laut einzelne Instrumente dort sind, oder wie viel Hall eine Stimme verträgt. Gerade auch deshalb, weil das menschliche Gehör sehr schnell ermüdet und an Objektivität verliert (siehe weiter unten).

Nicht zuletzt ist es eine sehr gute Übung, Mischungen anderer Leute anzuhören und zu analysieren. Man kann viel lernen, wenn man den Meistern des Fachs auf die Finger schaut beziehungsweise hört.

Mixstrategie:

Prinzipiell kann man beim Mischen nach zwei Methoden vorgehen, von denen man die eine vertikal und die andere als horizontal bezeichnen könnte. Vertikal bedeutet dabei, zunächst eine Spur (etwa die Stimme) komplett zu bearbeiten - also im Kanal zunächst von oben nach unten (deshalb vertikal) EQ und dann Kompression und schließlich Hall und Delay hinzuzufügen, um dann Lautstärke und Panorama einzustellen. Danach wäre die nächste Spur an der Reihe.

Im Gegensatz dazu würde man horizontal vorgehen, wenn man zunächst für alle Spuren grob Lautstärke und Panorama einstellt, dann die EQ's aller Spuren bearbeitet, dann für alle Spuren Kompression und erst danach mit dem Hinzumischen von Hall beginnen würde.

Beide Methoden haben sicherlich Vor- und Nachteile, und mit beiden Methoden sind wiederum sicherlich schon dutzende Welthits entstanden. Für welche Sie sich entscheiden, ist letztlich Geschmackssache.

In diesem Buch soll in den folgenden Kapiteln die zweite Methode (horizontal) vorgestellt werden. Entsprechend finden sich daher weiter unten zunächst Kapitel über Lautstärke und Panorama, dann über EQ´s und Kompression und schließlich über Hall und Delay bis hin zum fertigen Song.

Für Ruhe sorgen:
Die effektivste Methode, sich bei der Arbeit mehr Konzentration zu verschaffen, ist konsequent alle vorhersehbaren Störungen auszuschließen. Ganz einfach mal für ein paar Stunden Telefon und Handy ausmachen, kann dabei schon extrem hilfreich sein. Auch ein Laptop mit geöffnetem Mail- und Chat-Programm kann extrem ablenken, wenn man dauernd nachsieht, wer gerade online ist oder einem eine Mail mit Urlaubsbildern geschickt hat. Außerdem sollte man nicht unbedingt an Tagen mischen, an denen man davon ausgehen kann, dass ständig jemand vorbeikommen wird.

Pausen und Ruhe:
Das menschliche Gehör ermüdet relativ schnell und vor allem gewöhnt es sich noch schneller an das, was es hört. Mit anderen Worten: Je länger wir arbeiten, desto weniger können wir unserem eigenen Gehör und damit unserem Mix trauen. Das mag mit vielen Übungen besser werden, grundsätzlich besteht das Problem aber weiter.

Man sollte deshalb genügend Pausen machen, um das Gehör zwischendurch wieder frei zu bekommen. Dabei kann es schon genügen, jede Stunde den Raum für fünf Minuten zu verlassen und sich etwa eine Tasse Tee zu machen oder eine Kleinigkeit zu essen. Kommt man danach zurück, haben sich die Ohren wieder etwas erholt und man kann wieder viel besser beurteilen, was man da in der letzten Stunde angestellt hat. Natürlich sollte man in den Pausen möglichst für Ruhe sorgen und nicht laut Musik hören.

Mischt man mehrere Tage hintereinander, sollte man auch darauf achten, seinen Körper und vor allem sein Gehör nicht zusätzlich zu belasten. Abends in die Disco zu gehen, sollte man sich in dieser Zeit eher mal verkneifen, damit das Gehör sich über Nacht wieder ausreichend regenerieren kann. Auch Sport und Bewegung an der frischen Luft eignen sich gut zur Regeneration des Körpers und vor allem des Gehörs.

Die Mix-Checkliste

Als Zusammenfassung für das Kapitel 5. *Mischen* gibt es hier eine Mix-Checkliste, die die hier vorgestellte Mixstrategie noch einmal in wenigen Stichworten zusammenfasst. Diese Liste soll als Orientierung beim Mischen dienen, man hakt sozusagen Punkt für Punkt ab und vermeidet dadurch, sich zu verrennen und dauernd wieder woanders rumzuwerkeln.

Natürlich kann so eine Liste nur eine grobe Empfehlung sein. Jeder hat seinen eigenen Stil und seine eigene Arbeitsweise. Sehen Sie die Liste daher auch eher als Anregung für Ihre eigene zu erstellende Liste. Und passen Sie diese wiederum immer wieder an, wenn Sie neue Erfahrungen und Ideen dazugewonnen haben.

Man kann die Liste auch ausdrucken und beim Mischen neben den Rechner legen, so kann man sich zunächst Notizen über den Song machen (siehe weiter oben bei *Vorbereitungen*) und nach und nach alle Punkte abhaken. (Sie finden die Mix-Checkliste auch als PDF-Datei im Datenteil der CD-ROM.)

1. Vorbereitung
- Arrangement aufräumen, Spuren benennen
- Mixer einrichten
- Hall-Plugins und entsprechende Sends in allen Kanälen
- In allen Kanälen ChannelEQ mit LowCut bei 40 Hz
- Latenz auf maximalen Buffer stellen für eine maximale Performance des Rechners
- Gegebenenfalls NODE-Rechner einrichten
- Analyzer einrichten

2. Konzept
- Idee entwickeln, wie der Song klingen soll
- Stärken und Schwächen des Songs analysieren
- Referenztrack auswählen

3. Lautstärke und Panorama
- Mit Lautstärke und Panorama erste grobe Mischung erstellen
- Priorität der Instrumente festlegen
- Durch Verteilung der Instrumente im Panorama Platz schaffen

4. EQ
- Ziel für den Einsatz des EQs definieren
- EQ im Gesamtzusammenhang prüfen
- Immer besser Absenken als Anheben

5. Kompression
- Zu komprimierendes Element auswählen
- Ziel der Kompression definieren
- Prüfen, ob die Kompression gelungen ist

6. Hall und Delay
- Ziel für den Einsatz des Halls definieren
- Überlegen, welcher Raumeindruck entstehen soll
- Prüfen, ob das Klangbild durch den Hall zu schwammig wird

7. Sonstige Effekte
- Auswahl der Spuren, die mit Specials versehen werden sollen
- Prüfen, ob diese den Song wirklich weiter bringen

8. Automation
- Automatisierungen festlegen

9. Kontrolle
- Gegenhören mit Referenztrack
- Vergleich mit ursprünglichen Notizen
- Kontrollhören auf anderen Boxen

Wie Sie sehen, enthält diese Liste bei allen Punkten auch Fragen. Diese sind auch ganz bewusst kritisch gewählt und sollen das eigene Handeln stets hinterfragen. Oft beginnt man nämlich mehr oder weniger planlos, Plugins und Effekte hinzuzufügen. Wenn man aber etwas tut, sollte es immer einen Grund haben.

Man sollte niemals eine Bassdrum komprimieren, nur weil man das bisher immer so gemacht hat. Vielleicht braucht eben gerade diese Bassdrum keine Komprimierung?

Viele tolle Songs kommen wiederum fast völlig ohne Hall aus. Man muss nicht immer und überall alles mit Hall versehen.

Vielleicht funktioniert der eine oder andere Song ja auch ohne die aufwendigen Spezialeffekte viel besser?

Was immer Sie in einer Mischung tun, hinterfragen Sie das Ergebnis stets kritisch und überprüfen Sie, ob der Song dadurch gewinnt. Bevor Sie irgendein Plugin öffnen, überlegen Sie sich erst, was es bewirken soll.

5.2. Lautstärke und Panorama

Bevor man überhaupt damit beginnt, mit Plugins den Sound der einzelnen Spuren zu formen und zu verbiegen, sollte man sich zunächst einmal einige Minuten lediglich mit den Volume-Reglern und den Panoramapotis des Logic-Mixers beschäftigen. Versuchen Sie, über die Lautstärkeverhältnisse schon jetzt ein ausgewogenes Gesamtbild zu erreichen, in dem die wichtigsten Parts im Vordergrund stehen, ohne zu dominieren und in dem andere weniger wichtige Signale auch ihren Platz haben und nicht untergehen.

Danach bemüht man die Panorama-Potis, um den einzelnen Signalen einen Platz zu verschaffen. Hier gilt es, auszuloten, was im Song wichtig ist und in die Mitte muss. Meist wird man neben dem Hauptgesang die Bassdrum, die Snare und den Bass, die ja das Fundament des Songs bilden, in der Mitte belassen. Alles andere muss mehr oder weniger auf die Seiten ausweichen, um Platz zu schaffen. Beobachten Sie mal, wie die Stimme plötzlich mehr Platz und Raum hat, wenn man Gitarren und Keyboards nach rechts und links pannt.

Zwei Instrumente, die im gleichen Frequenzspektrum erklingen, sollte man ebenfalls nach rechts und links verschieben, damit Sie sich nicht in die Quere kommen. Auch hier gilt, so früh wie möglich an der Lösung des Problems anzusetzen. Natürlich kann man das auch über einen EQ lösen, indem man bei beiden Instrumenten verschiedene Frequenzen betont oder absenkt. Aber ein Plugin ist immer auch ein Eingriff in den Klang eines Instrumentes. Wenn Sie mit einem simplen Panning zwei EQ´s einsparen können, sollten Sie das tun.

Spielen Sie eine Weile mit der Position der einzelnen Spuren im Panorama, um herauszufinden, in welcher Konstellation sich interessante Klangfarben ergeben. Wenn Sie jetzt schon eine Mischung haben, bei der man alles hört und die schon angenehm klingt, haben Sie die besten Chancen, durch das Hinzufügen von Plugins noch das Optimum herauszuholen.

Natürlich müssen diese Einstellungen nicht bis zum Schluss beibehalten werden, sie sind lediglich ein erster Anhaltspunkt. Später werden durch das Hinzufügen von Effekten immer wieder Korrekturen nötig sein.

Übrigens ist jetzt auch ein guter Zeitpunkt, um überflüssige Spuren zu entfernen. Überdenken Sie jede Spur nochmals dahingehend, ob sie dem Song weiterhilft oder nicht. Während einer Aufnahmesession fügt man oft wahllos noch zusätzliche Gitarren, Gesänge oder Effekte hinzu. Oft hat man diese Spuren dann lieb gewonnen und möchte sich nicht mehr trennen. Aber sind sie wirklich notwendig? Auch hier gilt: Weniger ist mehr.

Channel-Strips sichern und für andere Projekte einsetzen

In Logic kann man Kombinationen verschiedener Plugins in einem einzelnen Setting, einem sogenannten *Channel-Strip-Setting* abspeichern. Wenn man beispielsweise ein ganzes Album einer Band mischt und die Stücke sich ähneln, kann man sich dieses Feature zu nutzen machen.

Nach der Abmischung des ersten Stücks speichert man die hoffentlich gelungenen Kombinationen aus beispielsweise **EQ** und **Compressor** auf der Gitarrenspur unter einem aussagekräftigen Namen.

Im nächsten Song kann man dann diese Settings als Ausgangsbasis für die Mischung nehmen.

Das macht natürlich vor allem dann Sinn, wenn alle oder mehrere Stücke in derselben Stilistik und Besetzung vorliegen.

Channel-Strip Settings lassen sich einfach speichern und in anderen Projekten nutzen.

Um ein Channel-Strip-Setting zu sichern, klicken Sie einfach auf den Button *Setting* oberhalb des Kanals. Im aufgehenden Pop-up-Menü (siehe Foto) speichern Sie dann die Kombination aus Plugins ab und können von jedem anderen Song darauf zurückgreifen.

5.3. EQ

Equalizer können in einer Mischung für zwei Dinge gebraucht werden. Sie können zum einen dazu dienen, ein Signal klanglich aufzuwerten. Etwa um einer Bassdrum mehr Bass zu verleihen oder einem Gesang mehr Höhen. Ebenfalls in diesen Bereich fällt die technische Korrektur von Signalen, um etwa Brummen oder Rauschen zu unterdrücken.

Der andere, nicht unwichtigere Teil besteht darin, in einem dichten Mix Platz für alle Instrumente zu schaffen, indem man bestimmte Frequenzen absenkt.

Dabei sollte man klären, in welchem Bereich welches Instrument gewissermaßen das Sagen hat. Alle anderen Instrumente werden dann in diesem Bereich ausgedünnt. So kann man beispielsweise im Bassbereich unter 100 Hz alle Spuren außer Bassdrum und Bass etwas beschneiden. Hier hat außer den beiden Instrumenten eigentlich niemand etwas verloren.

Nun sollte man nicht pauschal alle Spuren bei 100 Hz komplett mit einem Low-Cut versehen, aber es ist schon hilfreich, dort etwas aufzuräumen. Der Vorteil dabei: Es klingt sofort durchsichtiger und man muss Bass und Kick nicht unnötig laut machen, damit sie sich durchsetzen.

Instrumente, die man gut und gerne „unten herum" beschneiden kann, sind etwa allzu dicke Synth-Pads und Orgelklänge, die für sich alleine gut und sehr voll klingen, im Zusammenspiel aber zu viel Matsch verursachen. Hier sollte man nicht zimperlich sein. Wichtig ist immer, dass der Song profitiert, nicht der einzelne Sound. Auch tiefe Männerstimmen und Gitarren reichen frequenzmäßig möglicherweise so tief hinab, dass man Sie etwas absenken sollte.

Nach diesem Prinzip kann man nun auch untere und obere Mitten sowie die Höhen bearbeiten, um für alle Instrumente einen Platz im Mix zu finden.

Versuchen Sie dabei, aber möglichst immer Frequenzen abzusenken statt anzuheben. Es ist immer besser, von einem Signal etwas wegzunehmen als künstlich etwas hinzuzufügen.

Wenn sich eine Stimme beispielsweise nicht richtig durchsetzt, könnte man natürlich zuerst bei der Stimme selbst ansetzen, ihre wichtigen, durchsetzungsfähigen Frequenzen suchen und diese anheben.

Man kann aber auch einfach bei den anderen Instrumenten genau diese Frequenz absenken, um Platz für die Stimme zu schaffen. Dadurch hat man den gleichen Effekt mit dem Vorteil, dass man nirgends etwas künstlich hinzufügen muss und sich der Gesamtpegel nicht unnötig erhöht.

Außerdem wird beim Anheben von Frequenzen auch immer das Grundrauschen des Signals mit angehoben, gerade wenn man im Bereich der Höhen operiert.

Die Equalizer in Logic
Schauen wir uns nun einmal an, welche EQ´s Logic bietet.

Channel EQ
Der **Channel EQ** ist gewissermaßen der Standard-EQ in Logic. Das erkennt man schon daran, dass er sich automatisch öffnet, wenn man in das leere Feld oberhalb eines jeden Kanals klickt. Schließt man den **Channel EQ** wieder, sieht man in dem vormals leeren Feld eine Miniaturansicht der EQ-Kurve.

Er bietet neben seinem neutralen Klang und acht flexiblen Bändern noch einige Feinheiten wie den eingebauten Analyzer, die ihn für fast alle Aufgaben im täglichen Betrieb qualifizieren. Für einige Spezialaufgaben steht ihm dann noch der **Linear Phase EQ** zur Seite (siehe unten).

Doch betrachten wir zunächst einmal den **Channel EQ** genauer. Von den acht erwähnten Bändern sind die beiden äußersten sogenannte Low- bzw. High-Cuts. Sie schneiden alles unterhalb bzw. oberhalb ihrer Einsatzfrequenz komplett ab. Regelbar sind, neben der Frequenz, noch die Steilheit der Absenkung (in Schritten von 6 dB/Oktave) und die Güte (mit Q bezeichnet). Low- und High-Cut eigen sich hervorragend, um ganze Bereiche eines Signals auszublenden. So kann man mit einem steilen Low-Cut bei ca. 40 Hz in allen Spuren tief-frequente Störsignale ausblenden oder aber bei einer Bassdrum alle Höhen abschneiden, da sich dort vor allem Übersprechungen von Snare und Hihat befinden werden.

Die nächsten beiden Bänder sind Shelving EQ's. Sie sind in Frequenz, Gain und Güte regelbar. Hilfreich sind sie vor allem, wenn man bei einem Signal komplett die Höhen oder die Tiefen ab einer bestimmten Frequenz betonen oder absenken möchte. Etwa, um einer Stimme etwas mehr Luftigkeit zu verleihen oder um bei einem Pad den Bassbereich zu entschlacken.

Die vier inneren Bänder wiederum sind voll parametrische Peakfilter. Sie dienen vornehmlich zum Absenken oder Betonen bestimmter einzelner, schmaler Frequenzbänder. Dazu kann man über den Q-Regler den Einsatzbereich des Bandes so stark einschränken, dass nur das gewünschte Signal abgesenkt wird.

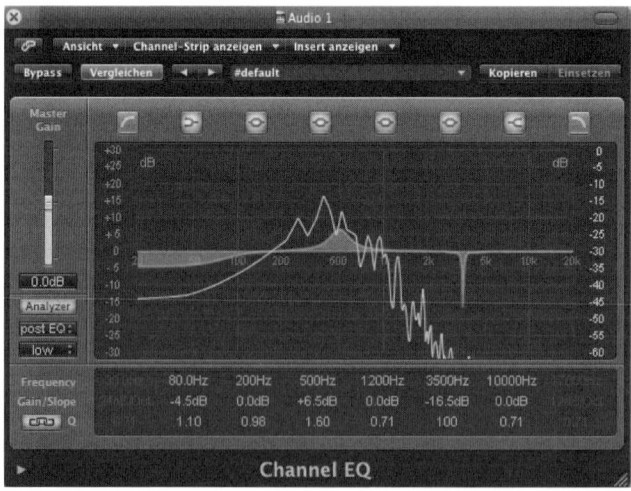

Logic's Standard-Equalizer: der Channel EQ

Eine Besonderheit des **Channel EQ** ist der zuschaltbare Analyzer, der einem Auskunft gibt über die Verteilung der Frequenzen im Signal. Er kann gerade bei der Suche nach Störanteilen eine wertvolle Hilfe sein. Auch sieht man hier ganz deutlich, wo die energiereichsten Stellen im Frequenzspektrum sitzen und kann diese gegebenenfalls absenken.

Der Analyzer kann vor oder hinter den EQ geschaltet werden, so kann man wahlweise das Ausgangssignal oder das Ergebnis der Bearbeitung sehen.

Linear Phase EQ

Prinzipienbedingt haben viele EQ´s, so auch der **Channel EQ**, mit Phasenprobleme zu kämpfen, sobald man ein Signal anhebt oder absenkt. Das war auch schon bei analogen EQ´s der Fall und ein Stück weit hat sich das menschliche Ohr daran gewöhnt. Es gibt also keine Bedenken, solche EQ´s auch weiterhin einzusetzen. Allerdings gibt es Fälle, wo es dann doch unangenehm klingt, etwa wenn man extreme Bearbeitungen mit hoher Flankensteilheit und hohen Gain-Werten braucht. Für solche Fälle gibt es linearphasige Equalizer, die durch eine spezielle Technik ohne störende Phasenverschiebungen auskommen.

Solch ein EQ ist auch der **Linear Phase EQ**. Sie sollten ihn immer dann benutzen, wenn Sie - aus welchen Gründen auch immer - drastisch in Ihr Material eingreifen müssen.

Der Nachteil ist allerdings eine höhere CPU-Last und eine zusätzliche Latenz, die dadurch bedingt ist, dass der **Linear Phase EQ** immer etwas in die „Zukunft" schauen muss, um das Signal vor der Bearbeitung zu analysieren, damit es dann ohne Phasenverschiebungen bearbeitet werden kann.

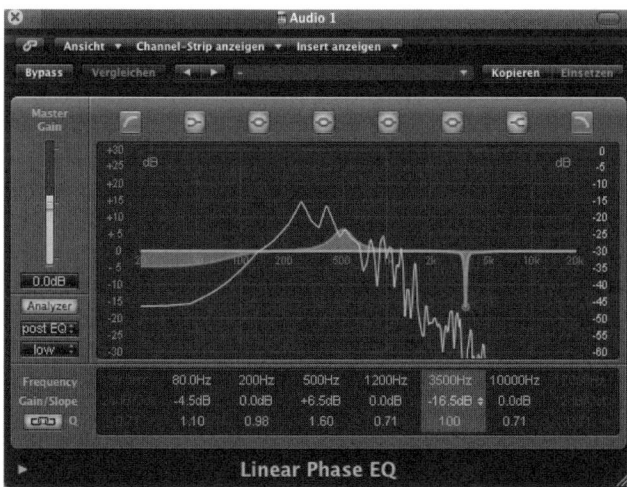

Equalizer für Spezialaufgaben: der Linear Phase EQ

Vom Aufbau her sind **Channel EQ** und **Linear Phase EQ** identisch, weshalb alles zuvor über die Bedienung des Channel EQ Gesagte auch auf den **Linear Phase EQ** zutrifft. Sie können sogar zwischen beiden Plugins wechseln, indem Sie einfach das jeweils andere Plugin laden. Alle Einstellungen werden eins zu eins übernommen.

Neben den beiden oben genannten EQ´s bietet Logic noch aus alten Versionen einige weitere EQ´s, die aus Kompatibilitätsgründen noch vorhanden sind. Aus musikalischer oder tontechnischer Sicht besteht aber keine Notwendigkeit, sich mit ihnen weiter zu beschäftigen, weshalb Sie hier auch nicht weiter behandelt werden.

Einsatz von **Channel EQ** und **Linear Phase EQ**:

• Wenn Sie einen EQ für eine Spur einstellen, werden Sie diese Spur dazu vermutlich auf solo schalten, um genau zu hören, wie sich der Klang dabei verändert. Achten Sie aber darauf, das Ergebnis immer auch im Zusammenhang mit den anderen Spuren zu hören. Wichtig ist nämlich nicht, dass dieses eine Instrument solo toll klingt, sondern, dass der Mix im Gesamten von der Veränderung profitiert.

• Um Störfrequenzen und Resonanzen zu entfernen, stellt man zunächst ein Band auf einen sehr hohen Q-Wert, am besten auf 100. Dann hebt man das betreffende Band stark an (auch hier am besten auf die maximal möglichen 24 dB Verstärkung). Nun durchsucht man das Frequenzspektrum nach der störenden Stelle. Dadurch, dass man Q-Wert und *Gain*-Verstärkung so extrem gewählt hat, wird die Resonanz natürlich auch extrem laut hervorstechen und schnell und einfach zu lokalisieren sein. Hat man Sie gefunden, senkt man das Band ab. Wenn möglich, sollte man dann auch den Q-Wert wieder etwas geringer einstellen, da hohe Q-Werte schnell zu unschönen Phasenverschiebungen führen können. Alternativ kann man natürlich auch den **Linear Phase EQ** verwenden, der bekanntlich keine Phasenverschiebungen erzeugt.

 Zum Thema EQ - Resonanzen finden und absenken mit dem EQ findet sich auch das Videotutorial 14 auf der beiliegenden CD."

• Oft arbeitet man sehr lange mit dem EQ an einem Instrument, ohne dass sich der gewünschte Klang einstellt. Dann ist der EQ vielleicht auch einfach das falsche Werkzeug? Wenn Sie am Klang eines Audio-Instruments arbeiten, dann haben Sie die Möglichkeit, noch einmal einen

Schritt zurückzugehen. Wenn sich beispielsweise die Snare partout nicht in den Song einfügen lässt, haben Sie vielleicht einfach die falsche Snare gewählt? Statt lange an der Snare zu basteln, tauschen Sie diese einfach gegen eine andere aus. Eventuell kommen Sie dann mit ganz wenig EQing oder sogar ganz ohne aus.

• Versuchen Sie, den Sound eines Instrumentes auch immer am Plugin selbst zu optimieren, bevor Sie zu EQ und anderen Effekten greifen. Hat ein Synth-Sound zu viele Höhen, dann drehen Sie einfach den Filter etwas zu, bevor Sie einen EQ drauf packen.

• Wenn eine Orgel von sich aus sehr basslastig klingt, ist es unsinnig, hinterher mit einem EQ den Bass wieder abzusenken. Versuchen Sie stattdessen, mit den Zugriegeln an der Orgel selbst, den Sound dünner zu kriegen.

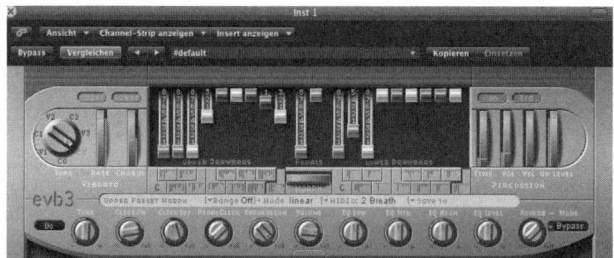

Eignen sich auch als EQ: die Zugriegel der Logic-Orgel EVB3.

• Wenn sich Bassdrum und Bass im Bassbereich in die Quere kommen, treffen Sie eine Entscheidung, ob die Bassdrum frequenzmäßig über oder unter dem Bass liegen soll, und pitchen Sie danach die Bassdrum entweder höher oder tiefer.

Zum Thema der frequenzmäßigen Trennung von Bass und Bassdrum findet sich das Videotutorial 15 „Bass und Bassdrum" auf der beiliegenden CD."

Ideal, um Bassdrums zu stimmen: der *Tune*-Regler des EXS24.

Das wiederum geht hervorragend mit dem Tune-Regler des **EXS24**. Sie brauchen dazu lediglich eine eigene Instanz des **EXS24** für die Bassdrum, da ansonsten ja das ganze Drumkit mit verstimmt würde (siehe auch Kapitel 4.4.4. *Drums programmieren*).

5.4. Dynamics

In den letzten beiden Kapiteln wurden zunächst alle Spuren in ein erstes, grobes Lautstärkeverhältnis gesetzt und jedem Instrument ein Platz im Panorama zugeordnet. Anschließend wurden mit dem Equalizer der Klang der einzelnen Signale optimiert und geformt, Störgeräusche entfernt und durch Absenken einzelner Frequenzbänder Platz im Mix geschaffen.

Der Mix müsste jetzt schon sehr aufgeräumt und durchsichtig klingen, alle Instrumente haben einen Platz und eine Funktion. Doch einige Signale lassen sich noch immer nicht richtig eingliedern, sie sind an manchen Stellen viel zu laut. Regelt man sie dann zurück, dann setzen sie sich nicht mehr durch und gehen unter. Außerdem ist der ganze Song an sich noch viel zu leise, es fehlt an Druck und Präsenz.

Zeit also, die Dynamik in Angriff zu nehmen. Doch was genau ist eigentlich Dynamik? Wie bekommt man Sie in den Griff und wie erzeugt man ein druckvolles Klangbild?

Ein musikalisches Signal wird selten bis gar nie eine konstante, durchgehende Lautstärke haben. Vielmehr wird es in jeder Ihrer Aufnahmen sowohl leise als auch laute Stellen geben, den Unterschied zwischen leisester und lautester Stelle nennt man Dynamik oder Dynamikbereich eines Signals.

Das Signale dynamisch sind, ist zunächst einmal nichts Negatives. Im Gegenteil: Stellen Sie sich einmal einen Sänger vor, der konstant auf der gleichen Lautstärke singt und keinerlei Hebungen und Absenkungen macht, um bestimmte Stellen zu betonen. Das würde im besten Fall langweilig und einschläfernd klingen. Musik lebt also von Dynamik, wichtige Stellen und Höhepunkte werden von Musikern und Bands auch ganz automatisch lauter gespielt, um die Wichtigkeit dieser Stelle zu betonen. Nach dem Refrain werden fast alle Songs wieder etwas ruhiger, damit der Sänger seine Geschichte erzählen kann.

Problematisch wird es nur, wenn die Dynamik innerhalb eines Signals zu groß ist. Dann entsteht das oben angedeutete Problem. In leisen Passagen will man das Signal lauter drehen und an lauten Stellen ist dann wiederum der Pegel viel zu hoch.

Und genau hier kommen Dynamikwerkzeuge wie ein Kompressor ins Spiel, die im Grunde nichts anderes tun, als die Dynamik eines Signals zu bearbeiten - in diesem Fall einzuengen. Wie und wofür man den **Compressor** und all die anderen Dynamik-Tools in Logic am besten einsetzt, darum wird es im Folgenden gehen.

Compressor

Der **Compressor** ist das vielseitigste Dynamik-Tool innerhalb Logic's. Mit seiner Hilfe kann man fast alle Dynamikprobleme in den Griff bekommen. Gleichzeitig ist es auch eines der umfangreichsten Plugins, deshalb folgt zunächst ein Überblick.

Das vielseitigste Dynamik-Tool in Logic Pro: der Compressor.

Mittig befindet sich eine Anzeige die die *Komprimierungskurve* darstellt, oberhalb sieht man die Anzeige für die *Gain Reduction*. Hier kann man ablesen, wann und wie viel der **Compressor** gerade arbeitet. Links der Anzeige der *Komprimierungskurve* sieht man den *Attack*-Regler, der festlegt, wie schnell der **Compressor** zu arbeiten beginnt, wenn der *Threshold* überschritten wird. Rechts findet sich der Regler für die *Release*-Zeit, also die Geschwindigkeit mit der der **Compressor** nach Unterschreiten des *Thresholds* wieder zurückregelt. Der mit *Auto* beschriftete Button bewirkt, dass *Release* automatisch geregelt wird.

Im unteren Bereich befinden sich Schieberegler für *Ratio*, also die Stärke des Kompressionsverhältnisses, und *Knee*. Mit *Knee* kann man festlegen, ob ein Signal nach Überschreiten des *Thresholds* sofort voll komprimiert wird oder ob dieser Übergang fließend gestaltet wird. Man spricht auch von *Hard Knee* (sofort) und *Soft Knee* (fließend).

Im oberen Teil finden wir ein Feld mit dem Namen *Circuit Type*. Hinter *Circuit Type* (zu Deutsch etwa Schaltungskreis) verbirgt sich eines der mächtigsten Features des **Compressors**. Hier kann man nämlich über ein Pop-up-Menü zwischen nicht weniger als sechs verschiedenen Kompressortypen umschalten.

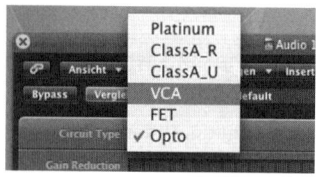

Die verschiedenen Schaltungskreise die der Compressor emuliert.

Die unterschiedlichen Schaltkreise sind bekannten klassischen, analogen Kompressoren nachempfunden und resultieren in einem teilweise völlig anderen klanglichen Ergebnis.

Platinum: ist der neutralste Vertreter. Gut geeignet für alle unauffälligen Aufgaben.

ClassA_R und ClassA_U: Diese zwei Schaltkreise emulieren hochwertige Röhrenschaltungen in Class-A-Bauweise und sollen deren klangfärbende Eigenschaften simulieren. Benutzen Sie diese Schaltung immer dann, wenn das Signal auch klanglich beeinflusst werden soll.

VCA: VCA (Voltage Controlled Amplifier) bezeichnet ein elektronisches Bauteil, welches als Verstärker für ein Signal fungiert. VCA-Kompressoren zeichnen sich durch extrem schnelle Regelzeiten, insbesondere bei Attack aus. Dadurch eignen sie sich auch hervorragend, um Subgruppen oder ganze Mischungen zu bearbeiten.

FET: Simuliert einen Kompressor auf Feldeffekttransistorbasis. Auch die FET-Schaltung arbeitet schneller als beispielsweise die OPTO-Variante. Probieren Sie die FET-Schaltung unbedingt einmal auf Gesang aus.

OPTO: steht für einen Kompressor nach dem Prinzip der optoelektronischen Rückkopplung. Opto-Kompressoren sind aufgrund ihrer Bauweise etwas träger und langsamer als andere Typen. Sie machen sich vor allem gut auf Drums, da die, für den Schlagzeugsound wichtigen, Transienten durchgelassen werden. Dadurch wird das Signal zwar komprimiert und lauter, gleichzeitig bleibt aber das Impulshafte und „Knallige" erhalten.

Diese Angaben sind natürlich nur als Anregung gedacht. In der Praxis werden Sie durch Hinhören und Vergleichen die optimale Variante für Ihre Spuren auswählen. Auf der rechten Seite schließlich finden sich noch Regler für *Threshold*, *Gain* und einen integrierten *Limiter*.

Threshold legt die Einsatzschwelle fest, ab der der **Compressor zu arbeiten** beginnt. Unterhalb des Reglers kann man über *Peak/RMS* festlegen, ob er dabei auf einzelne Spitzen des Signal reagiert (Peak) oder auf die Durchschnittslautstärke (RMS). (Die *Peak/RMS*-Wahl funktioniert nur bei der Platinum-Schaltung.)

Der *Gain*-Regler ermöglicht es, den, durch die Kompression entstandenen, Pegelverlust wieder auszugleichen. Der *Limiter* schließlich kann Pegelspitzen auffangen, die von der Kompressorschaltung noch durchgelassen wurden. Dabei ist der Limiter so integriert, dass bei zu hohem Pegel nahtlos zwischen Kompression und Limiting überblendet wird.

Im unten stehenden Bild sehen Sie den Compressor noch einmal, diesmal in der Ansicht mit den erweiterten Parametern.

Der Compressor in der erweiterten Darstellung.

Sie erweitern die Einsatzmöglichkeiten des **Compressors** noch einmal um einige interessante Besonderheiten:

Output Distortion entscheidet darüber, was mit Werten von über 0 dB geschieht. Zur Wahl stehen *soft*, *hard* und *clip*. Vereinfacht gesagt, fügt diese Option dem Signal noch Verzerrungen hinzu. Im Ergebnis klingt ein Signal zum Beispiel mit der *soft*-Variante durchsetzungsfähiger und „knackiger". Testen Sie *Output Distortion* einmal auf einer Bassdrum, die sich nicht richtig im Mix durchsetzt.

Side Chain Filter: Mithilfe des *Side Chain Filters* kann man zwischen mehreren Filter wählen, um einen bestimmten Frequenzbereich von der Bearbeitung durch den **Compressor** auszunehmen. Ein Beispiel dafür wäre eine Bassdrum innerhalb eines Drumloops, die durch ihre hohe Energie jedes Mal den Kompressor auslöst und damit den ganzen Loop runter regelt und zum Pumpen bringt. Setzt man im Side Chain Filter einen High-Pass-Filter ein, so passiert die Bassdrum den Kompressor ungehindert und richtet keinen Schaden an.

Output Mix: Regelt das Mixverhältnis zwischen bearbeitetem und unbearbeitetem Signal. Bei Kompressoren ist es zwar meist üblich und auch sinnvoll, das ganze Signal zu bearbeiten. Es gibt jedoch eine Ausnahme. Schon seit vielen Jahren praktizieren Toningenieure beim Mischen von Schlagzeugspuren die sogenannte Parallelkompression (auch New-York-Kompression genannt) Dabei wird eine zweite Drumsubgruppe angelegt, die wiederum heftigst komprimiert wird. Diese brachial bearbeitete Variante wird dann der unbearbeiteten dezent dazu gemischt. Dadurch hat man zum einen den offenen, dynamischen Klang des Originals und zum anderen den Druck der komprimierten Version. Mit dem *Output-Mix*-Regler können Sie nun genau das nachmachen. Legen Sie den Kompressor auf die Drummsubgruppe und stellen Sie ihn wie gewünscht ein. Denken Sie daran, es darf ruhig zur Sache gehen. Man muss den **Compressor** richtig arbeiten hören, gerne darf es auch etwas pumpen.

Dann regeln Sie über den Mixregler das Verhältnis zwischen *Original* und *Komprimiert*. Beginnen Sie bei 100 % Original (Mixregler auf 0) und fahren Sie dann den Anteil des Kompressors langsam dazu, bis Ihnen das Ergebnis zusagt.

Tipps zum Einsatz des Compressors

Die Übersicht macht es deutlich, welch umfangreiches Werkzeug der **Compressor** ist. Von der Bearbeitung von Einzelsignalen über Subgruppen bis hin zu ganzen Mixen können Sie damit fast alles machen.

• Der beste Kompressor ist immer derjenige, den man nicht hört. Setzen Sie Kompressoren dezent ein. Zu starke Kompression klingt unnatürlich und verstärkt auch Nebengeräusche (Atmen, Rauschen etc.).

• Auch bei Dynamikwerkzeugen gilt, das beste Plugin ist das, welches man gar nicht braucht. Vergleichen Sie auch hier stets kritisch vorher und nachher. Ganz wichtig: immer bei gleicher Lautstärke vergleichen. Das menschliche Ohr neigt dazu, lautere Signale als besser zu empfinden.

• Überlegen Sie auch hier vor dem Einsatz, was Sie erreichen möchten.

• Setzen Sie den **Compressor** immer nach dem EQ ein, dann haben Sie störenden Frequenzen schon entfernt und diese werden erst gar nicht komprimiert und verstärkt.

• Wenn Ihr Signal nur einige wenige starke „Ausrutscher" nach oben oder unten hat, können Sie diese auch zunächst mithilfe der Automation (siehe auch Kapitel 5.7. *Automation*) korrigieren. Dann hat es der nachfolgende **Compressor** einfacher und muss auch nicht ganz so rabiat auf diese Extremwerte hin eingestellt werden. Dadurch müssen Sie außerdem weniger stark komprimieren und haben weniger Nebengeräusche.

• Das bekannte Pumpen, wenn es denn gewünscht ist, entsteht durch sehr kurze Release-Zeiten, wodurch der **Compressor** wiederum ständig zurückregelt.

• Stellen Sie *Release* einmal im Tempo des Songs ein (auf 8tel oder 16tel). Dadurch beginnt die bearbeitete Spur, im Groove des Songs zu arbeiten und zu grooven. Solche grooveunterstützenden Maßnahmen können einem Song den entscheidenden Kick verleihen. Im Umkehrschluss kann ein asynchron eingestellter Kompressor im schlimmsten Fall den ganzen Song ausbremsen.

Da die *Release*-Zeit in Millisekunden eingestellt wird, können Sie die dem Song entsprechenden Zeiten ganz einfach im Fenster mit den Region-Parametern im Arrange-Fenster links oben ablesen.

Dazu müssen Sie in der Parameterbox zunächst mit *CTRL+ Klick* klicken und die Option *Delay in ms* aktivieren. Danach können Sie, wie im Foto unten zu erkennen, die Delay-Zeit zu den einzelnen rhythmischen Werten ablesen.

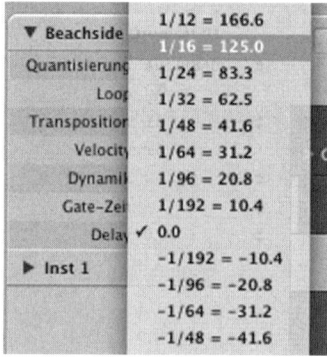

Stellen Sie die Relesae-Zeit einmal im Tempo des Songs ein.

Limiter

Gutes Tool für einfache Pegelkontrolle: der Limiter.

Der **Limiter** ist ein einfach gehaltener Vertreter seiner Gattung, regelbar sind lediglich *Gain*, *Lookahead* (regelt, wie weit das Plugin das Signal im Voraus betrachtet, was wiederum zusätzliche Latenz verursacht), *Release* und der *Output Level*. Zusätzlich kann man ein *Soft Knee* dazu schalten. Benutzen Sie den Limiter immer dann, wenn Sie lediglich einzelne Signalspitzen abfangen wollen.

Adaptive Limiter (AD-Limiter)

Spezialist für Summenbearbeitung:
der Adaptive Limiter.

Der **AD-Limiter** dagegen ist für die Bearbeitung von Subgruppen und Summen gedacht. Auch er verursacht durch die integrierte *Lookahead*-Funktion eine zusätzliche Latenz. Die Parameter des **AD-Limiters** im Einzelnen:

Input Scale: Hierüber steuert man den Input-Pegel. Man kann darüber zu hohe Pegel abschwächen oder zu niedrige anheben, damit der **AD-Limiter** immer mit optimalem Pegel arbeitet.

Gain: Hierüber regelt man die Verstärkung des Signals, die der **AD-Limiter** machen soll.

Output Ceiling: legt den maximalen Pegel am Ausgang fest.

Auch der **AD-Limiter** hat einige zusätzliche Parameter. Um diese zu sehen, muss man auf das kleine Dreieck links unten klicken:

Mode: legt fest, wie der **AD-Limiter** mit Pegelspitzen umgeht. Bei *OptFit* werden Pegel erst ab 0 dB begrenzt, während *NoOver* diese bereits vorher glättet und dafür sorgt, dass Ihre Hardware nicht übersteuert werden kann. Im Normalfall ist *NoOver* die bessere, weil sichere Variante.

Lookahead: Darüber wird festgelegt, wie weit der **AD-Limiter** in die Zukunft schaut, um das Signal vor der Verarbeitung zu analysieren. Je höher dieser Wert ist, desto größer auch die zusätzliche Latenz. Wegen der zusätzlichen Latenz sollten Sie den **AD-Limiter** daher nur beim Mischen oder beim Mastering verwenden. Nicht aber, wenn Sie noch Spuren aufnehmen, da diese sonst noch zusätzlich verzögert würden. *Remove DC*: entfernt auf Wunsch Gleichspannungsstörungen.

Multipressor

Der **Multipressor** zählt zur Gattung der Multibandkompressoren, das heißt wir haben es hier nicht mit einem, sondern mit gleich vier parallel geschalteten Kompressoren zu tun. Jeder von ihnen ist dabei für einen anderen Frequenzbereich des zu bearbeitenden Signals zuständig. Man kann also mit einem Multibandkompressor etwa den Bassbereich unabhängig vom Rest des Signals bearbeiten und komprimieren. Dadurch erreicht man eine maximale Lautheit in den einzelnen Bändern, ohne dass zum Beispiel der Bass den ganzen Mix zum Pumpen bringt.

Multibandkompressoren sind Spezialisten, wenn es um die Bearbeitung von kompletten Mischungen geht. Aufgrund ihrer Komplexität sind Sie aber auch nicht ganz einfach zu handhaben.

Eingesetzt wird der **Multipressor** etwa beim Mastering, hier zunächst die Features:

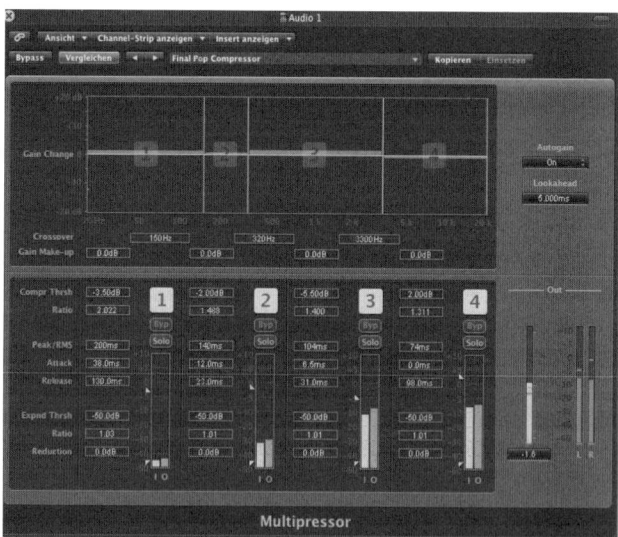

Mehrbandkompression mit dem Multipressor.

Der **Multipressor** teilt sich in einen oberen und einen unteren grafischen Bereich, in dem die Parameter der einzelnen Bänder eingestellt werden können. Rechts findet sich noch die Output-Sektion.

Die grafische Darstellung im oberen Bereich erlaubt das Einstellen und Verschieben der Übergangsfrequenzen zwischen den einzelnen Bändern (*Crossover*) sowie deren Anhebung oder Absenkung. (*Gain Make-up*). Sie können die Bänder hier ganz einfach durch Anfassen und Ziehen mit der Maus verstellen.

Im unteren Teil finden Sie für jedes Band die bekannten Parameter eines Kompressors wie *Threshold* (*Compr. Thrsh*), *Ratio*, *Attack* und *Release*. Mit deren Hilfe stellt man die Komprimierung der einzelnen Bänder ein.

Interessant ist der Parameter *Expansion Threshold* (*Expnd Thrsh*), der wie ein umgekehrter Kompressor arbeitet. Er schwächt Signale ab, sobald diese den Schwellwert unterschreiten. Damit kann man Rauschen im Signal absenken, ähnlich wie bei einem Noise Gate.

DeEsser

Ein **DeEsser** dient dazu, bei Gesangsaufnahmen allzu scharfe S-Laute in den Griff zu bekommen. Er arbeitet dazu als frequenzselektiver Kompressor. Das bedeutet, dass nur ein bestimmter Frequenzbereich, nämlich der in dem die S- und Zischlaute vorkommen, vom **DeEsser** runter geregelt wird. Der Rest des Signals bleibt unberührt. Über einen Schwellwert kann man auch festlegen, ab welcher Lautstärke der **DeEsser** überhaupt eingreift, liegen die S-Laute unter diesem Pegel werden sie nicht angetastet. Das ist auch der entscheidende Vorteil gegenüber einem EQ, der die gewählte Frequenz ja dauerhaft absenken würde, auch wenn gar keine Störgeräusche vorliegen.

Entfernt nervige Zischlaute: der DeEsser.

Logic´s **DeEsser** unterscheidet zwischen der *Detector*-Frequenz, welche den Frequenzbereich festlegt, der auf S-Laute analysiert wird (den Regler findet man links oben) und *Supressor*-Frequenz, also die Frequenz, die dann tatsächlich abgesenkt wird (der Regler rechts oben). Entsprechend ist auch die grafische Darstellung in der Mitte zu verstehen. Oben kreist man zunächst den Bereich ein, indem man die S-Laute vermutet, unten sieht man, welche Frequenz abgesenkt wird.

Auf der rechten Seite wird die Stärke der Korrektur von *Supressor* durch *Strength* eingestellt.

Smoothing ist vergleichbar mit einer kombinierten Attack- und Release-Funktion, wie man Sie aus Kompressoren kennt. Darüber wird festgelegt, wie schnell der **DeEsser** eingreift und wie lange er braucht, um wieder zurück-zuregeln.

Im Bereich Monitor kann man sich entscheiden, was man hören möchte. Zu-nächst sollte man auf *Detector* schalten, um den Bereich zu suchen, in dem S-Laute vorkommen. Schaltet man dann auf *Supressor*, hört man die Fre-quenz, die tatsächlich abgesenkt wird, während *Sensitivity* den Schwellwert festlegt, bevor der DeEsser überhaupt anspringt. *Off* dagegen bedeutet, dass man das bearbeitete Signal hört, so wie es auch in der Mischung ankommt.

Einsatz von DeEsser

• Wie schon erwähnt, dient der **DeEsser** dem Minimieren von störenden S- und Zischlauten bei Sprach- und Gesangsaufnahmen. Suchen Sie sich zum Einstellen des Plugins eine kurze Stelle mit besonders stören-den S-Lauten aus und lassen Sie Logic solange im Kreis laufen, bis Sie mit den Einstellungen fertig sind.

• Achten Sie darauf, nicht zu viel zu korrigieren, sonst klingt es schnell unnatürlich.

Expander

Wie auf dem Foto zu erkennen ist, hat der **Expander** im Grunde die gleichen Parameter wie ein Kompressor. Neben *Threshold* finden sich noch *Attack* und *Release*. Ein *Ratio*-Regler ist ebenso vorhanden.

Eine kleine Tatsache unterscheidet den **Expander** aber von einem Kompres-sor. Statt die Dynamik eines Signals nach Überschreiten des *Thresholds* ein-zugrenzen, wird diese vergrößert. Der **Expander** vergrößert also den Dyna-mikumfang eines Signals um den unter *Ratio* eingestellten Betrag.

Das ist dann nützlich, wenn Sie zu stark komprimiertes Material vorliegen haben, dem es an natürlicher Dynamik fehlt. Verwenden Sie den **Expander**

Erweitert die Dynamik eines Signals: der Expander.

etwa, um zu stark komprimierten Drumloops wieder mehr Lebendigkeit einzuhauchen.

Noise Gate

Mithilfe des **Noise Gate** kann man Rauschen und Übersprechungen, die sich in Spielpausen unangenehm bemerkbar machen, unterdrücken. Sobald das Signal einen bestimmten Schwellwert unterschreitet, wird das Gate geschlossen und blendet so das Signal aus.

Sorgt für Ruhe in Pausen: das Noise Gate.

Die Parameter des *Noise Gate*:

* *Threshold*: legt den Schwellwert fest, bei dessen Unterschreitung das Gate geschlossen wird.

- *Reduction*: bestimmt, wie stark das Gate schließt.

- *Hysteresis*: Mit *Hysteresis* erzeugt man einen zweiten Schwellwert unterhalb von *Threshold*. Solange das Signal diesen niedrigeren Wert nicht unterschreitet, bleibt das Gate geöffnet. Damit kann man ein „Flattern" des Gates verhindern, wenn das zu bearbeitende Signal stark schwankt.

- *Lookahead*: erlaubt dem **Noise Gate**, in die Zukunft zu schauen und das Material um den eingestellten Zeitwert vor der Bearbeitung zu analysieren.

- *Attack*, *Hold* und *Release*: Mit diesen drei Parametern definieren Sie das Verhalten des Gates nach Unterschreiten des *Thresholds*. *Attack* bestimmt, wie schnell das Gate dann schließt, *Hold*, wie lange es geschlossen bleibt und mit *Release* schließlich wird eingestellt, wie schnell es wieder aufgeht.

- *Side Chain Filter*: Mithilfe des Side Chain Filters können Sie einen bestimmten Frequenzbereich des Signals eingrenzen, der das Gate öffnet. Wenn Sie auf *Monitor* klicken, können Sie mithilfe von *High Cut* und *Low Cut* den Frequenzbereich des Signals einstellen, der das Gate triggern soll.

Ein Beispiel hierfür wäre eine Tomspur einer Schlagzeugaufnahme. Grenzen Sie mit den beiden Reglern den Bereich um den Grundton der Tom herum ein. Der *Low Cut* sollte das Übersprechen der Bassdrum ausblenden, während der *High Cut* Becken und Snare ausblenden würde.
Das, was Sie noch hören, also den Grundton der Tom, wird das **Noise Gate** öffnen. Das heißt, sobald eine Tom gespielt wird, öffnet sich das Gate und lässt die Tom erklingen, danach schließt es wieder und die Spur bleibt stumm.

 Zu diesem Kapitel findet sich das Videotutorial 16 „Noise Gate und Compressor" auf der CD.

Enveloper

Mit dem **Enveloper** ist es möglich, sowohl die Einschwingphase oder den Attack eines Signals (Transienten) als auch das Ausschwingen desselben zu beeinflussen. Man kann den **Enveloper** etwa benutzen, um langweiligen und vielleicht etwas leblosen Drumloops neues Leben einzuhauchen, indem man die Transienten betont.

Beeinflusst die Hüllkurve eines Signals: der Enveloper.

Der **Enveloper** ist so gegliedert, dass die linke Hälfte die Einstellmöglichkeiten für *Attack* und die rechte Hälfte die für *Release* beherbergt. In der Mitte befindet sich eine grafische Darstellung der Hüllkurve mit der Möglichkeit, die Einstellungen von *Attack* und *Release* abzulesen. Mit den beiden *Gain*-Reglern stellt man die Verstärkung oder Absenkung von *Attack* und *Release* ein. *Threshold* legt den Pegel fest, oberhalb dessen der **Enveloper** überhaupt erst in das Geschehen eingreift.

Out-Level gleicht bei Bedarf einen Pegelverlust aus.

Lookahead schließlich ermöglicht es, wie schon bei anderen Plugins gesehen, dass das Signal um einen bestimmten zeitlichen Wert im Voraus analysiert wird, was natürlich wiederum mit einer zusätzlichen Latenz einhergeht.

Anwendungsbeispiele für Enveloper:

• Bereits oben wurde erwähnt, dass man durch eine Betonung der *Attack*-Phase Loops sozusagen aufpolieren kann. Dazu erhöht man nach Belieben den *Gain*-Wert für *Attack*, bis der Loop genug Durchsetzungskraft hat. Natürlich kann man auch einzelnen Drumspuren, etwa einer zu schlappen Bassdrum, damit zu mehr Gehör verschaffen. Generell profitieren perkussive Instrumente am meisten vom **Enveloper**.

• Genau den umgekehrten Weg kann man auch gehen und den *Attack* eines Signals absenken, wenn dieser zu stark ist. Ein Beispiel dafür wäre eine Slide-Gitarre, bei der man eigentlich nur das Ineinandergleiten der einzelnen Töne hören möchte, nicht aber die starken Anschlagsgeräusche durch das Plektrum. Durch negative *Gain*-Werte im *Attack* kann man diese Anschläge entschärfen und den Gesamtklang weicher machen.

• Durch negative *Release*-Werte schließlich kann man ganz gut eventuell in der Aufnahme vorhandenen Nachhall eines Signals in den Griff bekommen. Etwa, wenn eine Spur oder ein Loop bereits Hall enthält, der als störend empfunden wird.

Sonstige Dynamics

Ähnlich wie bei den EQ´s gibt es auch bei den Dynamics einige ältere Plugins, die aus Kompatibilitätsgründen noch mitgeführt werden, namentlich der **Silver Compressor** und das **Silver Gate**. Da es sich dabei lediglich um abgespeckte Versionen handelt, werden sie hier nicht aufgeführt.

5.5. Hall und Delay

Nachdem nun EQ und Dynamics hinzugefügt wurden, sollte ein Mix schon relativ aufgeräumt und druckvoll klingen. Was noch fehlt, ist eine räumliche Dimension. Bis jetzt sind alle Signale auf einer Ebene parallel nebeneinander angeordnet und kleben dem Zuhörer gewissermaßen auf der Nase. Außerdem klingt alles sehr trocken und direkt. Was noch fehlt, ist klar: Hall!

Mithilfe von Hall und Delays kann man einem Mix noch eine weitere Dimension hinzufügen - man kann zum Beispiel über Tiefenstaffelung bestimmte Instrumente entsprechend ihrer Wichtigkeit weiter hinten platzieren. Weiter kann Hall dafür sorgen, einzelne Signale zu verbinden. Indem mehrere Instrumente den gleichen Hall bekommen, kann man sie mehr zusammenbringen. Es klingt dann mehr aus einem Guss. Um die Möglichkeiten, mit den Logic-

Plugins eine räumliche Dimension zu erschaffen, wird es also im nächsten Kapitel gehen. Weiter werden Möglichkeiten aufgezeigt, mithilfe von Delays noch mehr Räumlichkeit und Tiefe zu erzielen und interessante Echoeffekte zu kreieren.

Space Designer

Der **Space Designer** ist der hochwertigste Halleffekt in Logic Pro und die erste Wahl, wenn es um die räumliche Gestaltung einer Mischung geht. Deshalb wird hier auch vorwiegend von ihm die Rede sein.

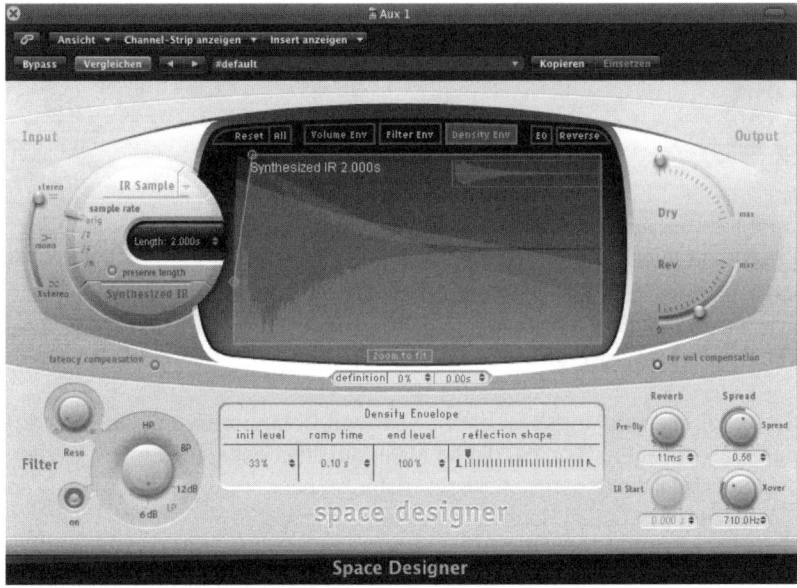

Der Haupthall in Logic Pro: **Space Designer**.

Zunächst einmal eine grobe Übersicht über das Plugin:

Zentral in der Mitte findet sich eine Wellenform-Ansicht der geladenen Impulsantwort. Hier kann man zum einen anschaulich sehen, was gerade geladen ist. Zum anderen kann man der Wellenform aber auch mit verschiedenen Hüllkurven zu Leibe rücken und diese den eigenen Bedürfnissen anpassen.

So finden sich hier Hüllkurven für *Volume* und *Filter*. Außerdem ein *EQ*, mit dem man den Klang des Halls noch weiter formen kann. All diese Kurven erreicht man über die Buttons oberhalb der Wellenform. Hier findet sich auch ein Button für *Reverse*, der die Impulsantwort umdreht, um den **Space Designer** für Rückwärtseffekte zu missbrauchen.

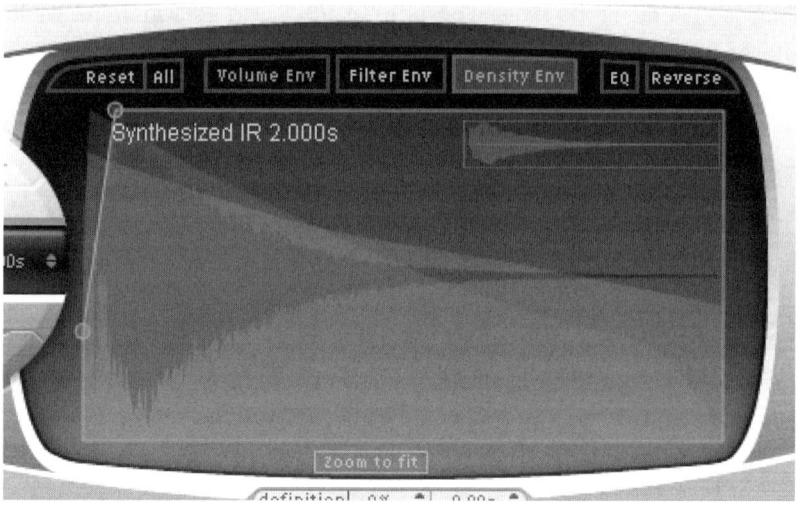

Die Wellenformdarstellung der Impulsantwort.

Links befindet sich die Eingangssektion des **Space Designers**. Hier legt man unter anderem fest, wie sich der Space Designer im Stereo-Modus verhält, was wiederum direkte Auswirkung auf den räumlichen Klang Ihrer Mischung hat. Es gibt drei Optionen:

Stereo: In diesem Modus arbeitet der **Space Designer** im *True-Stereo*-Modus. Das bedeutet, Signale, die im Mixer auf links gepannt wurden, werden auch im Hall links abgebildet. Das ist natürlich sehr wichtig, wenn man einen möglichst realistischen Raumeindruck kreieren möchte.

Voraussetzung dafür ist aber, dass die Sends in den entsprechenden Kanälen auf *Post-Pan* geschaltet wurden (siehe Bild unten). Dann wird das Signal erst nach dem Panoramaregler abgegriffen und per *Send* zum **Space Designer** geschickt.

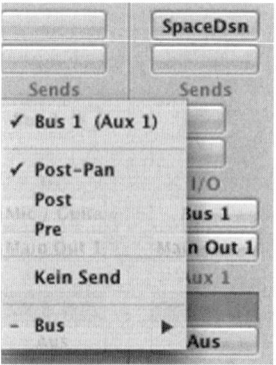

Mono: mischt beide Eingangskanäle auf mono zusammen.

XStereo: vertauscht rechts und links. Sprich, alles was im Mixer auf links gepannt wurde, er-

Schalten Sie die Sends der Kanäle auf Post-Pan, wenn Sie im True-Stereo-Modus arbeiten möchten.

klingt im Hall rechts und umgekehrt. Diese Variante eignet sich sehr gut, um einem Mix mehr Fülle und Dichte zu verleihen.

Außerdem kann man im linken Abschnitt des **Space Designers** die Sample-Rate verstellen (original, ½, ¼, usw.). Dazu muss man wissen, dass der **Space Designer** bei der halben Sample-Rate natürlich auch nur die halbe CPU-Leistung benötigt. Nutzen Sie das, wenn Sie nicht mehr genug Leistung haben, um eine weitere Instanz des **Space Designers** zu öffnen. Dadurch sparen sie eine Menge CPU-Leistung, während man den Unterschied meist nicht unbedingt zwingend hört. Vor dem Bouncen können Sie dann die Sample-Rate wieder erhöhen. Oder Sie belassen Sie, wo sie ist, denn durch die niedrigere Sample-Rate klingt der Hall nämlich etwas dumpfer und dunkler. Ein Nebeneffekt, der manchmal sehr gut passt, gerade wenn der Mix ein wenig old school klingen soll.

Links unten auf der Oberfläche findet sich noch ein Filter, um den Klang des Halls weiter zu verbiegen. Zur Verfügung stehen *Highpass*, *Bandpass* sowie zwei *Lowpass*-Varianten (6 dB und 12 dB).

Rechts gibt es schließlich noch getrennte Regler für trockenes (*Dry*) und verhalltes (*Wet*) Signal und einen *Pre-Delay*-Regler. (Wenn Sie den **Space Designer** als Send-Effekt in einem Aux-Kanal verwenden, sollte *Wet* immer voll aufgedreht sein.) Außerdem kann man rechts unten mittels Spread das Signal noch verbreitern.

Anwendung von Space Designer:
- Wenn Sie nun mit dem Verhallen Ihrer Signale beginnen, sollte der bisherige Mix schon ganz ordentlich klingen. Versuchen Sie nicht, mit dem Hall Fehler im Mix oder in den einzelnen Spuren (schiefe Töne, schlechtes Timing) zu kaschieren. Wenn solche Probleme noch vorhanden sind, versuchen Sie, diese zunächst auszubessern. Der Hall soll die Sahnehaube auf Ihrem Mix sein und nicht dazu dienen, Fehler und Missstände zu überspielen.

- Wie bei allen vorangegangenen Punkten gilt auch beim Hall: Bevor man dass erste Hall-Plugin öffnet, sollte man sich überlegen, was der Hall bewirken soll. Will man einen großen bombastischen Klang erzeugen? Oder doch eher nur subtil ein wenig Räumlichkeit hinzufügen? Also auch für Hall gilt: zuerst ein Konzept entwerfen und dann handeln.

- Hallgeräte verwendet man, wie schon angedeutet, meist als Send-Effekte. Zum einem benötigt man dadurch nur wenige Instanzen, zum anderen erreicht man dadurch, dass sich mehrere Signale gewissermaßen im gleichen Raum befinden und der Gesamteindruck dadurch homogener wirkt.

- Überlegen Sie sich zunächst, in welchem Raum Ihre Musik spielen soll, und wählen Sie danach einen Haupthall. Spielt die Musik in einem kleinen Club? Oder doch eher in einer großen Konzerthalle? Oder gar in einem Fußballstadium? Alle Signale sollten zumindest ein wenig von diesem Haupthall bekommen, um einen Gesamteindruck zu erschaffen.

- Wählen Sie danach weitere Hallinstanzen, etwa einen kleinen Raum für die Drums oder einen sehr großen Hall für die Lead-Vocals.

- Normalerweise sollte man mit maximal drei bis vier verschiedenen Hallräumen hinkommen, danach wird es schnell undurchsichtig.

- Über den *Pre-Delay*-Regler können Sie die Zeit zwischen dem Originalsignal und den ersten Reflexionen einstellen, den Hall also gewissermaßen verzögern. Je höher die Werte für *Pre-Delay* sind, desto größer wirkt der Raum beziehungsweise desto weiter entfernt scheint das Signal vom Zuhörer. Wenn Sie für jedes Hall-Plugin eine unterschiedliche *Pre-Delay*-Zeit wählen, können Sie die Einzelsignale Ihrer Mischung auf diese Ebenen verteilen und somit eine räumliche Tiefe erschaffen. Arbeiten Sie dabei mit nicht allzu großen Werten. Je nach Song-Tempo können Sie Hall 1 um etwa 20 und Hall 2 um 40 ms verzögern. Alle Signale auf Hall 2 wirken damit weiter entfernt. Beachten Sie aber bitte, dass ab einer gewissen Verzögerung das *Pre-Delay* als Echo wahrgenommen wird.

- *Pre-Delay* wirkt außerdem dem Effekt entgegen, dass manche Signale zu weit vorne erklingen und dem Zuhörer fast schon auf der Nase kleben.

- Filtern Sie das Signal des Halls mit einem EQ. Gerade Bässe machen den Hall-Sound oft matschig und undefiniert. Ein dezent eingestellter Low-Cut (z. B. mit 6 dB/Oktave) bei 100 Hz hilft, den Hall-Sound zu entmatschen und mehr Durchsichtigkeit zu erlangen. Auf der anderen Seite kann durch eine leichte Höhenabsenkung der Eindruck von größerer Weite simuliert werden. (Je dumpfer ein Signal klingt, desto weiter weg wähnen wir es.)

Um den Hall zu „EQen", benutzt man entweder den integrierten EQ des **Space Designers** oder aber einen vorgeschalteten **Channel EQ**. Die Variante mit dem **Channel EQ** hat den Vorteil, dass die EQ-Einstellungen erhalten bleiben, wenn Sie ein anderes Hall-Preset wählen. Sie können den EQ dann auch bereits bei den Vorbereitungen für das Mischen einsetzen.

Was ist Faltungshall?

Der **Space Designer** berechnet Hall auf Grundlage von Samples (sogenannten Impulsantworten oder kurz IR´s) eines echten Raums. Dieses Sample wird dann gewissermaßen dem Signal aufgerechnet.

Impulsantworten eines Raums werden erstellt, indem man entweder einen kurzen breitbandigen Impuls (z. B. einen Pistolenschuss) oder aber einen Sinussweep über das gesamte Frequenzspektrum in besagtem Raum erklingen lässt und die „Antwort" des Raums, also den Nachhall, mit Mikrofonen aufnimmt.
Rechnet man den Klang des Pistolenschusses beziehungsweise des Sinussweeps wieder raus, bleibt nur der eigentliche Nachhall, oder anders gesagt, die Impulsantwort übrig.

Die so gewonnene Impulsantwort kann der **Space Designer** dann laden und dem Signal hinzufügen. Es handelt sich also bei Faltungshall nicht um die Simulation eines Halls, sondern im besten Fall um dessen exakte Kopie. (Wichtig ist hier aber natürlich, wie sorgfältig die Impulsantworten erstellt wurden.)

Faltungstechnologie mal anders:
Faltungshall kennt man primär zur Erzeugung und Abbildung von realistischen Räumlichkeiten, indem man Impulsantworten von gut klingenden Räumen und Hallen samplet. Man kann die Technologie und damit auch den **Space Designer** aber noch zu vielen weiteren kreativen Dingen gebrauchen.

Hier ein paar Anregungen:
• Oben wurde erklärt, dass man immer versucht, möglichst gut klingende Räume zu samplen. Das macht solange Sinn, wie es um Musik geht. Bei der Filmton-Post-Produktion geht es aber vor allem um Realitätsnähe. Und auch hier kann die Faltungstechnologie helfen. Etwa, indem man Impulsantworten vom Drehort erstellt. Hier spielt es naturgemäß keine

Rolle, ob der Raum gut klingt, solange das Ergebnis genau nach dem Raum klingt, den man im Bild sieht. Der **Space Designer** bietet unter anderem aus dem Grund auch zahlreiche Presets mit den Impulsantworten von Garagen, Toiletten oder aus dem Inneren von Autos.

• Man kann nicht nur den Klang von Räumen mittels Impulsantworten einfangen. Prinzipiell kann man durch alles einen Sinussweep hindurch jagen und das Ergebnis aufzeichnen. Warum also nicht durch Filter oder Synthesizer?

• Selbst Gitarrenboxen lassen sich durch Faltung abbilden. Mit diesem Prinzip arbeitet etwa auch der **Guitar Amp Pro**.

• Und natürlich kann man auch sehr teure Hardware-Hallgeräte samplen, um deren Klang im Rechner zur Verfügung zu haben.

• Und auch der Klang von Hardware-EQ´s und Kompressoren oder auch von ganzen Mixkonsolen kann auf diese Weise eingefangen werden und auf die eigenen Signale übertragen werden - allerdings immer nur der statische Klang einer bestimmten Einstellung des jeweiligen Gerätes.

Ein Faltungshall ist immer nur so gut wie die verwendeten Impulsantworten. Deshalb lohnt es sich auch, die umfangreiche Sammlung, die mit Logic ausgeliefert wird, zu erweitern - ähnlich, wie man auch bei einem Sampler von Zeit zu Zeit neue Sounds hinzufügen würde.

Impulsantworten zur Verwendung mit dem Space Designer findet man zur Genüge im Internet. Hier einige Links sowohl zu Freeware als auch zu kommerziellen Seiten.

• http://echochamber.ch/

Hier finden sich vor allem Impulsantworten bekannter und exklusiver Hardware-Hallgeräte. Kostenlos.

• http://noisevault.com/nv/

Große Online-Community zum Thema Faltung und Convultion. Riesige Sammlung an Impulsantworten. Neben Hall werden auch IR´s von Boxen und allerhand Hardware-Geräten (EQ´s und Kompressoren) geboten. Die wohl umfangreichste Sammlung zum Thema. Kostenlos!

• http://www.spiritcanyonaudio.com/

Kommerzieller Anbieter von Impulsantworten. Angeboten werden in mehreren Libraries IR´s aus allerhand Filtern, Synthesizern und anderen elektronischen Schaltkreisen. Gut geeignet für kreatives Sounddesign von Klängen.

EnVerb

Das Plugin **EnVerb** ist bei Weitem nicht in der Lage, so gute realistische Hallräume wie der **Space Designer** zu erzeugen. Es ist aber sehr gut geeignet für einige Hall-Spezialeffekte (Stichwort: Gated Reverb).

Eignet sich hervorragend für Special Reverbs: EnVerb.

Die Parameter des EnVerb im Einzelnen:
Dry Signal Delay: Hierüber wird das Delay des Originalsignals festgelegt.

PreDelay: bestimmt die Zeit zwischen dem eingehenden Signal und dem Beginn des Halls.

Attack, *Decay*, *Sustain*, *Hold* und *Release* formen den Verlauf der Hallfahne. Die Einstellungen lassen sich sehr schön in der grafischen Darstellung darüber ablesen.

Während *Densitiy* die Dichte des Halls bestimmt, kann man über *Spread* - ähnlich wie beim **Space Designer** - die Stereobreite des Halls vergrößern.

High Cut dämpft alle Frequenzen oberhalb des eingestellten Wertes.

Mittels *Crossover* kann das Hallsignal in zwei Bänder aufgeteilt werden, dessen unteres Band man dann via *Low Freq Level* in der Intensität regeln kann.

Anwendung von EnVerb:
EnVerb ist eher als Spezialeffekt, denn als realistische Raumsimulation zu sehen. Zwei der mitgelieferten Presets können Ihnen dazu einen guten Eindruck vermitteln.

• Verwenden Sie das Preset *Gated Drums* auf einer Snare. Es wird sich umgehend der bekannte 80er-Jahre-Drumsound einstellen.

• Mittels Presets wie *Reverse Reverb Long* kann man ein Signal ertönen lassen, das klingt als würde es rückwärts abgespielt. Sehr wirkungsvoll bei psychedelischer Musik, etwa auf Gitarrensolos.

Delays
Delays (auch Echo genannt) fügen dem Signal eine Verzögerung hinzu. Meist sind diese Verzögerungen rhythmisch auf das Songtempo abgestimmt (etwa 8tel oder 16tel).

In Logic gibt es mehrere Delays, die alle auf verschiedene Einsatzbereiche hin optimiert wurden. Im Folgenden werden diese zusammen mit Anwendungsmöglichkeiten vorgestellt.

Delay Designer
Der **Delay Designer** stellt das umfangreichste und komplexeste Delay-Plugin in Logic dar. Über die Funktion als simpler Echo-Lieferant hinaus, kann man mit ihm aufwendige rhythmische Gebilde erschaffen und sogar die Tonhöhe der einzelnen Wiederholungen transponieren, um selbst kleine Melodien aus einem einzelnen Ton zu generieren.

Doch der Reihe nach: Der **Delay Designer** ist ein sogenanntes Multi-Tap-Delay. Jedes einzelne der bis zu 26 *Taps* kann als einzelnes Delay angesehen und bearbeitet werden.

Dazu kann man pro *Tap* unter anderem individuell Pegel und Panorama einstellen, das Signal mit High- und Lowpass eingrenzen und, wie schon weiter oben geschrieben, um bis zu zwei Oktaven transponieren.

Um die vielfältigen Möglichkeiten, die der **Delay Designer** bietet, zu verstehen, sollte man zunächst einmal die vielen Presets antesten und von diesen

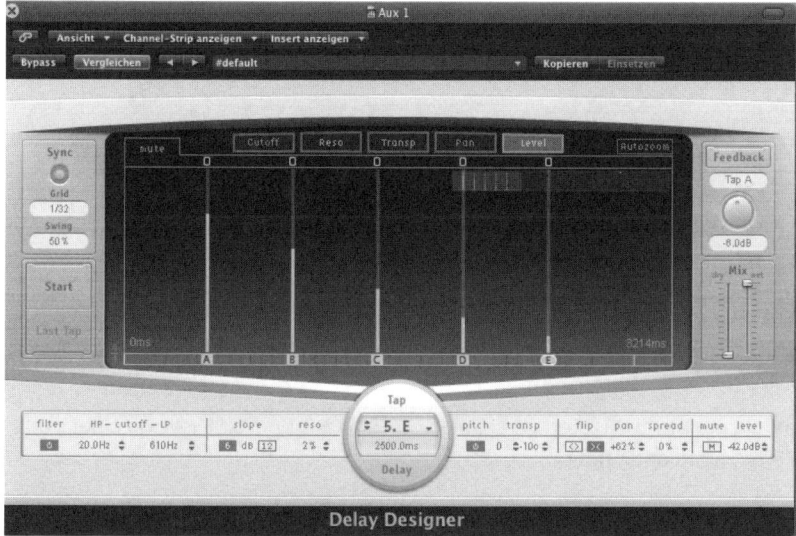

Für komplexe Delay-Spielereien: der Delay Designer.

ausgehend seine eigenen Kreationen basteln. Der **Delay Designer** ist dabei aber mehr ein Spezialeffekt, um komplexe rhythmische Patterns und kleine melodische Verzierungen zu erstellen. Für alle Standardaufgaben eines Delays sind die nachfolgend vorgestellten Plugins **Tape Delay** und **Stereo Delay** geeigneter.

Tape Delay

Das *Tape Delay* lehnt sich, wie der Name schon vermuten lässt, vom Konzept her an die alten, analogen Bandechogeräte an und versucht, deren Klang zu imitieren. Für die allermeisten Delay-Anwendungen wird das *Tape Delay* innerhalb Logic′s das Plugin Ihrer Wahl sein.

Das **Tape Delay** biete alle Parameter, die man von einem Delay erwarten würde. Dazu gehören neben *Feedback* (Anzahl der Wiederholungen) auch die Felder für *Delay* und *Tempo*. Man kann die Delay-Zeit entweder in Millisekunden (*Delay*) oder aber in Beats-per-Minute (*Tempo*) einstellen. Tempo wiederum kann man per Sync-Button an das Tempo von Logic koppeln.

In diesem Fall beziehen sich die Werte bei *Note* ebenfalls auf das Songtempo und verzögern das Signal um Werte zwischen einer halben und einer 1/16-Note (In Abhängigkeit vom Songtempo). Über *Groove* kann man diese Werte noch unterteilen. So entspricht ein *Groove*-Faktor von 50 % immer exakt

Für alle
Standard-
aufgaben:
das Tape
Delay.

dem eingestellten Notenwert, während ein Wert von 75 % jeweils einer punktierten Note entspricht.

Mittels *Freeze* wird die aktuelle Delay-Wiederholung eingefroren und mit konstantem Pegel wiedergegeben. Das eignet sich vor allem, um Feedback-artige Klänge zu erzeugen.

Um das Signal noch mehr in Richtung Vintage zu trimmen, kann man mittels *Low-* und *High-Cut* die Frequenzgänge der Delays genauso wie bei einem alten Bandecho beschränken. Mittels *Flutter Rate* und *Flutter Intensity* kann man die Simulation noch weiter optimieren, diese Parameter emulieren nämlich die Gleichlaufschwankungen eines alten Delays.

LFO Speed und *LFO Depth* schließlich bieten die Möglichkeit, die Delays zu modulieren.

Unter den erweiterten Parametern kann man noch per *Distortion* einen Bandsättigungseffekt hinzumischen.

Stereo Delay

Das **Stereo Delay** bietet die Möglichkeit, Delays für rechte und linke Seite getrennt einzustellen. So kann man mit dem **Stereo Delay** sehr effektvolle, räumliche Delays kreieren.

Ein Großteil der Parameter des **Stereo Delays** entspricht denen des **Tape Delay** (siehe oben). So zum Beispiel die Möglichkeit, Delays in Notenwerten synchron zum Songtempo oder wahlweise frei in Millisekunden einzustellen.

Auch für Pingpong-Delays
geeignet: das Stereo Delay.

Besonderheiten sind dagegen die Möglichkeiten, per *Left Input* und *Right Input* den Eingang für die jeweilige Seite zu wählen (wählbar sind pro Seite: Off, Left, Right, L+R und L-R) und die einzelnen Seiten dann wiederum über die Regler *Crossfeed Left to Right* und *Crossfeed Right to Left* auf den jeweiligen anderen Kanal zu routen.

Dadurch lassen sich ähnlich wie beim *Delay Designer* sehr komplexe, rhythmische Muster erzielen. So zum Beispiel auch das sogenannte Pingpong-Delay, bei dem rechte und linke Seite mit unterschiedlichen Delay-Werten arbeiten. Also links etwa mit einer 8tel-Note und rechts mit einer 4tel-Note Verzögerung. Die beiden Delays springen dann im Panorama hin und her, ähnlich wie der Ball bei einem Pingpongspiel.

Dezent eingesetzt, kann man mit unterschiedlichen Delay-Werten für rechte und linke Seite sehr stimmige, räumliche Effekte schaffen.

Anwendung von Delays
Delays können in einer Mischung recht unterschiedlich eingesetzt werden. Die Möglichkeiten reichen von ganz kurzen, dezenten Delays, die etwa der Stimme etwas mehr Volumen verleihen, bis hin zu drastischen Echo-Eskapaden, die ganze Musikstile wie etwa Dub und Reggae geprägt haben.

Nachfolgend dazu ein paar Beispiel und Anregungen:

- Auch bei Delays gilt natürlich: Erst überlegen, was man erreichen will, dann das Plugin öffnen. Allerdings sind Delays auch ausgesprochene Kreativwerkzeuge. Gehen Sie also auch mal spielerisch an Ihren Einsatz heran und schauen Sie, wie ein oder zwei simple Delays einer Mischung einen ganz neuen Groove und Lebendigkeit verschaffen können.

- Ein kurzes Delay mit maximal ein oder zwei Wiederholungen verleiht Stimmen oder anderen Solo-Instrumenten wie Gitarren mehr Volumen und Dichte. Gute Werte sind zum Beispiel 16tel-Delays. Achten Sie darauf, das Delay nur dezent per Send-Regler hinzuzumischen. Es soll nicht unbedingt hörbar sein. Wenn Sie es wegnehmen, sollte aber plötzlich etwas fehlen.

- Ein deutlich hörbares Delay mit einer 8tel- oder 16tel-Verzögerung und nur einer Wiederholung verleiht einer Mischung ein deutliches Retro-Feeling. Probieren Sie solch ein Delay auf Drums (vor allem auf der Snare) aus. Wichtig ist dabei vor allem, dass es nur eine Wiederholung gibt.

- Versehen Sie ihre Drumloops mit einem **Tape Delay** und achten Sie dabei darauf, dass die Wiederholungen möglichst in den Spielpausen des ursprünglichen Loops liegen. Beginnen Sie zunächst mit einem simplen 8tel-Delay. Erhöhen Sie dann den Groove-Regler auf 75 % um eine punktierte 8tel-Note als Delay zu bekommen. Damit verwandeln Sie jeden langweiligen Standard Loop in etwas Einzigartiges. Achten Sie darauf, den Bassbereich VOR dem Delay mit einem EQ zu beschränken. Meist klingt es besser, wenn die Bassdrum kein oder nur wenig Delay bekommt.

- Kombinieren Sie mehrere Delays, um komplexe Muster zu erstellen. Benutzen Sie beispielsweise zwei hintereinander geschaltete **Tape Delays**. Das erste mit einer 8tel-Verzögerung und relativ hohem Feedbackwert (40 - 50 %), das zweite mit nur einer Wiederholung (Feedback auf 0 %) und einer punktierten 8tel. Damit kann man selbst monotonen Linien Spannung und Abwechslung verpassen. Wichtig bei melodischem Material: Achten Sie immer darauf, dass keine falschen Töne in den nächsten Akkord nachklingen - etwa bei einem Harmoniewechsel. In diesem Fall müssen Sie gegebenenfalls mit der Automation unschöne Reibungen verhindern, indem Sie das Delay rechtzeitig ausfaden.

- Erhöhen Sie die Feedbackwerte des Tape Delays an bestimmten Stellen im Song für kurze Zeit via Automation, um sie dann schnell wieder zurückzunehmen. Sehr effektvoll wirkt das, wenn danach eine kurze Pause oder eine ruhigere Stelle kommt und die Delay-Fahne darüber ausklingen kann.

Hall und Delay im Rhythmus des Songs

 Zum Einsatz von Hall und Delay finden Sie das Videotutorial 17 „Hall und Delay im Tempo des Songs" auf der CD.

Pre-Delay-Werte am Hall-Plugin und die Delay-Zeiten der Delay-Plugins sollte man möglichst immer synchron zum Songtempo halten. Synchrone Hall- und Delay-Zeiten verstärken den Groove eines Songs, asynchrone Zeiten dagegen können den Groove komplett durcheinander bringen.

Alle Logic-Delays bieten eine automatische Synchronisation zum Songtempo (über den Sync-Button). Die exakten Angaben für die Pre-Delay-Zeiten für Hall-Plugins in Millisekunden kann man ganz einfach im Fenster mit den Region-Parametern im Arrange-Fenster links oben ablesen. Dazu müssen Sie aber zunächst auf die Parameterbox mit CTRL +Klick klicken und die Option *Delay in ms* aktivieren. Danach können Sie - wie im Foto unten zu erkennen - die Delay-Zeit zu den einzelnen rhythmischen Werten in Millisekunden ablesen.

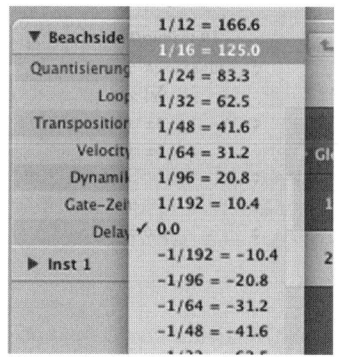

Die Delayzeiten zum Songtempo in Millisekunden.

Lassen Sie aber auch bei den Delay-Werten im Zweifelsfall Ihr Gehör entscheiden. Pre-Delay-Werte oder Delays, die knapp zu kurz sind, können zum Beispiel auch treibend wirken und einem Song, der etwas lahmt, mehr Drive verpassen. Umgekehrt können zu lange Pre-Delay-Werte einen allzu hektischen Song etwas ausbremsen und beruhigen.

Sonstige Hall- + Delay-Plugins:
Auch unter den Hall- und Delay-Plugins gibt es einige, die aus alten Logic-Versionen mitgeführt wurden, unter heutigen Gesichtspunkten aber keine Bedeutung mehr haben und deshalb hier nicht weiter behandelt werden. Dazu gehören etwa die Hall-Plugins *Platinum-*, *Gold-* und *Silver-*Reverb. Bei den Delay-Plugins finden sich noch die simplen Vertreter *Echo* und *Sample Delay*.

5.6. Modulationseffekte, Distortion und andere nützliche Helfer

Nach den vorangegangenen Kapiteln kann Ihr Mix eigentlich schon fertig sein. Die Verteilung im Panorama und in der Lautstärke stimmt soweit. Mittels EQ wurde Platz auf der Frequenzebene geschaffen und die Dynamikwerkzeuge sorgen für den nötigen Druck. Schließlich wurde per Hall und Delay auch noch eine räumliche Tiefe erzielt.

Als krönenden Abschluss kann man nun noch einige Farbtupfer durch Modulationseffekte hinzufügen. Einige der zahlreichen, in Logic verfügbaren Plugins dazu werden in diesem Kapitel vorgestellt. Mithilfe von Distortions-Plugins wiederum kann man dem einen oder anderen Sound noch etwas Schmutz und Aggressivität verleihen. Außerdem wird es um einige, für den Produktionsalltag nützliche Helferlein gehen.

Modulationseffekte
Beim Einsatz von Modulations-Plugins sollte man darauf achten, einen Song nicht mit Effekten zu überfrachten. Ein einzelner, sparsam eingesetzter Effekt ist meist wirkungsvoller als mehrere, die sich gegenseitig die Show stehlen. Hier gilt ganz klar die Devise: Weniger ist mehr!

Überlegen Sie sich genau, welcher Sound noch einen zusätzlichen Effekt gebrauchen könnte.

Zu den Modulationseffekten in Logic Pro zählen: **Chorus, Ensemble, Flanger, Microphaser, Modulation Delay, Phaser, Ringshifter, Rotor Cabinet, Scanner Vibrato, Spreader** und **Tremolo**. Dazu kommen noch die in vielen Plugins (**EVP88, EVB3** ...) integrierten Effekte.

Eine Auswahl der Logic-Modualtionseffekte.

All diese Plugins modulieren auf die eine oder andere Weise das anliegende Signal und erzeugen so Schwebungen und Bewegung im Klang. Außerdem prägt jeder dieser Effekte das Signal mit seinem eigenständigen Charakter.

Anwendung von Modulationseffekten:

- **Flanger** und **Chorus** sind beispielsweise typische Effekte, um E-Pianos einen Retro-Sound zu verpassen.

- Gleiches gilt für **Tremolo** auf Gitarren (Stichwort: Surf-Musik)

- Eine Orgel ist eigentlich immer nur in Verbindung mit einem **Rotor Cabinet** denkbar.

- Ein immer wieder gern gehörter Effekt auf Schlagzeugbreaks ist der **Phaser**.

- Besonders abgedrehte Effekte erzielt man mit dem **Ringshifter**, einer Mischung aus Ringmodulator und Frequenzshifter.

Achten Sie auch bei Modulationseffekten darauf, dass die Modulationen möglichst immer im Songtempo ablaufen, um dadurch ebenfalls den Groove zu unterstützen, statt diesem entgegenzuwirken.

Distortion

Distortion und Overdrive-Plugins fügen einem Signal Verzerrungen hinzu, das Signal wird rauer und aggressiver.

Sorgen für Schmutz und Dreck im Signal: Distortion und Overdrive-Plugins.

Anwendung von Distortion und Overdrive-Plugins:

• Mithilfe von Distortion und Overdrive-Plugins können Sie allzu zahmen und langweiligen Sounds auf die Sprünge helfen und ihnen mehr Durchsetzungsvermögen verleihen. Gerade sehr cleane Hochglanzsounds vertragen oft eine Prise Schmutz und Dreck.

• Versehen Sie tiefe Signale wie Bassdrum oder Bass mit etwas Verzerrung aus dem **Overdrive**-Plugin. Drehen Sie den *Tone*-Regler dazu ruhig relativ weit auf. Durch die zusätzlich erzeugten Obertöne der Verzerrung setzt sich der Sound besser im Mix durch.

• Es muss nicht immer ein Plugin sein. Um Sounds dezent anzuzerren, reicht oft auch der *Drive*-Regler am Filter des **EXS24** oder der anderen Soft-Synths.

- Hervorragend geeignet, um Synth-Sounds aggressiver zu machen, ist der **Bitcrusher**. Bearbeiten Sie damit einmal Ihre Leadsounds, wenn diese noch zu brav klingen und sich nicht richtig durchsetzen wollen.

- Man kann Overdrive-Plugins auch sehr gut für Gitarren im Zusammenspiel mit **Guitar Amp Pro** benutzen, indem man diese vorschaltet. Gitarristen benutzen seit jeher extra Overdrive-Pedale, um ihre Amps anzusteuern.

- Natur-Loops von Schlagzeug oder Percussion passen sich dank **Bitcrusher** und Co. schnell in elektronische Produktionen ein.

Nützliche Helfer
Hier noch ein paar nützliche Helfer aus dem Logic-Plugin-Arsenal, die einem in der einen oder anderen Situation wertvolle Dienste leisten können:

Direction Mixer
Mit dem **Direction Mixer** können Sie zum einen MS-Signale dekodieren, zum anderen die Stereobasisbreite Ihres Signals beeinflussen (zu MS siehe auch Kapitel 4.2.4. *Stereomikofonie*).

Bietet Zugriff auf die Stereobreite und Mitten- und Seitensignal einer Spur: der Direction Mixer.

Über *Input* wird zunächst festgelegt, ob es sich beim anliegenden Signal um ein „normales" Links-Rechts-Signal handelt, oder ob ein MS-Signal anliegt.

Spread beschreibt die Möglichkeit, die Breite des Stereobildes zu beeinflussen. Der voreingestellte Wert 1 entspricht der normalen Breite, größere Werte vergrößern die Breite, kleinere engen sie entsprechend ein.

Direction schließlich legt die Position des Signals im Panorama fest.

Benutzen Sie den **Direction Mixer** nicht immer nur dazu, dass Stereobild zu verbreitern. Engen Sie es bei Instrumenten, die zu viel Platz im Mix beanspruchen, auch mal ein. Das schafft dann wiederum Raum und Platz für andere Instrumente.

Gain

Gain ist ein nützliches Tool, um Lautstärken anzupassen und Phasen zu drehen.

Nützlicher Helfer für Phasendrehungen: Gain.

Gain regelt die Verstärkung oder Absenkung des anliegenden Signals. Weiter kann man per *Phase Invert* die Phasen für rechten und linken Kanal separat drehen. *Swap L/R* vertauscht die Ausgangskanäle und Mono bildet ein Mono-Signal.

Mit *Balance* regelt man das Verhältnis zwischen rechter und linker Seite.

Anwendung von *Gain*:

- Wenn man die Snare mit einem zweiten Mikrofon von unten abgenommen hat, sollte man bei diesem die Phase drehen, damit beide Signale nicht gegenphasig sind und sich ganz oder teilweise auslöschen.

- Oft sind Sounds aus Synthesizern extrem dick programmiert und nehmen viel Platz im Arrangement ein. Hier kann man sehr schön mittels des *Mono*-Buttons ein Mono-Signal erzeugen, welches den anderen Spuren mehr Luft lässt. Gerade bei Bass-Sounds reicht solch eine Mono-Version oft vollkommen aus.

Test Oscillator

Der **Test Oscillator** ist ein nützlicher Helfer zum Erzeugen von Testtönen und Sinussweeps.

Liefert Testtöne und
Sinussweeps:
der Test Oscillator.

Anwendung von **Test Oscillator**:

• Benutzen Sie den **Test Oscillator** etwa immer dann, wenn Sie neue (externe) Geräte verkabelt haben, um die Kabelwege zu überprüfen. Am Ende ihrer Übertragungskette sollte immer der gleiche Pegel ankommen, den Sie im **Test Oscillator** eingestellt haben. Andernfalls gibt es auf der Strecke irgendeine Stelle, an der Pegel verloren geht.

5.7. Automation

Letzter und abschließender Schritt einer Mischung ist die Automation. Obwohl nun alle Signale bestens präpariert und bearbeitet vorliegen, klingt der Mix noch immer statisch und etwas leblos. Mithilfe der Automation soll auch das gelöst werden. Indem man einzelne Instrumente in der Lautstärke automatisiert, kann man bestimmte Songstellen betonen (etwa den Refrain). Neue Elemente im Song müssen nicht plötzlich einsetzen, sondern können unauffällig hinzugemischt werden.

Das Logic-Arrange-Fenster mit geöffneter Automation.

Bei vielen Sounds reicht es auch aus, sie zu Beginn kurz laut werden zu lassen. Hat sich der Sound beziehungsweise das Instrument beim Hörer etabliert, kann man es in der Lautstärke wieder zurücknehmen, um Platz für andere Spuren zu schaffen.

Kurz: Die Automation soll den Song in Bewegung halten und einem zu statischen Eindruck entgegenwirken.

Wie man das anstellt und welche Werkzeuge Logic einem hierzu zur Verfügung stellt, steht im folgenden Kapitel.

Grundlagen der Automation

Die Bedienelemente für die Automation werden auf Wunsch als zusätzliche Ebene über den normalen Audio- und MIDI-Sequenzen eingeblendet und können dann bearbeitet werden.

Zum Ein- und Ausblenden der Automation dient das Tastaturkürzel *A* (oder der Befehl *Spurautomation* im Menü *Ansicht*). Alternativ kann man sich auch eine Fensteranordnung einrichten (siehe auch Kapitel 3.6. *Arbeiten mit Fen-*

steranordnungen), in der die Automation permanent sichtbar ist, und dann zwischen diesen beiden Fensteranordnungen hin und her wechseln.

Ist die Automation aktiviert, kann man in den einzelnen Spuren über ein Flip-menü wählen, welchen Parameter man automatisieren möchte. Neben den Spur-Parametern wie *Volume*, *Panorama*, *Solo*, *Mute* und *Sends* sind auch die Parameter aller Logic-Plugins automatisierbar. (Auch die meisten Drittan-bieter- Plugins kann man auf diesem Weg automatisieren, eventuell sind hier aber nicht die Parameter direkt sichtbar, sondern lediglich als Nummern vor-handen, die dann wiederum im entsprechenden Plugin zugeordnet werden müssen).

Die Parameter der einzelnen Effekte und Instrumente werden in jeweils einem eigenen Ordner pro Plugin organisiert, damit man die Übersicht behält.

Die Parameter, die über die Automation angesprochen werden können.

Betriebsmodi
Die Automation in Logic Pro bietet verschiedene Modi, die sich jeweils unter-schiedlich auswirken.

Off: In diesem Modus werden weder Automationsdaten aufgezeichnet, noch vorhandene wiedergegeben. Die Automation ist für diese Spur inaktiv.

Read: bedeutet, dass bereits vorhandene Automationsdaten ausgelesen und wiedergegeben werden. Es werden jedoch keine neuen Daten aufgezeichnet. Wenn Sie mit einer Spur fertig sind, sollte diese deshalb auf **Read** stehen.

Touch: Im Modus **Touch** werden bestehende Automationsdaten ebenfalls wiedergegeben. Gleichzeitig werden durch Reglerbewegungen bestehen-de Daten überschrieben. Lässt man den entsprechenden Regler wieder los, kehrt die Automation zum vorhandenen Wert zurück. Der **Touch**-Modus eig-net sich deshalb sehr gut, um Korrekturen an bestehenden Automationskur-ven vorzunehmen.

Wie schnell die Automation nach dem Loslassen zum ursprünglichen Wert zurückkehrt, stellt man über den Parameter *Rampenzeit* im Menü *Automation* bei den globalen *Einstellungen* ein.

Latch: funktioniert prinzipiell so wie **Touch**. Allerdings wird nach dem Loslassen des Faders der letzte Wert beibehalten und die vorherigen Daten überschrieben. Vorsicht also, wenn man mit **Latch** Korrekturen macht!

Write: zeichnet alle einkommenden Daten auf. Werden keine Fader oder Potis bewegt, löscht **Write** aber bereits vorhandene Daten. Also ist auch in diesem Modus Vorsicht geboten!

Um Automationsdaten zu löschen, wählt man aber besser einen der Befehle unter *Optionen / Spurautomation /*

/ Alle Automationsdaten der aktuellen Spur löschen,
/ Momentan sichtbare Automationsdaten der aktuellen Spur löschen
oder
/ Alle Automationsdaten aller Spuren löschen.

MIDI: Wählt man MIDI, so werden statt Automationsdaten einfach MIDI-Daten in die Sequenzen geschrieben.

Online oder Offline arbeiten

Logic´s Automation kann man auf zwei Arten benutzen. *Online* bedeutet die Eingabe von Automationsdaten mithilfe externer Controller (z. B. Mackie Control oder den Fadern und Buttons eines MIDI-Keyboards), während Logic läuft. Dagegen meint *Offline* die Eingabe und das Editieren von Automationskurven mit der Maus bei stehendem Sequenzer. Natürlich lassen sich beide Arten beliebig kombinieren. So kann man beispielsweise zuerst *Online* alle gewünschten Automationsverläufe aufzeichnen um dann per Maus das Feintuning vorzunehmen.

Automations-Daten *Online* aufzuzeichnen, macht natürlich nur dann Sinn, wenn man einen entsprechenden Controller sein Eigen nennt oder via *Quick Automation Access* (siehe Kasten rechts) einen Regler seines Keyboards zum Automatisieren definiert hat.

Das Arbeiten im *Online*-Modus erklärt sich fast von selbst. Man aktiviert die Automation, schaltet die gewünschte(n) Spur(en) in einen der oben beschriebenen Modi und startet die Wiedergabe. Alle Bewegungen, die man nun am externen Controller vornimmt, werden von Logic aufgezeichnet. Am besten geht man dabei Parameter für Parameter und Spur für Spur vor. Hat man alles aufgezeichnet, schaltet man die Spuren auf **Read**, damit nichts aus Versehen überschrieben wird.

(Wie man Controller, die nicht automatisch erkannt und zugeordnet werden, einbindet wird in Kapitel 3.9. *Einbinden von Hardware* Controller beschrieben.)

Zum Erstellen von Automationsverläufen im *Offline*-Modus, also zur Arbeit mit der Maus, gibt es dagegen einige Funktionen, die der Erklärung bedürfen.

• Per Klick mit dem Mauszeiger oder dem Stiftwerkzeug auf die Automationslinie erstellt man neue Knotenpunkte, die man wiederum bei gedrückter Maustaste bewegen und verschieben kann. Mit einem erneuten Klick direkt auf den Knotenpunkt kann man diese auch wieder löschen (geht alternativ auch mit dem *Radiergummi-Werkzeug*.)

• Mit dem *Automationsauswahl-Werkzeug* kann man eine Gruppe von Knotenpunkten selektieren und im richtigen Verhältnis zueinander verschieben. Bei gedrückter *alt*-Taste werden die Kurven entsprechend kopiert.

• Das *Automationskurven-Werkzeug* dagegen ermöglicht es einem, zwischen zwei beliebigen Punkten Kurven anstelle von linearen Verbindungen zu erzeugen. Bei Mausbewegung nach oben beziehungsweise unten erhält man konkave oder konvexe Kurvenverläufe. Bewegt man die Maus nach rechts oder links, entstehen S-förmige Kurven. Dadurch kann man starre lineare Änderungen zwischen zwei Punkten vermeiden.

Quick Automation Access

Wenn Sie keinen ausgewachsenen Controller wie etwa eine Mackie Control besitzen, müssen Sie dennoch nicht auf den Luxus von *Online*-Automationen verzichten. Mittels *Quick Automation Access* kann man jeden beliebigen Fader (oder aber auch das Modulationsrad an Ihrem Keyboard) mit dem jeweils aktuellen Automationsparameter verknüpfen und diesen steuern.

Dazu geht man zunächst in folgendes Menü:

Optionen / Spur-Automation / Spur-Automation-Einstellungen

Dort drückt man die Taste *MIDI-Befehl lernen*, bewegt kurz den gewünschten Fader und klickt dann auf *Fertig*. Ab jetzt steuert dieser Regler immer den aktuell ausgewählten Automationsparameter.

So kann man nun Parameter für Parameter und Spur für Spur bequem mit einem Fader automatisieren und ist nicht auf die Editierung mit der Maus angewiesen.

Anwendung der Automation

• Beginnen Sie mit Automation erst dann, wenn alle anderen Schritte abgeschlossen sind. Auch die Lautstärkeverhältnisse sollten zu diesem Zeitpunkt schon weitgehend festgelegt sein. Selbstverständlich sollte man sich auch vor dem Einsatz der Automation überlegen, was man damit erreichen möchte, und dann erst loslegen.

• *Volume:* Über die Steuerung der Lautstärke kann man einem Song Dynamik und Spannung verleihen. Neue Sounds erscheinen nicht sofort, sondern werden langsam ein- und auch wieder ausgefadet. Wichtige Stellen lassen sich wunderbar über eine Anhebung der Lautstärke betonen, danach fährt man die Spur wieder leiser.

• *Panorama:* Auch durch einen Wechsel der Panoramaposition (etwa vom linken Rand hin zur Mitte und wieder zurück) lassen sich einzelne Spuren zeitweilig in den Focus des Songs und damit des Zuhörers bewegen.

• Auch *Sends* lassen sich automatisieren, damit kann man beispielsweise am Ende einer Gesangsphase den Hallanteil erhöhen, während man gleichzeitig das *Volume* absenkt. Im Ergebnis scheint die Stimme im Hall zu verschwinden.

• Einzelne Plugins möchte man womöglich nur auf bestimmte Stellen im Song anwenden. Dafür kann man ganz einfach den Bypass des jeweiligen Inserts automatisieren.

• In dichten Arrangements wird man den Frequenzgang der einzelnen Spuren (vor allem im Bassbereich) womöglich stark mit einem EQ
beschneiden, um Platz für alle Signale zu schaffen. Steht eine dieser
Spuren aber plötzlich allein, etwa am Anfang des Songs oder in einem ruhigen Mittelteil, so klingt sie eventuell zu dünn und unnatürlich. Automatisieren Sie in einem solchen Fall auch den EQ und fügen
Sie die fehlenden Bassfrequenzen für diesen Teilabschnitt wieder hinzu.
Auch hier gilt langsam ein und wieder ausfaden. Nutzen Sie für die Fades
Stellen, an denen viel los ist und die Bewegung nicht hörbar ist.

• Das kleine Dreieck unterhalb der Spur im Arrange-Fenster ermöglicht
es, mehrere Automationsparameter pro Spur darzustellen. Öffnen Sie
so viele Spuren, wie Sie Parameter vor sich sehen wollen.

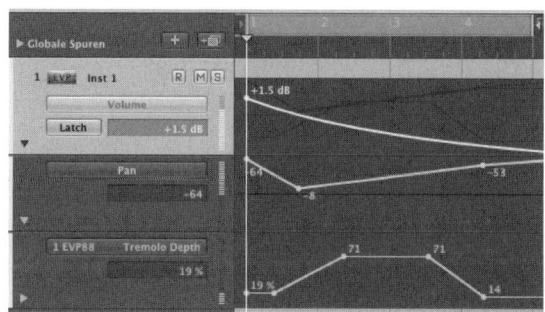

Mehrere Parameter
der Automation für
eine Spur.

• Logic's Automation arbeitet mit einer samplegenauen Auflösung. Das ist
zwar sehr hochwertig in vielen Fällen aber schlicht überflüssig, außerdem braucht diese Variante sehr viel Leistung. Sie können diese Option
im Fenster *Allgemein* unter dem Menü *Einstellungen – Audio – Allgemein* deaktivieren.

• Sie können Logic außerdem sagen, wie das Programm beim Verschieben von Regionen mit den dort vorhandenen Automationsdaten umgehen soll. Folgende Optionen stehen zur Verfügung:

Niemals: Die Automationsdaten werden nicht mit bewegt.

Fragen: Logic fragt Sie bei jeder Region, die Sie bewegen, was mit den entsprechenden Automationsdaten geschehen soll.

Immer: Logic verschiebt die Automationsdaten immer ungefragt mit.

Zu finden sind diese Optionen ebenfalls im Fenster *Automation*.

• Automation kann einen starren Mix mit Leben füllen. Aber wie so oft, gilt auch hier: Zu viel ist zu viel. Wenn sich dauernd etwas bewegt und lauter und leiser wird, kann es auch störend wirken und Unruhe stiften.

Hyper Draw < - > Automation

Logics Automation ist spurbasiert. Das bedeutet, Automationskurven sind der entsprechenden Spur und nicht einzelnen Regionen zugeordnet. In früheren Versionen war das anders, da waren sogenannte Regionsteuerdaten (auch Hyperdraw genannt) immer einer bestimmten Region zugeordnet.

Die spurbasierte Variante ist wesentlich komfortabler und übersichtlicher, da Regionen und Steuerdaten getrennt vorliegen. Wenn Sie noch alte Songs mit Hyperdraw-Daten haben, so können Sie diese in spurbasierte Automationsdaten umwandeln, und zwar mit den Befehlen

Aktuelle Regiondaten zur Spurautomation bewegen

oder

Alle Regionsteuerdaten zur Spurautomation bewegen.

Der erste Befehl wandelt nur die aktuell sichtbaren Hyperdraw-Daten um, der zweite dagegen alle im Song vorkommenden.

Möchten Sie den umgekehrten Weg gehen, dann wählen Sie

Aktuelle Spurautomationsdaten zur Region bewegen

bzw.

Alle Spurautomationsdaten zur Region bewegen.

All diese Befehle finden sich im Fenster *Spurautomation* unter dem Menü *Optionen*.

5.8. Kontrolle

Vergessen Sie nicht, Ihre Arbeit von Zeit zu Zeit zu kontrollieren. Wie weiter oben schon geschrieben steht, spielen uns unsere Ohren gerne mal einen Trick, indem Sie sich an das gewöhnen, was wir da gemischt haben und es für gut befinden. Deshalb muss man immer mal wieder Pausen machen, um die eigene Arbeit objektiv beurteilen zu können.

Kontrollmethoden:
Ihnen stehen verschieden Methoden zur Beurteilung der eigenen Arbeit zur Verfügung. Alle haben ihre ganz spezifischen Vor- und Nachteile. Auf welche Sie sich verlassen, bleibt Ihnen überlassen.

1. Das eigene Urteilsvermögen
Machen Sie von Zeit zu Zeit eine Pause, hören Sie in Ihren Referenztrack rein und vergleichen Sie ihn mit Ihrem Mix. Sind Sie auf dem richtigen Weg?

Vorteil: Man selbst weiß (hoffentlich) am besten, was man will und wie das Ergebnis klingen sollte.

Nachteil: Man gewöhnt sich schnell an das Erreichte oder man ist selbst oft auch zu kritisch.

2. Die Meinung/Tipps anderer Personen
Spielen Sie Ihren Mix anderen Personen vor. Notieren Sie sich deren Aussagen und überprüfen Sie sie. Oft hört man auch die eigene Arbeit schon ganz anders, wenn sich nur jemand mit im Raum befindet. Achten Sie darauf, den Song Leuten zu zeigen, deren Urteil Sie vertrauen.
Ganz schlecht sind Menschen, die alles toll finden, was Sie machen (Eltern, Partner ...). Das ist zwar nett zu hören, bringt Sie aber nicht weiter.
Nehmen Sie Kritik nie persönlich, überprüfen Sie immer, ob Sie fachlich gesehen zutrifft. Wenn ja, kann das zwar manchmal wehtun, bringt im Endeffekt aber sowohl Sie als auch den Song weiter, und darum geht es schließlich.

Vorteil: Außenstehende haben frische Ohren für den Song. Wenn der Song nicht auf Anhieb funktioniert, ist das oft ein Hinweis dafür, dass etwas noch nicht stimmt.

Nachteil: Es muss sich unbedingt um Leute handeln, deren Urteil man vertraut und die einem im besten Fall mit Tipps weiterhelfen können. Aussagen wie „Mir gefällt der Song nicht, ich steh eher auf Hip Hop!" werden Ihnen nicht viel bringen.

3. Analyse-Plugins

Logic bietet einige Analyse- und Metering-Tools (siehe unten). Nutzen Sie diese, um bestimmte technische Sachverhalte zu überprüfen (z. B. Mono-kompatibilität) und um Ihren Mix mit einem Referenztrack zu vergleichen. (Wie laut ist dieser? Wie viel Bass hat er? Usw.)

Letztendlich sind das aber nur Hilfsmittel. Letzte Instanz muss immer Ihr Ohr sein.

Vorteil: Plugins lügen nicht, sondern zeigen gnadenlos an, wenn etwas nicht stimmt (Phasenlage etc.).

Nachteil: Plugins haben keine Ahnung, was einen guten Song ausmacht.

4. Autoradio

Die große Kunst eines guten Mixes besteht unter anderem darin, dass er auf allen Anlagen (von der Großraumdisco übers Autoradio bis hin zum Handy) gut klingen soll. Nur weil ein Mix in Ihrem Studio gut klingt, muss das nicht heißen, dass er auch auf anderen Boxen gut klingt. Verlassen Sie deshalb von Zeit zu Zeit Ihre gewöhnte Studioumgebung und machen Sie den Praxistest. Gut geeignet sind zum Beispiel Auto- oder Küchenradios.

Nehmen Sie ruhig die qualitativ schlechteste Abhöre, die Sie finden können. Hören Sie dort zunächst Ihren Referenztrack. Wenn Ihr Mix dort besteht, wird er vermutlich überall gut klingen. Wenn nicht, schreiben Sie sich auf, was störend ist und korrigieren Sie so lange, bis es gut klingt.

Vorteil: Was hier gut klingt, klingt überall gut.

Nachteil: keinen. Was hier mit dem Referenztrack oder dem Radioprogramm mithalten kann, ist vermutlich gut.

Analyse- und Metering-Plugins

Nachfolgend finden Sie die drei Metering- und Analyse-Plugins, die in Logic Pro enthalten sind. Benutzen Sie sie, um Ihren Mix zu kontrollieren und mit einem Referenztrack zu vergleichen.

Level Meter

Zeigt den Pegel eines Signals an: das Level Meter.

Das **Level Meter** tut genau das, was der Name verspricht: Es misst den Pegel des anliegenden Signals und zeigt diesen auf einer Dezibel-Skala an. Sie können die Anzeige zwischen *Peak* (Spitzenpegelwerte) und *RMS* (durchschnittliche Lautstärke) umschalten. Außerdem gibt es eine kombinierte Anzeige, die beide Level anzeigt - in der Praxis sicherlich die sinnvollste Methode. Der RMS-Pegel wird durch einen dunkelblauen, der Peak-Pegel durch einen hellblauen Balken dargestellt.

Correlation Meter

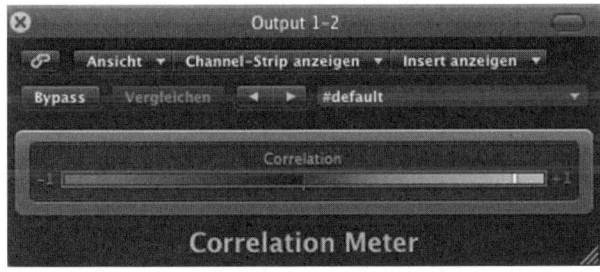

Gibt Auskunft über die Monokompatibilität: das Correlation Meter.

Das **Correlation Meter** gibt Auskunft über die Phasenlage eines Mixes oder eines Signals und ist wichtig zur Beurteilung der Monokompatibilität.

• Bei einem Wert von +1 sind beide Seiten 100%ig in Phase.

• Werte von 0 bedeuten, dass rechte und linke Seite nichts miteinander zu tun haben. Dadurch können Sie sich aber auch nicht gegenseitig auslöschen beim Umschalten auf mono. Diese Stellung ist ebenfalls noch monokompatibel.

• Werte unterhalb 0 zeigen an, dass sich bei einer Zusammenfassung der beiden Kanäle auf einen Monokanal Phasenauslöschungen ergeben würden. Das heißt, Teile des Signals würden fehlen.

Werte unterhalb 0 sollten Sie deshalb vermeiden, wenn Sie möchten, dass Ihre Mischung auch in mono vollständig hörbar sein soll. (Viele Küchenradios sind immer noch mono.)

MultiMeter

Das **MultiMeter** kombiniert mehrere Tools zur Analyse und Beurteilung einer Mischung. Man findet hier einen Multiband-Analyzer zur Darstellung des

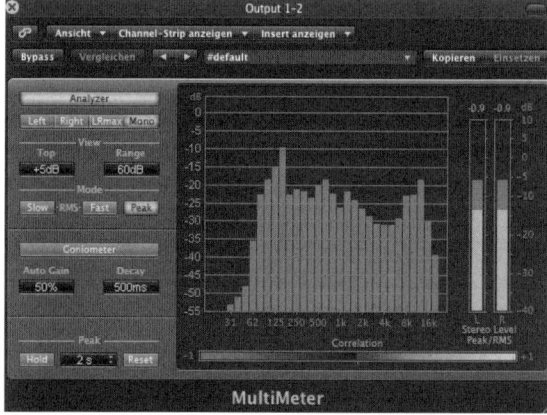

Bietet einen Überblick über die Frequenzverteilung: das MultiMeter.

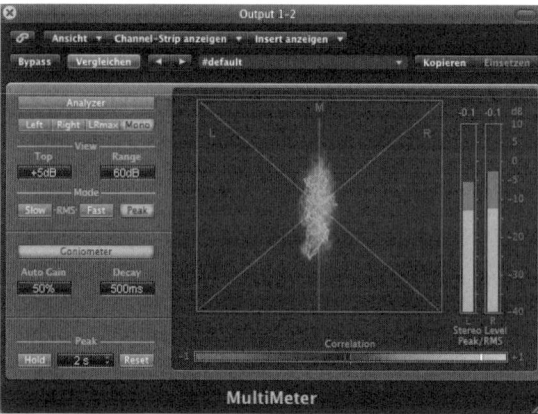

Gibt Auskunft über die Phasenkohärenz des Signals: das Goniometer.

Frequenzspektrums (siehe Foto). Außerdem sind die bereits weiter oben beschriebenen **Level Meter** und **Correlation Meter** mit integriert.

Eine Besonderheit stellt noch das ebenfalls integrierte **Gonioeter** dar, das Auskunft über die Phasenkohärenz des Signals gibt.

Phasendreher und Auslöschungen machen sich in einem horizontalen Ausschlag bemerkbar. Solange die Wolke in vertikaler Richtung ausschlägt, ist alles in Ordnung.

5.9. Mastern

Unter Mastering (oft auch als Pre-Mastering bezeichnet) versteht man gemeinhin das finale Bearbeiten der bereits fertig gemischten und exportierten Songs. Das Mastering kann vom Erstellen einer presswerkfähigen CD über die Angleichung von Lautstärken der einzelnen Titel bis hin zum teilweise heftigen Eingriff in das Klanggeschehen reichen.

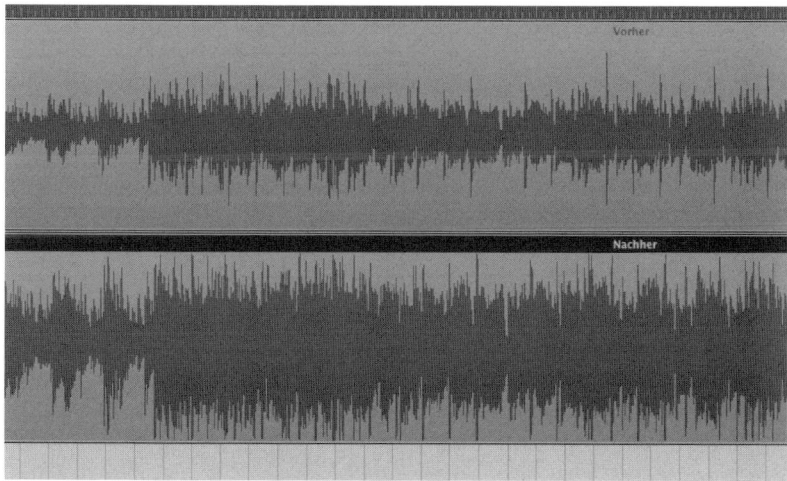

Ein und derselbe Song vor und nach dem Mastering

Im diesem Kapitel werden zum einen die Werkzeuge vorgestellt, die Logic fürs Mastering zur Verfügung stellt, und aufgezeigt, wie man diese sinnvoll einsetzt. Zum anderen wird erklärt, auf was man achten sollte, wenn man sich entscheidet, das Mastering in fremde Hände zu übergeben.

Selber mastern

Wenn Sie sich entscheiden, das Mastering Ihrer Songs selbst zu übernehmen, dann sorgen Sie dafür, dass ein paar Tage Abstand zwischen dem Mischen und dem Mastering liegen. Tun Sie in der Zwischenzeit am besten etwas ganz anderes. Arbeiten Sie an einem anderen Projekt oder machen Sie
etwas, das gar nichts mit Musik zu tun hat.

Durch den Abstand ist gewährleistet, dass Sie wieder etwas Abstand zu den
einzelnen Songs haben und Entscheidungen objektiver fällen können.

Signalkette beim Mastering

Mastering wird zu Recht als eigenständiger Arbeitsschritt oder, noch besser,
als eigenständiges Berufsbild angesehen. Die hier vorliegenden Ideen zur
Umsetzung eines Masterings mit Logic's Bordmitteln kann deshalb nur eine
kleine Anregung zum Thema sein, mehr nicht.

EQ

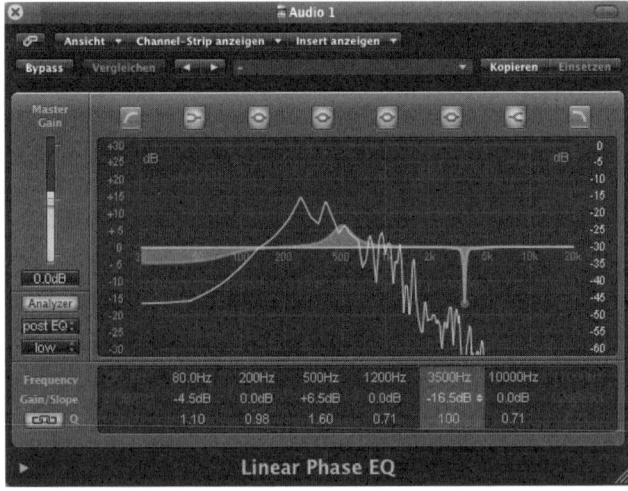

Eignet sich
auch sehr gut
für's Mastering:
der Linear
Phase EQ.

Erster Schritt wäre, wenn denn nötig, eine Bearbeitung der Stereosumme mit
einem EQ. Nehmen Sie dazu am besten den Linear Phase EQ (siehe auch
Kapitel 5.3. *EQ*). Korrekturen im Mastering sollten nur im kleinen Maßstab
durchgeführt werden (maximal 2 - 3 dB Anhebung oder Absenkung). Ist mehr
nötig, dann stimmt vermutlich irgendetwas mit dem Mix nicht. Gehen Sie in
diesem Fall lieber nochmal an den Mix. Mastering soll einen Mix veredeln
und aufpolieren, nicht Fehler im Mix beheben.

Dynamik

Als Nächstes bearbeitet man die Dynamik eines Signals. Man versucht, diese ein wenig einzuengen. Spitzen werden abgefangen, der ganze Song soll etwas dichter zusammenrücken.

Um einzelne Frequenzbereiche separat komprimieren zu können, eignet sich der **Multipressor** hervorragend (siehe auch Kapitel 5.4. *Dynamics*). Gerade, wenn Sie kein Pumpen möchten, können Sie hier den Bassbereich unabhängig vom Rest bearbeiten und damit verhindern, dass die Bassdrum jedes Mal den Kompressor auslöst.

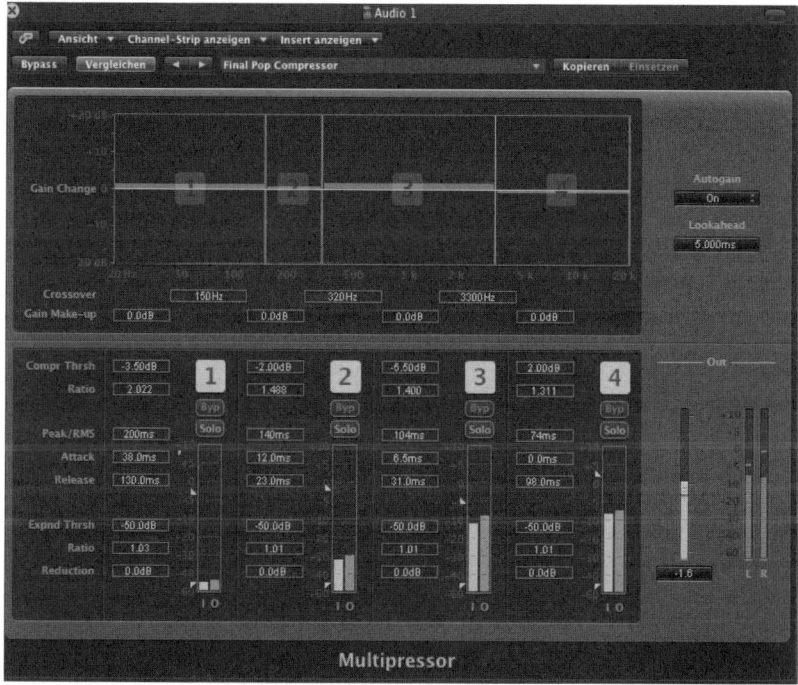

Stark bei der dynamischen Bearbeitung ganzer Mixe: der Multipressor.

Oft reicht aber auch ein einfacher Single-Band-Kompressor aus. Es geht hier weniger um maximale Lautheit, sondern vielmehr darum, das Signal zu verdichten, kompakter zu machen und den Klang zu formen. Wenn Sie den Logic **Compressor** benutzen, probieren Sie einmal die verschiedenen Schaltkreise durch (siehe Kapitel 5.4. *Dynamics*) und hören Sie, wie die unterschiedlichen Kompressortypen den Mix klanglich beeinflussen. Wer möchte, kann auch versuchen, den Song dezent zum Pumpen zu bringen, um den Groove zu betonen. Auch hierfür eignet sich eher der Logic **Compressor**.

Reverb

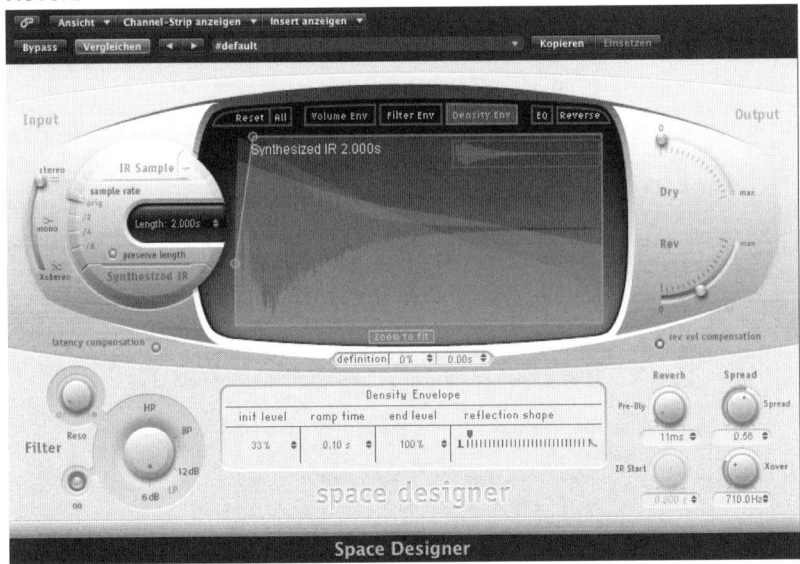

Auch beim Mastering nimmt man gerne ein wenig Reverb: der Space Designer.

Auch beim Mastering kann der Einsatz eines Halls sinnvoll sein. Setzen Sie etwa den **Space Designer** als Insert ein und regeln Sie dann über den *Wet*-Regler nur ganz wenig Hallanteil bei. Als Ziel sollte die ganze Mischung noch etwas homogener, noch mehr aus einem Guss erklingen. Der Hall selbst sollte fast nicht hörbar sein, nur ganz dezent. So, dass etwas fehlt, wenn man ihn ausschaltet.

AD-Limiter

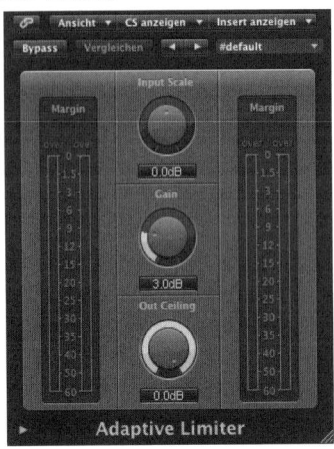

Der AD-Limiter schließlich sorgt als Brickwall-Limiter für die nötige Lautheit. Sein Job ist es nun, Pegelspitzen abzufangen und anschließend den Mix auf das richtige Level zu heben. Übertreiben Sie es aber auch hier nicht. Im Zweifelsfall lieber ein paar dB weniger Lautheit, dafür einen angenehmeren Klang.

Vergleichen Sie auch hier immer wieder mit Ihrem Referenztrack in Hinsicht auf Lautstärke, Bassanteil und Gesamteindruck.

Sorgt für die nötige Lautheit: der Adaptive Limiter.

Vorbereiten für externes Mastering

Das Mastering eines Albums oder einzelner Titel wird auch in Profikreisen gerne ausgelagert und von anderen Leuten erledigt als denjenigen, die für Mischung und Produktion verantwortlich sind.

Das hat natürlich handfeste Gründe:

• Zum einen bedeutet externes Mastering, dass man sich frische, unverbrauchte Ohren mit ins Boot holt. Der Mensch, der das Mastering macht, hat die betreffenden Songs im besten Fall noch nie gehört und kann Fehler im Mix sehr schnell erkennen und korrigieren. Zudem ist er nicht an die Songs gewöhnt, weiß nicht, wie viel Arbeit und Schweiß hinter jedem Song stecken und kann deshalb auch unpopuläre Entscheidungen treffen, die man sich selbst eventuell nicht trauen würde.

• Zum anderen sind Mastering-Studios und natürlich auch die Leute, die dort arbeiten, darauf spezialisiert und haben die nötige Erfahrungen und die benötigten hochwertigen Geräte.
  Kleines Beispiel: Sie müssen in Ihrem Studio oft 20 und mehr Spuren mit Plugins und Effekten bestücken, ein Mastering-Studio nur eine einzige Stereosumme. Vermutlich wird das Mastering-Studio nur einige wenige, dafür aber sehr spezielle, hochwertige Geräte haben.

Wenn Sie sich für ein externes Mastering entscheiden, sollten Sie ein paar Dinge beachten:

• Versuchen Sie, einen möglichst dynamischen Mix zu erschaffen. Hängen Sie keinesfalls einen Limiter in die Summe, der alles plattbügelt. Denn, was soll der Mastering-Ingenieur dann noch mit Ihrem Mix machen?

• Bouncen Sie in bester Qualität, also in 24 Bit und in der Samplerate Ihres Projekts! Dithering (das Runterrechnen von 24 auf 16 Bit) muss ausgeschaltet sein, das ist der allerletzte Arbeitsschritt beim Mastering.

• Überprüfen Sie Ihre Mixe nach dem Bouncen. Hören Sie jeden Song aufmerksam auf Fehler durch. Nichts ist ärgerlicher als Knackser am Songende, die man erst im Mastering-Studio entdeckt.

• Nehmen Sie eine Referenz-CD mit zum Mastern, damit Sie dem Mastering-Ingenieur zeigen können, was Sie erreichen wollen. Überlegen Sie sich auch hier vorher, was das Mastern bewirken soll.

6. Videovertonung

Logic bietet alle Hilfsmittel, um innerhalb des Programms einen Film oder ein Video zu vertonen. In diesem Kapitel soll es dabei aber weniger um die musikalische Umsetzung gehen, sondern vielmehr sollen die technischen Aspekte einer Filmvertonung erklärt werden. Wie importiert man einen Film in Logic? Wie wird dieser synchronisiert und wo schaut man sich den Film dann an? Außerdem wird die Frage behandelt, welche Videoformate überhaupt geeignet sind?

6.1. Einbinden von Videos in Logic

Zunächst einmal gilt, dass Logic alle Videos einbinden und abspielen kann, die auch der QuickTime Player abspielen kann. Sie können sich dann wiederum entscheiden, wie und wo diese Bild dargestellt wird.

Um einen Film in Logic einzubinden, gehen Sie in das Menü *Optionen / Film* und dann auf den Befehl *Film öffnen*. Es öffnet sich ein Dialogfenster, in dem Sie den gewünschten Film auswählen können. Klicken Sie dann auf *Öffnen*.

Der Film wird daraufhin in einem schwebenden Fenster geöffnet. Sobald Logic gestartet wird, läuft auch der Film mit. Umgekehrt folgt Logic auch dem Film, wenn Sie im Filmfenster auf *Play* oder *Stop* drücken. Ist das Filmfenster das aktive Fenster, dann können Sie sich auch mit den Pfeiltasten frameweise nach rechts oder links bewegen.

Die Tonspur des Films regeln Sie entweder über den Lautstärkeregler links unten im Videofenster oder aber, wenn Sie mehr Kontrolle über die Tonspur haben möchten, können Sie diese auch ins Arrange-Fenster importieren. Dazu gehen Sie wieder in *Optionen / Film* und dann auf den Befehl *Audio aus Film importieren*. Daraufhin wird die im gewählten Film enthaltene Audiospur extrahiert und synchron zum Film auf eine Audiospur im Arrange-Fenster gelegt, wo Sie sie nun bearbeiten können. Im Filmfenster selbst sollten Sie den Ton nun auf ganz leise stellen, damit er nicht zweimal zu hören ist.

6.2. Synchronisation

Zu folgendem Kapitel findet sich das Videotutorial 18 „Video Synchronisation" auf der CD."

Damit der im Bild eingeblendete Timecode mit dem von Logic übereinstimmt, müssen Sie folgendermaßen vorgehen:

1. Importieren Sie zunächst ein Video in Logic über *Optionen / Film / Film öffnen*. Achten Sie dann darauf, dass Logic und damit auch das Video ganz am Anfang stehen.

2. Als Nächstes öffnen Sie das Fenster mit den Videoeinstellungen für dieses Projekt (zu finden unter *Projekteinstellungen / Video*).

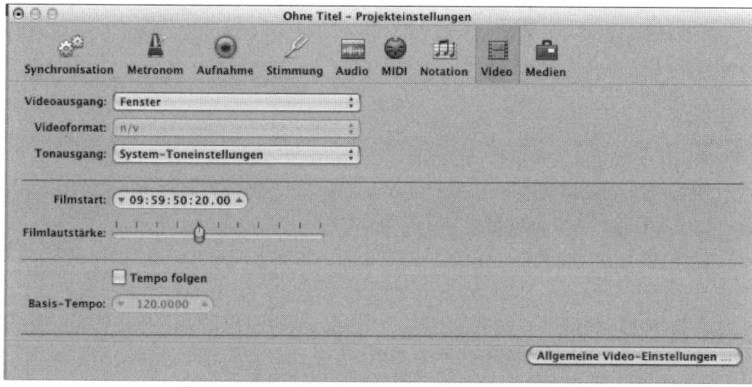

Geben Sie hier den Startzeitpunkt des Films ein.

Unter *Filmstart* geben Sie nun den Timecode ein, der auf dem Video ganz am Anfang zu sehen ist.

Mit dem Regler darunter können Sie übrigens die Lautstärke der Tonspur einstellen, wenn Sie diese nicht ins Arrange-Fenster importieren möchten. Schließen Sie dann das Fenster.

3. Nun müssen Sie das Fenster für die Synchronisationseinstellungen öffnen (ebenfalls zu finden unter *Projekteinstellungen / Synchronisation*).

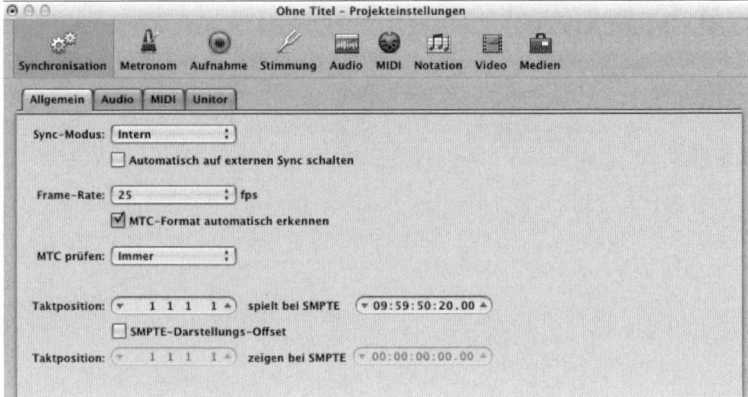

Geben Sie hier die **SMPTE-Zeit** ein, bei der der Logic-Song beginnen soll.

Hier können Sie festlegen, bei welchem Timecode der Logic-Song beginnen soll. Belassen Sie *Taktposition* zunächst bei 1 1 1 1 und geben Sie bei *spielt bei SMPTE* zunächst einmal die gleiche Zeit wie in Schritt 2 bei *Filmstart* ein.

Wenn Sie nun Logic starten, sollte der Timecode im Bild stets mit dem von Logic (abzulesen im Transportfeld) übereinstimmen. Möchten Sie an einer Szene arbeiten, die weiter hinten im Film ist, dann müssen Sie dazu einfach im Feld *spielt bei SMPTE* den Timecode zu Beginn dieser Szene aus dem Video eintragen. Logic beginnt dann sozusagen mitten im Film.

4. Für eine bessere Übersicht können Sie zusätzlich zur Taktangabe auch die SMPTE-Zeit einblenden.

Die eingeblendete SMPTE-Zeit hilft bei der Orientierung.

Klicken sie dazu auf das kleine Feld rechts oben neben der Timeline. Daraufhin erscheint das Pop-up-Menü aus dem Foto oben. Wählen Sie hier dann *Takt und Zeit*.

5. Wenn Sie die Audiospur aus dem Video extrahieren, um Sie im Arrange-Fenster anzulegen, müssen Sie darauf achten, dass diese Audiodatei zum gleichen Zeitpunkt wie der Film beginnt. Öffnen Sie dazu den Event-Editor und schalten Sie dort unter *Ansicht* die Option *Event-Position* und *-Länge in SMPTE* ein. Geben Sie als Startpunkt der Audioregion dann den Timecode-Wert aus Schritt 2 ein.

6.3. Bild ausspielen

Als Nächstes sollten Sie entscheiden, wo das Video abgespielt werden soll. Eingestellt wird das über das Fenster *Video* im Menü *Projekteinstellungen*.

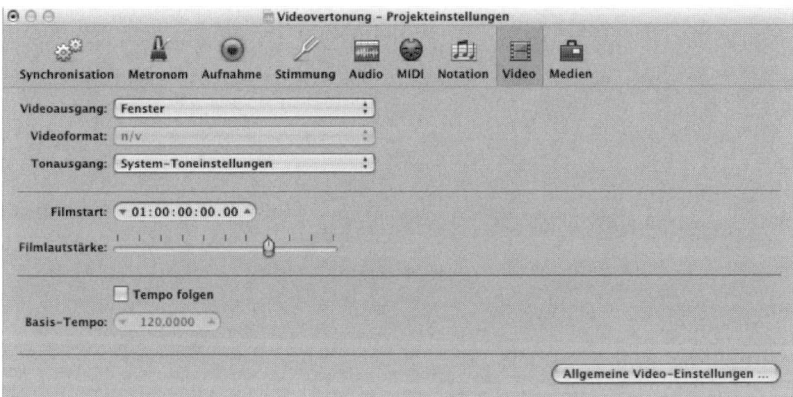

Hier stellen Sie unter anderem ein, wo das Bild ausgegeben wird.

Folgende Optionen stehen zur Verfügung:

- *Fenster:* Das Video wird in einem schwebenden Fenster wiedergegeben, das Sie irgendwo auf Ihrem Monitor platzieren können. Eine Transportsteuerung ist sichtbar, mit der Sie im Film navigieren können. Mit einem rechten Mausklick oder mit der Kombination *CRTL* + Mausklick in den Film hinein, erscheint ein Pop-up-Menü, in dem man die Größe des Film anpassen kann.

- *Cinema Desktop:* im Prinzip wie *Fenster*, aber der Film kann auf die komplette Größe des Monitors skaliert werden. Bei kleineren Auflösungen erhält er einen schwarzen Rand, der den ganzen restlichen Bildschirm bedeckt. Wählen Sie diese Variante, wenn Sie einen Ihrer Monitore nur für Video verwenden wollen, während Sie am anderen mit Logic arbeiten.

- *Thumbnail:* entspricht einer Miniaturdarstellung des Videos in der Globalen Spur *Video.* Kann auch zusätzlich zu den anderen Varianten verwendet werden. Dient eher dazu, einen groben Überblick über den Film zu haben. Nützlich ist die innerhalb der Globalen Spur befindliche Funktion *Cuts erkennen*, die auf Wunsch den Film nach Schnitten untersucht und an den gefundenen Stellen Marker setzt, an denen man sich wiederum orientieren kann.

- *Firewire:* Diese Option bietet die Möglichkeit, Videos über einen externen DV-Camcorder auszugeben, etwa Ihre Videokamera. Diese wiederum kann man dann mit einem TV-Gerät verbinden, um darauf den Film zu sehen. Das Ganze funktioniert aber nur mit DV-Geräten auf Firewire-Basis. Zudem muss der Film dann ebenfalls im DV-Format vorliegen, welches aber eine relativ hohe Datenmenge hat und den Rechner zusätzlich belastet.

- *DVCPRO HD:* ähnlich wie *Firewire*, hierüber kann man einen Film über ein angeschlossenes *DVCPRO-HD*-Gerät ausgeben.

- *Videokarte:* Wenn Sie eine Videokarte in Ihrem Rechner installiert haben, erscheint deren Name ebenfalls in dieser Liste und kann als Video-Output angewählt werden.

6.4. Videoformate

Weiter oben steht geschrieben, dass Logic mit allen Filmformaten umgehen kann, die auch QuickTime beherrscht und das sind eine ganze Menge. Während man im Audiobereich mit zwei bis drei Formaten (WAV, Aiff und ganz selten noch SD2) zu tun hat, gibt es im Videobereich dutzende Formate und Codecs, mit denen Filme komprimiert werden.

Die Frage, welches Videoformat man am besten verwenden soll, lässt sich daher leider nicht so pauschal sagen - zumal auch ständig neue Formate hinzukommen.
Es gibt aber ein paar Grundsätze, an die man sich halten kann:

- Für die Filmvertonung muss das Video nicht allerbeste Qualität haben. Die würde nur den Rechner unnötig belasten und weniger Ressourcen für Instrumente und Plugins übrig lassen.

- Wenn Ihnen der angelieferte Film zu groß ist, können Sie ihn mit Quick-Time in ein kleineres Format wandeln. Einfach den Film in QuickTime öffnen und dann unter *Ablage* den Befehl *Exportieren* wählen. Hier können Sie nun einstellen, in welches Format der Film umgewandelt werden soll. Ändern Sie die Größe und vor allem die Datenrate so, dass sich ein guter Kompromiss zwischen Bildqualität und CPU-Belastung ergibt. Dazu müssen Sie vermutlich ein wenig experimentieren.

- Wichtig ist allerdings, dass die Bildfrequenz gleich bleibt, damit hinterher auch alles synchron ist.

- Lassen Sie sich immer ein Video mit eingeblendetem Timecode geben. Das ist wichtig, damit Sie das Video zu Logic synchronisieren können. Außerdem erleichtert es die Kommunikation mit dem Auftraggeber bei Änderungswünschen. Man weiß über einen Timecode immer genau, um welche Stelle es geht, da diese Zeit eindeutig im Bild abzulesen ist.

- Exportieren Sie Ihren Anlege-Song (siehe unten) entweder im Format OMF oder AAF. Klären Sie vorher, welches Format Ihr Kunde bevorzugt. Wenn keines von beiden Formaten geht, erstellen Sie aus dem Event-Editor eine Liste mit den Timecode-Zeiten, zu denen die einzelnen Files beginnen und liefern Sie diese zusammen mit den entsprechenden Files ab.

6.5. Strategie für längere Filme

Wenn der zu vertonende Film nicht gerade sehr kurz ist, sollten Sie überlegen, pro Szene einen eigenen Logic-Song anzulegen. Das hat mehrere Vorteile:

- Wenn man versucht, verschiedene Szenen in einem Logic-Song zu vertonen, kommt Logic beziehungsweise ihr Rechner relativ schnell an seine Leistungsgrenzen. Außerdem wird das Ganze sehr schnell unübersichtlich.

- Ein weiteres Argument ist, dass sich, wenn Sie zu Beginn des Films das Tempo ändern, sich alle weiter hinten im Film befindlichen Audio- und MIDI-Regionen verschieben und nicht mehr zum Bild passen.

- Wenn Sie dagegen nur eine Szene pro Logic-Song vertonen, haben Sie all diese Nachteile nicht. Legen Sie dann noch einen weiteren Song an, in dem Sie nur die exportierten Mixe aus den einzelnen Szenen anlegen. Diesen Song können Sie dann wiederum als OMF oder AAF exportieren und haben damit eine unkomplizierte Möglichkeit, Ihre fertige Musik an den Schnitt zu übergeben.

- Denken Sie daran, dass im Filmbereich zumeist mit 48 Khz gearbeitet wird. Stellen Sie also Ihre Projekte auch entsprechend ein.

7. Verwaltung

In diesem Kapitel soll es um einige Dinge gehen, die nicht direkt etwas mit Musik machen zu tun haben, dennoch aber unerlässlich sind. Es wird darum gehen, wie man seine Projekte so sichert, dass alle zugehörigen Daten mit gesichert werden. Außerdem einige Worte zum Thema regelmäßiges Backup und schließlich noch die Frage, wie man seine selbst erstellten Channel-Strip-Settings und Plugin-Settings dauerhaft sichern kann.

Fertige Projekte sichern

Logic bietet die Möglichkeit, einen Song mitsamt allen dazugehörigen Dateien zu speichern. Gehen Sie im Menü *Ablage* auf *Sichern unter*.

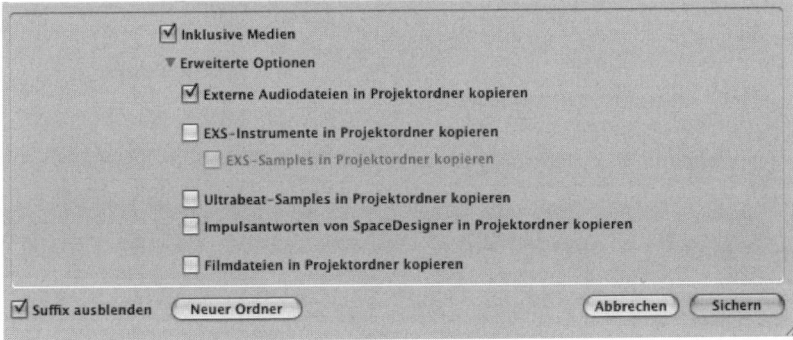

Speichern Sie ihre Projekte mit allen dazugehörigen Dateien ab.

Sie können in diesem Fenster dann festlegen, welche Daten Logic mit im Projektordner speichert.

- *Inklusive* Medien bedeutet, dass zum Projekt gehörende Daten mit im Projektordner abgelegt werden. Diese Option sollten Sie auf jeden Fall ankreuzen. Am besten schon, wenn Sie den Song neu anlegen, dann werden alle Aufnahmen gleich am richtigen Platz gespeichert. Unter den erweiterten Optionen kann man dann noch genauer differenzieren, welche Medien mit in den Projektordner kopiert werden.

- *Externe Audiodateien in Projektordner kopieren:* sorgt dafür, dass zum Beispiel ein Loop, den Sie aus dem Finder ins Arrange-Fenster ziehen, automatisch in den Projektordner kopiert wird. Dadurch wird garantiert, dass sich alle zum Song gehörenden Dateien auch im Projektordner befinden. Außerdem können Sie diesen Loop dann nach Belieben bearbeiten (auch destruktiv), ohne dass er für andere Projekte verloren wäre.

• *EXS-Instrumente in Projektordner kopieren:* kopiert eben die zum Song gehörenden EXS-Instrumente in den Ordner mit zusätzlicher Option, auch die zugehörigen Samples mit zu kopieren. Diese Option kann dann sinnvoll sein, wenn Sie einen Song in ein anderes Studio mitnehmen möchten und nicht sicher sind, ob dort alle Sounds vorhanden sind. Für normale Backups nicht unbedingt ratsam, da durch das Miteinbeziehen vor allem der Samples der Speicherbedarf doch recht hoch wird.

• *Ultrabeat Samples in Projektordner kopieren:* Hierfür gilt analog das Gleiche wie für EXS-Instrumente und Samples.

• *Impulsantworten von Space Designer in Projektordner kopieren:* auch nicht wirklich vonnöten, solange man lediglich die von Logic mitgelieferten Impulsantworten benutzt, da diese auch auf jedem anderen Rechner mit Logic Pro vorhanden sind.

• *Filmdateien in Projektordner kopieren:* sollte aktiviert sein, wenn Sie an der Vertonung eines Filmes arbeiten, ansonsten natürlich nicht nötig.

Back-ups

Das Thema Back-up ist bei vielen Musikern und Tontechnikern nicht sonderlich beliebt. Bedeutet es doch zusätzlichen Verwaltungsaufwand. Überlegt man sich aber einmal, wie viel Zeit, Energie und Arbeit unwiederbringlich verloren sind, sollte eine Festplatte einmal kaputtgehen, so sieht man schnell ein, dass es zu regelmäßigen Back-ups keine Alternative gibt. Im Folgenden einige Anregungen dazu:

• Festplatten sind die letzten mechanischen Bauteile in einem Computer. Die Frage ist nicht ob, sondern wann sie kaputtgehen?

• Festplattenspeicher ist gleichzeitig in den letzten Jahren aber immer billiger geworden. Es sollte also kein Problem sein, eine zweite externe Festplatte für Back-ups anzuschaffen. Auf der sicheren Seite bei einem Festplatten-Crash ist immer derjenige, der ein Update vorweisen kann.

- Alles, was man dann noch braucht, ist ein Programm, welches die Daten auf beiden Festplatten abgleicht - entweder automatisch nach einem festgelegten Plan oder manuell.

- Achten Sie dabei darauf, dass das Programm Ihrer Wahl das sogenannte „inkrementelle" Back-up-Verfahren beherrscht. Das heißt, es werden nur neue oder geänderte Daten synchronisiert. Alle alten und unveränderten Daten bleiben erhalten. Das spart natürlich Zeit, da nicht bei jedem Back-up Ihre ganzen Daten transferiert werden müssen.

- Ordnung ist auch hier das halbe Leben. Achten Sie von Anfang an darauf, dass sich alle Daten aller Ihrer Projekte in einem Überordner befinden. So müssen Sie immer nur einen Ordner back-upen und behalten besser den Überblick.

- Selbstverständlich sollte die Back-up-Festplatte, solange gerade kein Backup läuft, ausgeschaltet sein. Das spart Energie und verlängert die Lebensdauer der Festplatte.

Doppelt hält besser:

Fertige Projekte speichert man mitsamt allen zum Song gehörenden Medien (siehe oben) und brennt Sie je nach Größe auf CD oder DVD. Da die Lebensdauer von optischen Medien nicht unbegrenzt ist, sollte man wichtige Projekte, auf die man auch in vielen Jahren noch zugreifen muss, zusätzlich noch auf einem zweiten Medium, etwa einer Festplatte, sichern.

Verwaltung von Loops, Sounds und Presets
Im Laufe der Zeit wird man immer mehr eigene Presets und ChannelStrip-Settings erstellen und abspeichern. Damit diese nach einer Neuinstallation des Rechners weiterhin vorhanden sind, muss man also auch diese Presets back-upen und sichern.

All diese Daten finden sich unter folgendem Pfad auf Ihrer Festplatte:

Ihre Systemplatte / Library / Application Support / Logic

Sichern Sie deshalb diesen Ordner, bevor Sie Ihre Festplatte formatieren und das Betriebssystem neu aufspielen. Nach einer Neuinstallation kopieren Sie dann einfach wieder Ihre Daten in den oben angegeben Ordner und haben dann wieder alle Presets verfügbar.

Außerdem befindet sich hier der Ordner „Sampler Instruments", der all Ihre EXS-Instrumente für den EXS24 enthält.

Preferences:

Die Preferences, also die Voreinstellungen von Logic werden unter dem Pfad

Benutzer / Library / Preferences /

in einer Datei namens

com.apple.logicpro.cs

gespeichert.

Die Preferences enthalten neben den Voreinstellungen von Logic zum Beispiel auch Ihre selbst angelegten Tastaturbefehle. Sichern Sie also auch diese Datei vor einer Neuinstallation und kopieren Sie sie danach wieder an diese Stelle.

8. Anhang

Links

Hier finden Sie nochmals alle im Buch erwähnten Webseiten. Außerdem einige weitere nützlich Links und Hinweise:

• www.logicuser.de -> Größtes deutschsprachiges Logic-Forum. Sehr kompetente und hilfsbereite User.

• www.apple.com/de/Logicstudio -> Apple-Webseite zu Logic Studio mit allen Infos zu Logic Pro und den anderen Programmen der Logic Studio Suite.

• www.versiontracker.com -> Allerhand nützliche Free- und Shareware.

• www.moritzmaier.net -> Webseite des Autors.

• www.audiofile-engineering.com -> Hersteller von Spectre, einem sehr leistungsstarken Anaylzer.

Impulsantworten:

• http://echochamber.ch/

Hier finden sich vor allem Impulsantworten bekannter und exklusiver Hardware-Hallgeräte. Kostenlos.

- http://noisevault.com/nv/

Große Online-Community zum Thema Faltung und Convultion. Riesige Sammlung an Impulsantworten. Neben Hall werden auch IR´s von Boxen und allerhand Hardware-Geräten (EQ´s und Kompressoren) geboten. Die wohl umfangreichste Sammlung zum Thema. Kostenlos!

• http://www.spiritcanyonaudio.com/

Kommerzieller Anbieter von Impulsantworten. Angeboten werden in mehreren Libraries IR´s aus allerhand Filtern, Synthesizern und anderen elektronischen Schaltkreisen. Gut geeignet für kreatives Sounddesign von Klängen.

Danksagung

Ich möchte mich hier bei allen Menschen bedanken, die mir direkt oder indirekt bei diesem Buch geholfen und mich unterstützt haben:

- Meinen Eltern und meiner Schwester dafür, dass sie sind, wie sie sind.

- Tim Schönemann und dem Team von PPVMEDIEN, die mir das Vertrauen für dieses Projekt entgegengebracht haben und mich während der Arbeit tatkräftig unterstützt haben.

- Geo Schaller dafür, dass ich in seinem Haus mein kleines Studio betreiben kann, in dem auch dieses Buch entstand. Außerdem ist er mir in den letzten Jahren so oft mit Nachfragen und Nachbohren nach irgendwelchen obskuren Funktionen in Logic in den Ohren gelegen, dass er für viele Tipps und Tricks in diesem Buch indirekt verantwortlich ist.

- Thomas Hertweck, der schon immer mal ein Buch von mir lesen wollte. Bitteschön!

- Jasmin Reuter fürs Korrekturlesen.

- Kai Löwenhaupt, Maximilian Kaiser und Dustin Hildebrandt für die Hilfe bei den Videotutorials.

- Pat Fritz, meinem Musiker-Onkel, der mich vor Jahren in die Geheimnisse von Logic eingewiesen hat und geduldig meine ersten Schritte im Arrange-Fenster begleitet hat.

- Chefdenker, die mit ihrem großartigen Album „Coverbands ist die Zukunft" den Soundtrack zu meinen Schreib-Sessions an diesem Buch lieferten.

CD-ROM-Inhaltsverzeichnis

Daten: Mix-Checkliste sowie einige Logic-Projekte zu bestimmten Kapiteln und Themen.

18 Videotutorials mit Schritt-für-Schritt-Anleitungen:

Kapitel 3

• Nodes

• Erstellen von Templates für Plugins

Kapitel 4

• Enhance Timing

• Austausch zwischen Logic und Soundtrack Pro

• Comping

• Beats anpassen

• Ultrabeat

• ES1 als Filterbox

• EXS24 als Synthesizer

• Transform-Fenster

• Arppegiator

• Loops mit dem EXS24

• Pumpende Flächen

Kapitel 5

• Bass und Bassdrum

• Noise Gate und Compressor

• EQ-Resonanzen finden und absenken

• Hall und Delay im Tempo des Songs

Kapitel 6

• Video-Synchronisation